本书出版获得多个项目资助：
国家社会科学基金一般项目（17BTJ007）
中南财经政法大学中央高校基本科研业务费专项资金资助项目（编号：2722020JCT031）
中南财经政法大学中央高校基本科研业务费专项资金资助项目（编号：27222020JX006）

空间统计模型在经济社会发展中的应用研究

肖 磊 编著

武汉大学出版社

图书在版编目(CIP)数据

空间统计模型在经济社会发展中的应用研究/肖磊编著.—武汉：武汉大学出版社,2020.12(2022.4重印)
ISBN 978-7-307-22013-3

Ⅰ.空… Ⅱ.肖… Ⅲ.中国经济—经济发展—研究 Ⅳ.F124

中国版本图书馆 CIP 数据核字(2020)第 251397 号

责任编辑：朱凌云　　责任校对：李孟潇　　版式设计：马　佳

出版发行：武汉大学出版社　（430072　武昌　珞珈山）
（电子邮箱：cbs22@whu.edu.cn　网址：www.wdp.com.cn）
印刷：武汉邮科印务有限公司
开本：720×1000　1/16　印张：17　字数：250 千字　插页：1
版次：2020 年 12 月第 1 版　2022 年 4 月第 2 次印刷
ISBN 978-7-307-22013-3　　定价：60.00 元

版权所有，不得翻印；凡购我社的图书，如有质量问题，请与当地图书销售部门联系调换。

空间统计模型在服务业发展中的应用研究

目　录

空间统计模型在服务业发展中的应用研究

第一篇　中国服务业发展指数测度与空间收敛性分析 …………… 3
第二篇　中国服务业发展的空间差异与溢出效应分析 …………… 42

空间统计模型在绿色发展中的应用研究

第三篇　中国工业水资源绿色效率的区域差异与空间收敛性分析 …… 75
第四篇　长江经济带工业水资源效率的区域差异与分布动态演进 …… 129

空间统计模型在城市群发展中的应用研究

第五篇　中国城市群基础设施水平的区域差异与分布动态演进 ……… 147
第六篇　中国城市群雾霾污染的区域差异与分布动态演进 …………… 175
第七篇　长江三角洲城市群雾霾污染的空间收敛性分析 ……………… 201

空间统计模型在区域创新发展中的应用研究

第八篇　湖北科技进步贡献率测算与空间分析 …………………… 223

参考文献 ……………………………………………………………… 250

前　　言

党的十九大指出，当前我国社会主要矛盾为："人民日益增长的美好生活需要和不平衡不充分的发展之间的矛盾。"其中，区域发展不平衡表现得比较突出。我国东部地区经济发展、产业升级、绿色发展、科技创新、基础设施建设水平高于中西部地区。空间统计模型通过空间位置建立数据间的统计关系，从而对数据的空间关系进行描述与研究，在研究我国经济社会区域发展不平衡问题中获得了广泛应用。

本书共分为四个部分：第一部分是空间统计模型在服务业发展中的应用研究，由两篇文章构成，分别采用空间收敛模型与空间溢出模型对我国省域服务业发展进行了空间统计分析。第二部分是空间统计模型在绿色发展中的应用研究，由两篇文章构成，分别对我国省域和长江经济带工业水资源绿色效率进行了区域差异和空间演变分析。第三部分是空间统计模型在城市群发展中的应用研究，由三篇文章构成，分别对中国十大城市群基础设施、雾霾污染以及长三角城市群雾霾污染进行了空间差异和分布动态演进分析。第四部分是空间统计模型在区域创新发展中的应用研究，由一篇文章构成，主要对湖北科技进步贡献率进行了测算与空间分析。

我和我指导的硕士研究生及高年级本科生等同学共同参与了本书的编写工作。第一篇文章主要由鲍张蓬编写、第二篇文章主要由吴娟娟编写、第三篇文章主要由李云编写，第四篇文章主要由李云、谢亚菲编写，第五篇文章主要由梁佳欣编写，第六篇和第七篇文章主要由陆亚楠编写，第八篇文章主要由胡珏、谭艺、林宗海编写。我多次主持课题组会议讨论研究提纲、修改初稿、核稿，并对本书做了最终修改和定稿。本书部分研究成果已被学术期刊收录，在最后的统稿过程中，孙成、姚璐、张志涛、贺喆、张林新、黄平对书稿进行了整理。借此机会，我向他们表示真诚感谢！

对本书的不足之处，敬请广大读者批评指正。

肖 磊

2020 年 10 月

第一篇 中国服务业发展指数测度与空间收敛性分析

引 言

随着供给侧结构性改革的深入推进,服务业占国民经济的比重越来越高,已经成为我国经济增长的新引擎。但是,由于各省人口、资源禀赋、地理区位、发展基础等差异,我国服务业发展存在较大的不平衡性,突出表现为东部地区服务业发展水平明显高于中西部地区,同时相关实证研究表明,我国服务业发展具有较为明显的空间集聚特征(李华香和李善同,2014;段文斌等,2016;郝宏杰,2017)。因此,探讨缩小区域服务业发展差距的影响因素,促进地区服务业发展水平收敛,对于缩小我国东西部经济发展差距,实现经济均衡发展,具有较大的理论和现实意义。

要实现对区域服务业收敛性分析,首先要对服务业发展水平进行综合测度和评价。当前常用的方法是构建评价指标体系,采用评价模型对服务业发展水平进行测算(李江帆,1994;邓泽霖等,2012;张少杰和林红,2016;洪国彬和游小玲,2017)。王钰等(2017)从宏观经济环境、服务业发展规模、产业结构、增长速度四个方面出发,采用因子分析方法构建了服务业发展评价指标体系,并对服务业发展水平进行了综合评价;吴传清等(2013)从服务业发展规模、影响力、发展质量三个方面出发,对全国各省份服务业发展水平进行了评价研究。在经济新常态的背景下,随着我国服务业快速发展，服务业对经济发展的贡献越来越大，创新驱动也成为服务业发展的重要推动力量，刘丹鹭和魏守华(2013)基于对微观企业的实证研究，发现创新对服务业生产率提升具有正向促进作用。因此，在评价服务业发展水平时，服务业贡献和创新驱动应该有所考虑，但从现有文献看，这些指标涉及较少，难以对服务业发展水平进行准确度量和评价。

关于服务业收敛问题的研究，Gouyette等(1997)通过估算13个经济合作与发展组织(OECD)国家1970—1987年服务业生产率发现，尽管服务业增长率不高，但是服务业生产率水平趋同。Dall'erba等(2009)测算了OECD国家服务业发展的收敛性，研究发现服务业初始水平较低的地区具有更高的增长率。我国对服务业收敛的实证研究并不多见，也缺乏对服务业收敛影响因素的深入分析。王许亮等(2018)对1995—2009年全球40个主要经济体服务业细分行业能源生产率的变化趋势与收敛性进行了分析，研究发现服务业能源生产率的增长率存在较大的地区和行业异质性。刘兴凯和张诚(2017)采用1978—2007年28个省份的面板数据，对我国服务业全要素生产率增长及收敛性进行了测算分析，研究发现服务业全要素生产率增长存在东中西部的区域性差异，并呈现出长期收敛的变化趋势。滕泽伟等(2017)采用SBM方向性距离函数和GML指数对2004—2013年中国服务业分行业碳排放率进行测算，并用σ收敛和β收敛模型进行收敛性分析。袁丹等(2015)从产业、时期和地区三个角度对2004—2011年我国生产性服务业全要素生产率的收敛性进行了分析，研究发现我国生产性服务业及其细分行业、东部与西部地区生产性服务业的全要素生产率会随着时间推移，趋同于各自的稳态水平。张涑贤等(2013)运用陕西省现代服务业产出标准差指标，衡量服务业区域差异水平，并进行了收敛性分析。综上所述，国内外学者常常采用某个单一指标来研究服务业收敛性，用综合指数的方法较少，这会影响对服务业总体发展的测度和评价。另外，不少文献将研究区域视为相对独立的个体，即区域间不存在任何联系，区域间的资源不发生转移和交换。然而，现实中在产业政策、要素流动等多重因素影响下，空间距离不同的区域服务业发展情况也会出现差异，但是随着空间效应的作用,这种差异会逐渐缩小,区域服务业发展存在较大的空间相关性和集聚性(Kolko,2010;Jacobs 等,2012)。因此,进行区域服务业发展收敛性的研究,还应充分考虑区域之间存在的空间效应问题(Sergio J. Rey 等,2006)。

本篇主要的贡献在于:(1)引入了服务业发展指数这一综合指标进行收敛性分析,可以准确全面地度量区域服务业发展情况;(2)在传统收敛模型的基础上,加入了空间自回归(SAR)和空间误差(SEM)的分析方法,建立了包含两种空间效应的空间收敛模型,将空间因素对服务业收敛性的影响尽可能考虑在内;(3)通过空间计量模型实证研究了我国区域服务业发展在样本期内的收敛性情况,并且探究了促进服务业收敛的影响因素,对缩小区域服务业发展差异,实现经济均衡发展具有较大意义。

一、概念界定、模型与方法

1. 相关概念界定

最早提出服务业概念的是英国经济学家 Allen Fisher,他在 1935 年出版的《安全与进步的冲突》中将"第三产业"定义为旅游、娱乐、文化、艺术、教育、科学和政府活动等以提供非物质性产品为主的部门。Allen Fisher 认为第三产业满足人类除物质需要以外的更高级的需要,如生活中的便利、娱乐等各种精神上的需要。1957 年 Colin Clack 在《经济进步的条件》第三版中进一步修正和丰富了第三产业的内涵,他主张直接用"服务性产业"代替 Allen Fisher 第三产业的概念。1985 年,国务院正式批准了国家统计局《关于建立第三产业统计的报告》,开始启用"第三产业"这一词,并将第三产业的增加值纳入国民生产总值。随着全球经济的不断发展,第一产业、第二产业和第三产业不断融合,服务行业交叉叠加,服务业的外延拓宽,对于不同的国家和地区或者是不同的发展阶段,服务业的内容往往也会有相应的变化,服务业内涵的准确界定全世界也并没有一个统一的认识。现阶段，我国用第三产业的统计体系来代表服务业统计体系，但随着产业的不断融合，目前在农业、工业和建筑业中的一些服务业并没有纳入第三产业的统计范畴，所以事实上服务业的范畴要大于第三产业的统计范畴。

目前对于服务业的分类方式主要有两种，其中一种是将服务业分为现代服务业和传统服务业。传统服务业就是为人们日常生活提供服务的各种行业，比如旅游业、餐饮业等，而现代服务业指在一个国家的产业结构中在传统服务业的基础上改造升级而形成的新型服务业体系，现代服务业在发展上呈现出"三新"态势①，它的主要优点在于资源消耗少、环境污染小。另外一种是将服务业分为生活性服务业和生产性服务业，其中生产性服务业是指为进一步生产或消费的中间投入，比如中介、咨询等，而生活性服务业则是直接满足一国人民生活需求的各类服务行业，比如房地产、家政等。

随着全球经济的快速发展，各国的产业结构也出现了很大的调整，20世纪 70 年代之后，全世界范围内，大部分国家的第一产业和第二产业的产值在国民经济中所占的比重也逐年下降，与此同时，服务业产值占国民经济的比重日益增加，各国的产业结构逐年由"工业经济"②向"服务经济"③转移，伴随着服务业的崛起，其作为国民经济的重要组成部分，在提高就业、调整产业结构、转变经济增长方式等方面扮演着越来越重要的角色，已然成为衡量一个国家地区经济发展水平的主要依据。各国的服务业发展水平不仅代表本国市场经济的发达程度，同时也是一个国家或地区综合竞争力的体现。正是因为服务业对国民经济具有举足轻重的影响，如何提高服务业发展水平进而提高经济发展水平已经成为各国政府经济政策的重要目标之一。

我国服务业的发展起步较晚，但发展速度惊人，20 世纪 80 年代以来，

---

① "三新"态势是指新技术、新业态、新方式。
② 工业经济，又叫资源经济，即经济发展主要取决于自然资源的占有和配置。
③ 服务经济人力资本基本生产要素形成的经济结构、增长方式和社会形态。

随着改革开放的不断推进，我国国民经济高速增长，服务业也随之迅猛发展，90年代，我国更加明确了建设社会主义市场经济体制的道路，另外随着2001年进入国际贸易组织，我国对外开放水平和经济发展的市场化不断提高，从而大大推进了服务业的发展，我国服务业的增加值从1980年的966亿元上升到2016年的384221亿元，每年平均增长率高达17.99%，服务业占国民生产总值的比重也由1980年的21.4%上升到2016年的51.6%，服务业占据国民生产总值的半壁江山。虽然我国服务业发展形势乐观，但是同发达国家相比，依然有着不小的差距，服务业增加值占国民生产总值的比重依然偏低，发达国家如美国的服务业增加值占国民生产总值的80.2%。另外还有一个不容忽视的问题就是我国服务业发展存在着严重的区域不平衡问题，东部沿海发达地区的服务业发展水平远远高于中西部地区，同样东部地区和西部地区内部也同样存在着发展的不平衡。

2. 服务业发展指标体系的构建与评价方法

（1）服务业发展评价指标体系的构建

基于全面性、代表性、适用性的原则，从发展基础、经济贡献、成长能力三个维度构建服务业发展评价指标体系。

发展基础：反映服务业当前发展的总体状况。包括服务业增加值、服务业固定资产投资额、交通运输货运总量、常住人口、服务业劳动生产率五个指标。其中服务业劳动生产率用服务业增加值和服务业就业人员年平均人数的比值表示。某地区的服务业劳动生产率水平越高，表明该地区单位从业人员投入创造的服务业产出越大。

经济贡献：反映服务业对经济发展的贡献程度。包括服务业增加值占地区生产总值比重、服务业经济贡献率、服务业就业贡献率、服务业投资贡献率、研发支出占地区生产总值比重五个指标。其中服务业经济贡献率、服务业就业贡献率、服务业投资贡献率分别表示为服务业增加值增量与地区生产总值增量的比重、服务业就业人员增量与全社会就业人员增量的比重、服务业固定资产投资额增量与全社会固定资产投资额增量的比重。

成长能力：反映服务业可持续发展能力。包括地区生产总值、规模以上工业增加值增速、城镇居民人均可支配收入、社会消费品零售总额、金融机构本外币存款余额、城镇化率六个指标。服务业发展评价指标体系如表 1.1 所示：

表 1.1　　　　　　　　服务业发展评价指标体系

一级指标	二级指标
发展基础	服务业增加值
	服务业固定资产投资总额
	交通运输货运总量
	常住人口
	服务业劳动生产率
经济贡献	服务业增加值占地区生产总值比重
	服务业经济贡献率
	服务业投资贡献率
	服务业就业贡献率
	研发支出占地区生产总值比重
成长能力	地区生产总值
	规模以上工业增加值增速
	城镇居民人均可支配收入
	社会消费品零售总额
	金融机构本外币存款余额
	城镇化率

(2) 数据的无量纲化处理

由于指标之间的单位和数量级有很大差异，故难以直接进行比较和计算，为了保证结果的可靠性，需要对原始指标数据进行无量纲化处理，计算公式为：

正向指标：$X'_{ij} = \dfrac{X_{ij} - \min\{X_j\}}{\max\{X_j\} - \min\{X_j\}}$ (1.1)

负向指标：$X'_{ij} = \dfrac{\max\{X_j\} - X_{ij}}{\max\{X_j\} - \min\{X_j\}}$ (1.2)

(3) 指标权重的计算

对于一级指标权重，采用层次分析法，确定了发展基础、经济贡献、成长能力三个维度的权重分别是40%、30%、30%。

对于二级指标权重，采用熵权法计算。熵权法是使用熵理论对决策变量赋值的一种方法，其原理为假定每一个自变量都能为因变量提供可供解释的信息，那么信息量在总体中所占的分量大小就是这个变量的权重。具体计算方法如下：

首先，计算各地区第i年第j项指标值占所有地区之和的比重：

$$Y_{ij} = \dfrac{X'_{ij}}{\sum\limits_{i=1}^{m} X'_{ij}}$$ (1.3)

其次，计算指标信息熵：

$$e_j = -k \sum_{i=1}^{m} (Y_{ij} \times \ln Y_{ij})$$ (1.4)

再次，计算信息熵冗余度：

$$d_j = 1 - e_j$$ (1.5)

最后，计算指标权重，用指标j的信息熵冗余度与所有指标的信息熵冗余度的比值表示，得到指标j的权重：

$$W_j = \dfrac{d_j}{\sum\limits_{j=1}^{n} d_j (j = 1, 2, \cdots, n)}$$ (1.6)

分别对评价指标体系中每一个维度的二级指标重复以上步骤，即可得到第k个维度中第j个指标的权重$W_{j,k}(j=1,2,3,\cdots,n;k=1,2,3)$。

(4) 指数的测算方法

采用"分-总"的计算方法，首先分别计算各个年份二级指标得分，再加权得到3个维度（发展基础、经济贡献、成长能力）得分，最后加权得到服务业发展指数得分。即用二级指标的权重乘以对应指标的标准化得分，不同的年份重复此计算步骤，再加权得到各个维度得分 $S_{i,k}$，$S_{i,k} = \sum_{j=1}^{n} W_{ij,k} \times X'_{ij,k}$ ($k = 1, 2, 3$)，n 表示各个维度中二级指标的数目。最后，将各维度得分加权平均，得到各省份的服务业发展指数得分，即 $F_i = \sum_{k=1}^{3} W_k S_{i,k}$。

3. 收敛模型

收敛模型最早用于测度收入差距的收敛或者差异性，之后其应用范围扩展到经济增长、创新效率等多个领域（马大来等，2017）。σ 收敛、β 收敛是收敛性分析比较常用的方法，β 收敛包括绝对 β 收敛和条件 β 收敛，加入空间效应后，可分为 β 收敛的空间自回归模型（SAR）和空间误差模型（SEM）。

（1）σ 收敛模型

σ 收敛是对收敛概念的直观理解，如果各省份服务业发展指数差距是减小的，那么就存在 σ 收敛，反之则不存在 σ 收敛，本篇用各省份对数化处理后的服务业发展指数标准差来反映其差距的变化趋势，具体公式为：

$$\sigma_t = \sqrt{\frac{1}{n} \sum_{i=1}^{n} \left(\ln Y_{i,t} - \frac{1}{n} \sum_{i=1}^{n} \ln Y_{i,t} \right)^2} \quad (1.7)$$

上述公式中的 $\ln Y_{i,t}$ 表示第 i 个省份在第 t 年经过对数化处理后的服务业发展指数得分，σ_t 表示 n 个省份在第 t 年对数化后的服务业发展指数得分的标准差，当多个年份出现 $\sigma_{t-1} > \sigma_t$ 时，就意味着随着时间的推进，各省份服务业发展指数差距变小，即服务业发展指数存在 σ 收敛。

（2）β 收敛的空间自回归模型（SAR）

传统的绝对 β 收敛模型为 $\ln Y_{i,t+1} - \ln Y_{i,t} = \alpha I + \beta \ln Y_{i,t} + \varepsilon$，在考虑空间效应的影响后，建立绝对 β 收敛的空间自回归模型：

$$\ln Y_{i,t+1} - \ln Y_{i,t} = \alpha I + \beta \ln Y_{i,t} + \rho W (\ln Y_{i,t+1} - \ln Y_{i,t}) + \varepsilon \quad (1.8)$$

在绝对 β 收敛的空间自回归模型中，i 表示样本中包含的各个省份，

$Y_{i,t}$ 表示第 i 个省份在第 t 年的服务业发展指数，$\ln Y_{i,t+1} - \ln Y_{i,t}$ 表示第 i 个省份服务业发展指数在第 t 年的对数增长量，I 是空间单位向量，W 为空间权重矩阵，α、β 分别为相应的待估参数，其中 β 为收敛系数，如果 $\beta > 0$ 且在统计上显著，则说明我国服务业发展指数存在发散特征；反之，如果 $\beta < 0$，则说明我国服务业发展指数存在绝对 β 收敛。ρ 表示空间自回归系数，用来衡量相邻省份服务业发展指数的变动对其他省份的影响程度。

条件 β 收敛与绝对 β 收敛不同，它承认各省份之间经济特征和稳态值存在着差异。在绝对 β 收敛的空间自回归模型的基础上加上相关控制变量可得到条件 β 收敛的空间自回归模型：

$$\ln Y_{i,t+1} - \ln Y_{i,t} = \alpha I + \beta \ln Y_{i,t} + \rho W(\ln Y_{i,t+1} - \ln Y_{i,t}) + \xi \mu_{i,t} + \varepsilon \tag{1.9}$$

模型中的 $\mu_{i,t}$ 表示所选取的控制变量，ξ 表示控制变量的系数，反映所选取的控制变量对服务业发展指数增长率的影响程度与方向，当 $\beta < 0$ 且通过了显著性检验，则说明空间条件 β 收敛性存在，反之，则不存在空间条件 β 收敛性。

（3）β 收敛的空间误差模型（SEM）

与 β 收敛的空间自回归模型（SAR）不同的是，在 β 收敛的空间误差模型（SEM）中，个别省份的空间相关性是由随机扰动项造成的，故绝对 β 收敛的空间误差模型可以表示为：

$$\ln Y_{i,t+1} - \ln Y_{i,t} = \alpha I + \beta \ln Y_{i,t} + \varepsilon \tag{1.10}$$

$$\varepsilon = \lambda W \varepsilon_0 + \mu \tag{1.11}$$

在绝对 β 收敛的空间误差模型中，ε 为随机扰动项，λ 表示其他省份服务业发展指数的随机扰动项对本省份服务业发展指数增长率的影响。与 β 收敛的空间自回归模型类似，当 $\beta < 0$ 且在统计上显著时，表示服务业发达地区的增长率小于落后地区，存在绝对 β 收敛；反之则不存在。当 $\lambda < 0$ 且在统计上显著时，表示其他省份的随机扰动项会对 i 省份的服务业发展指数的增长率产生负面影响，即存在负的空间效应；反之，存在正的空间效应。在绝对 β 收敛的空间误差模型中加入控制项可以得到条件 β 收敛

的空间误差模型：

$$\ln Y_{i,\,t+1} - \ln Y_{i,\,t} = \alpha I + \beta \ln Y_{i,\,t} + \xi \mu_{i,\,t} + \varepsilon \qquad (1.12)$$

$$\varepsilon = \lambda W \varepsilon_0 + \mu \qquad (1.13)$$

模型中的 $\mu_{i,\,t}$ 表示所选取的控制变量，ξ 表示控制变量的系数，反映所选取的控制变量对服务业发展指数增长率的影响程度与方向，当 $\beta < 0$ 且通过了显著性检验，说明存在空间条件 β 收敛；反之，不存在空间条件 β 收敛。

二、服务业发展指数测度及空间相关性检验

1. 服务业发展指数测度及动态分析

基于数据的可获得性，本篇样本时期选择为 2006—2016 年共 11 年。由于西藏自治区某些年份数据缺失较多，本篇研究的样本地区为中国大陆的 30 个省、直辖市、自治区。研究数据主要来源于《中国统计年鉴》《中国第三产业统计年鉴》《中国劳动统计年鉴》《中国科技统计年鉴》，全国各省、直辖市、自治区统计年鉴、统计公报。经过测算，我国各省份和区域服务业发展指数得分如表 1.2 所示。

表 1.2　2006—2016 年我国各省份和区域服务业发展指数得分

地区	2006	2007	2008	2009	2010	2011	2012	2013	2014	2015	2016
北京	86.9	93.8	96.6	100.1	105.8	109.0	113.7	118.5	121.1	127.8	137.7
天津	75.8	80.1	79.8	84.1	90.7	98.6	103.9	105.3	107.2	111.3	123.7
河北	73.2	76.9	79.1	87.0	88.0	87.2	89.0	92.8	95.1	97.5	98.2
山西	65.4	70.0	72.5	76.8	78.8	79.2	83.2	86.4	86.5	92.0	93.7
内蒙古	66.7	71.1	73.8	79.3	85.7	88.1	88.6	91.6	94.7	94.3	94.6
辽宁	74.6	77.7	82.2	85.5	89.9	94.7	98.1	103.4	101.0	101.3	98.4
吉林	65.5	69.7	73.6	74.8	78.7	80.9	83.2	83.9	84.4	88.3	92.7
黑龙江	66.0	70.4	73.3	76.5	80.7	81.2	84.2	86.9	86.8	89.9	93.6
上海	92.0	90.5	97.3	93.4	98.9	109.4	112.8	119.1	121.4	126.1	134.7
江苏	83.6	86.7	92.3	92.2	98.8	107.1	112.8	119.7	121.0	127.4	128.1

续表

地区	2006	2007	2008	2009	2010	2011	2012	2013	2014	2015	2016
浙江	83.1	85.4	89.7	89.3	95.4	100.3	105.3	111.3	113.9	122.2	123.1
安徽	68.1	72.1	78.0	81.4	83.6	82.1	86.5	90.9	93.1	96.6	97.0
福建	72.5	75.3	78.5	81.5	85.8	87.6	92.0	97.1	99.1	105.6	107.4
江西	65.7	69.4	73.1	76.4	78.1	78.4	80.1	82.8	85.9	89.3	93.6
山东	82.1	85.7	91.8	93.5	99.6	99.6	102.9	109.0	110.0	116.8	117.5
河南	71.8	76.2	81.5	83.5	87.2	85.6	87.8	92.9	94.8	100.8	101.3
湖北	70.9	73.4	78.8	81.0	85.5	85.4	89.1	93.0	96.3	102.7	105.5
湖南	69.8	73.6	78.0	83.4	84.6	84.9	88.4	91.9	95.0	99.9	100.2
广东	90.4	91.9	98.5	96.4	101.4	108.8	112.9	120.3	123.5	132.1	136.9
广西	66.1	70.6	73.6	76.9	80.1	80.3	82.3	85.8	86.9	90.6	93.7
海南	66.8	70.6	73.7	78.9	81.0	81.9	83.1	89.9	86.9	91.7	93.7
重庆	67.5	70.1	74.3	76.9	80.5	83.9	88.6	94.2	94.8	102.1	102.6
四川	71.5	74.4	77.6	79.1	84.1	85.2	89.4	94.5	97.1	101.2	101.5
贵州	63.7	67.3	70.3	72.9	76.9	79.7	82.2	85.9	86.7	88.9	92.7
云南	65.4	69.2	71.7	75.0	78.6	79.2	82.2	87.4	87.3	91.3	93.7
陕西	68.0	70.5	76.7	78.9	82.1	84.2	87.1	91.6	93.8	97.9	98.1
甘肃	63.3	65.5	68.6	69.8	73.9	75.7	77.6	81.1	82.2	84.7	90.4
青海	60.9	63.2	65.1	68.9	71.7	75.3	77.0	79.1	81.2	84.9	89.3
宁夏	62.0	64.1	67.0	69.5	74.3	77.5	80.8	82.8	84.4	85.9	92.7
新疆	62.3	65.6	67.5	70.3	73.0	78.3	80.4	84.2	85.3	89.3	93.5
全国	71.4	74.7	78.5	81.1	85.1	87.7	90.8	95.1	96.6	101.0	104.0
东部	72.6	75.3	78.9	80.8	85.1	89.2	93.1	98.0	99.1	103.9	107.4
中部	67.9	71.9	76.1	79.2	82.1	82.2	85.3	88.6	90.4	94.9	97.2
西部	65.2	68.3	71.5	74.3	78.3	80.7	83.3	87.1	88.6	91.9	94.8

由表1.2可知，2006—2016年我国服务业发展指数呈逐年上升趋势，全国服务业发展指数的平均得分从2006年的71.4上升到了2016年的104.0，各省份服务业发展指数得分都有不同程度提高，表明我国服务业发展总体呈上升态势。但我国区域服务业发展不平衡，存在较大的地区差异，不论是30个省份之间的差异，还是东部、中部、西部三大区域之间的差异都比较明显。总体来看，东部服务业发展水平最高，中部次之，西部

最小，2006—2016年东部地区服务业发展指数平均得分比中部地区高6.20分，比西部地区高9.07分。从服务业发展指数得分上升的幅度看，东部上升的幅度为47.9%，中部为43.2%，西部为45.4%，东部上升幅度最大，西部上升幅度略高于中部。从服务业发展指数区域差异的变化看，2006年东部服务业发展指数得分与中、西部地区之间的差距分别为4.7、7.4分，而2016年差距扩大到了10.2、12.6分，东部与中西部地区服务业发展的差距越来越大。

借鉴刘亦文等(2016)的分析方法，对我国各省份服务业发展指数平均值及变化幅度进行分析，由表1.3可知，服务业发展指数平均值排名前九的省份均来自东部地区，依次为广东、北京、上海、江苏、浙江、山东、

表1.3　　　　　　　　我国各省份服务业发展指数排名

地区	平均值	平均值排名	变化幅度	变化幅度排名	地区	平均值	平均值排名	变化幅度	变化幅度排名
广东	110.3	1	51.4%	5	安徽	84.5	16	42.4%	21
北京	110.1	2	58.5%	2	陕西	84.4	17	44.3%	14
上海	108.7	3	46.4%	12	内蒙古	84.4	18	41.8%	23
江苏	106.4	4	53.2%	3	海南	81.7	19	40.3%	28
浙江	101.7	5	48.1%	10	黑龙江	80.9	20	41.8%	24
山东	100.8	6	43.1%	18	广西	80.6	21	41.8%	25
天津	96.4	7	63.2%	1	山西	80.4	22	43.3%	16
辽宁	91.5	8	31.9%	30	云南	80.2	23	43.3%	16
福建	89.3	9	48.1%	9	吉林	79.6	24	41.5%	26
河北	87.6	10	34.2%	29	江西	79.3	25	42.5%	20
河南	87.6	11	41.1%	27	贵州	78.8	26	45.5%	13
湖北	87.4	12	48.8%	8	新疆	77.2	27	50.1%	6
四川	86.9	13	42.0%	22	宁夏	76.5	28	49.5%	7
湖南	86.3	14	43.6%	15	甘肃	75.7	29	42.8%	19
重庆	85.0	15	52.0%	4	青海	74.2	30	46.6%	11

天津、辽宁和福建,中部地区的河南和湖北分别排名第十一和第十二,服务业发展指数平均值排名靠后的十个省份中,有三个省份来自中部地区,依次为山西、吉林和江西,七个省份来自西部地区,依次为广西、云南、贵州、新疆、宁夏、甘肃和青海。

2. 服务业发展指数的空间相关性检验

服务业发展的空间相关性主要表现为服务业发展水平的空间集聚和溢出效应,对周边地区发展会产生重要影响。空间相关性另外一个表现为空间异质性,这是因为服务业发展存在着中心和边缘之分,从而存在空间上的差异性。本篇选用 Moran's I 指数作为分析全局相关性的指标,计算公式为:

$$\frac{n\sum_{i=1}^{n}\sum_{j=1}^{n}w_{ij}(x_i-\bar{x})(x_j-\bar{x})}{\sum_{i=1}^{n}\sum_{j=1}^{n}w_{ij}(x_i-\bar{x})^2}=\frac{n}{\sum_{i=1}^{n}\sum_{j=1}^{n}w_{ij}}\times\frac{\sum_{i=1}^{n}\sum_{j=1}^{n}w_{ij}(x_i-\bar{x})(x_j-\bar{x})}{\sum_{i=1}^{n}(x_i-\bar{x})^2}$$

(1.14)

上式中的 n 表示省份数量,x_i 表示 i 省份的服务业发展指数得分,$\bar{x}$ 表示所有观测省份服务业发展指数分的平均值。Moran's I 指数在 $[-1, 1]$ 区间内取值,具体含义为:若 Moran's I 指数大于 0 时,表示空间正相关;小于 0 时,表示空间负相关;等于 0 时,表示空间独立分布;接近于 0 时,表示空间分布是随机的。Moran's I 指数绝对值越大,意味着空间相关程度越大;反之则越小。Moran's I 指数揭示的是全局空间自相关性,局部空间自相关性可以通过绘制 Moran's I 指数散点图考察。

运用 Stata 软件测算出 2006—2016 年我国大陆 30 个省份服务业发展指数的全局 Moran's I 指数(见表 1.4),结果显示,我国服务业发展指数的 Moran's I 指数均为正数,大于 0.15,并通过显著性检验,表明我国各省份服务业发展在空间上存在正相关关系,即各省份服务业发展会受到临近省份的影响,服务业发展水平高(低)的省份相邻。从 Moran's I 指数的变化趋势看，2006—2016年 *Moran's I* 指数存在一定波动，但波动范围不大，在2009年达到峰值0.319，2006年、2016年 *Moran's I* 指数分别为0.210、0.197，变化并不明显。

表1.4　我国各省份服务业发展指数的 *Moran's I* 指数值

年份	I	E(I)	sd(I)	Z	P值
2006	0.210	−0.034	0.111	2.201	0.028
2007	0.253	−0.034	0.112	2.576	0.010
2008	0.232	−0.034	0.112	2.387	0.017
2009	0.319	−0.034	0.112	3.163	0.002
2010	0.249	−0.034	0.112	2.532	0.011
2011	0.194	−0.034	0.112	2.039	0.041
2012	0.200	−0.034	0.112	2.093	0.036
2013	0.194	−0.034	0.112	2.041	0.041
2014	0.177	−0.034	0.112	1.886	0.059
2015	0.195	−0.034	0.112	2.050	0.040
2016	0.197	−0.034	0.111	2.079	0.038

采用 *Moran's I* 散点图进一步考察我国服务业发展指数空间分布特征。通过stata软件得出2006年、2011年、2016年、2006—2016年11年平均值的 *Moran's I* 散点图(图1.1)，散点图解析如表1.5所示，在这四个时间段内，大多数省份落在了第一象限和第三象限，表明具有正的相关性和空间集聚性；只有少部分省份落在了第二象限和第四象限，表明具有负的相关性和空间离群性。北京、天津、上海、江苏、浙江、福建、山东位于第一象限，即High-High型高值集聚区；湖北、重庆、陕西、山西、内蒙古、贵州、云南、黑龙江、吉林、甘肃、四川、青海、宁夏、新疆位于第三象限，即Low-Low型低值集聚区；安徽、江西、广西、海南均位于第二象限，即Low-High型集聚区；广东位于第四象限，即High-Low型集聚区。

在 2006—2016 年，河北由 High-High 型变为了 Low-High 型，河南由 Low-Low 型变为了 Low-High 型，辽宁由 High-Low 型变为了 Low-Low 型。

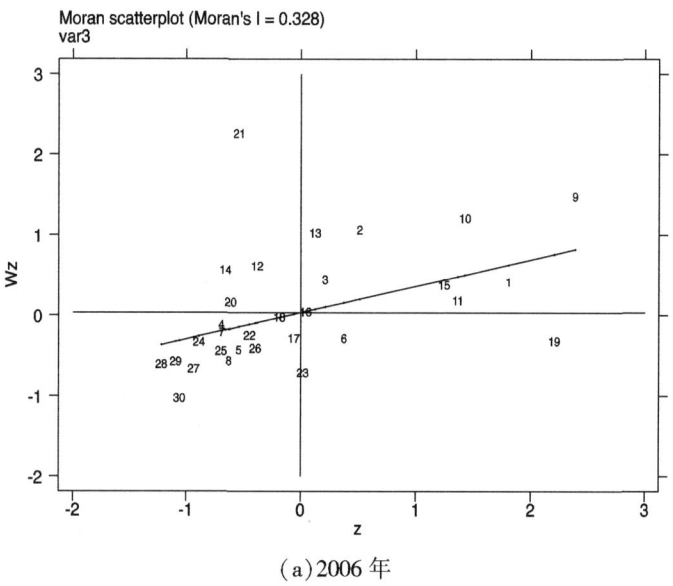

(a) 2006 年

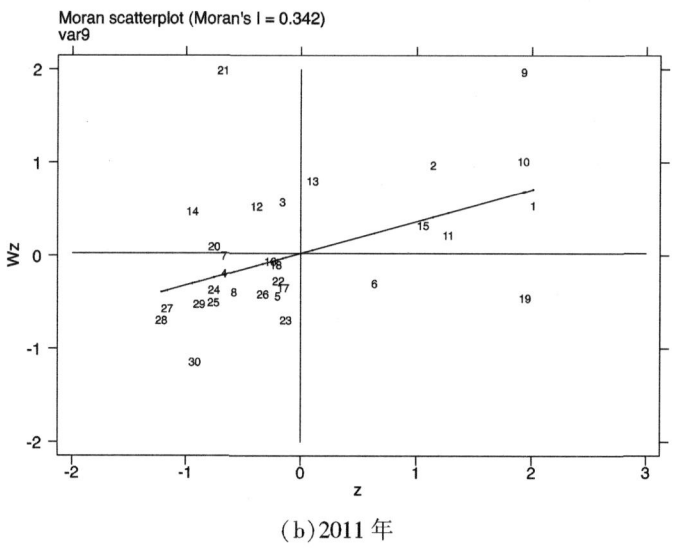

(b) 2011 年

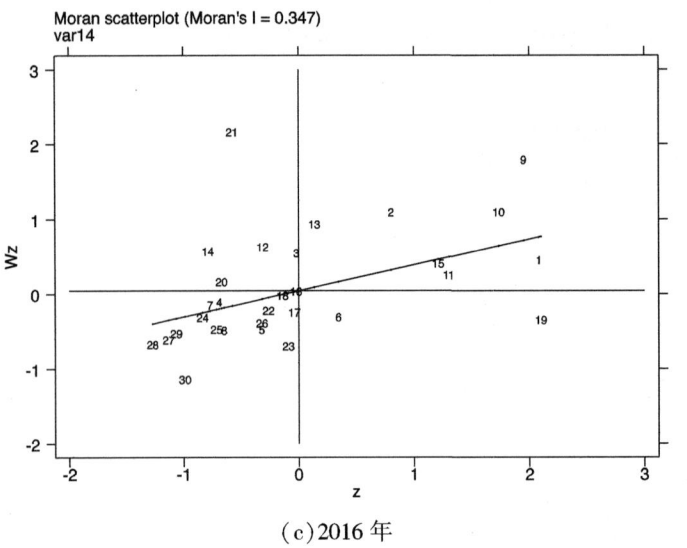

(c) 2016 年

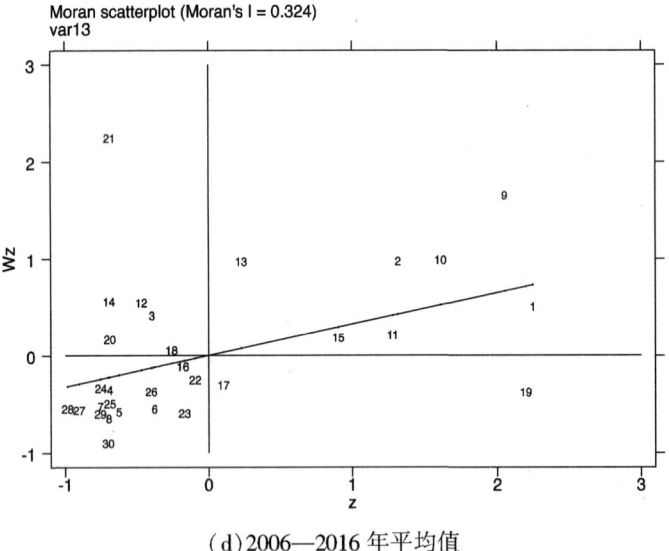

(d) 2006—2016 年平均值

图 1.1　不同时期 *Moran's I* 指数散点图

表 1.5　　　　　　　　**Moran's I 指数散点图解析表**

区间	2006 年	2011 年	2016 年	2006—2016 年平均
第一象限 HH	北京、天津、河北、上海、江苏、浙江、福建、山东	北京、天津、上海、江苏、浙江、福建、山东	北京、天津、上海、江苏、浙江、福建、山东	北京、天津、上海、江苏、浙江、福建、山东
第二象限 LH	安徽、江西、广西、海南	安徽、江西、广西、河北、海南	安徽、江西、广西、河北、海南、湖南	安徽、江西、广西、河北、海南
第三象限 LL	湖南、湖北、重庆、陕西、山西、内蒙古、河南、贵州、云南、黑龙江、吉林、甘肃、青海、宁夏、新疆	湖北、重庆、陕西、山西、内蒙古、贵州、云南、黑龙江、吉林、甘肃、湖南、四川、河南、青海、宁夏、新疆	湖北、重庆、陕西、山西、内蒙古、贵州、云南、黑龙江、吉林、甘肃、辽宁、四川、青海、宁夏、新疆	湖北、重庆、陕西、山西、内蒙古、贵州、云南、黑龙江、吉林、甘肃、湖南、四川、青海、宁夏、新疆
第四象限 HL	广东、辽宁	广东、辽宁	广东、河南	广东、辽宁

总体而言，2006—2016 年样本考察期中我国服务业发展指数全局空间自相关性显著，服务业发展指数的空间分布呈现 High-High 型空间集聚模式与 Low-Low 型空间集聚模式的正向空间相关性。这表明，服务业发展水平较高的省份，往往与其他服务业发展水平较高的省份相邻（High-High 型空间集聚模式），同理，服务业发展水平较低的省份，往往被服务业发展水平较低的省份包围（Low-Low 型空间集聚模式），这说明如果忽略了空间效应因素的存在，会造成收敛模型的估计结果与实际情况存在较大的偏差。因此，在考察地区服务业发展收敛性时，应将空间因素的影响考虑在内。

三、服务业指数的区域差异分析

自改革开放以后,我国东部沿海地区率先对外开放,同时国家为了落实先富带动后富的战略,对东部沿海地区提供各种优先发展的政策,东部地区相对于中西部地区集中了更多的资源,同时由于交通及基础设施的不断发展,全国各省份的人口流动性增强,中西部地区的人口也逐渐向东部沿海发达地区迁移,这使得东部沿海地区的经济腾飞具备了天时地利和人和之便利,直至现在东部地区的经济水平仍远远高于中西部地区,也造成了我国服务业在区域之间的发展不平衡问题。为了更好地了解我国各省份地区服务业发展水平的发展状况,我们很有必要对其地区差异性进行分析。

1. 地区差异性的度量方法

地区差异可以分为绝对差异和相对差异,绝对差异是指变量值偏离参照值的绝对额,我们一般用极差、极均差、平均差和标准差的方法来度量绝对差异。而度量相对差异的方法一般有基尼系数、变异系数、泰尔系数、综合熵指数等。

(1)绝对差异的度量方法

极差是指样本地区中的最大值和最小值之间的差值,本篇中是指30个省份中服务业发展指数最高的省份与服务业发展指数最低的省份之间的差值,可以用公式表示:

$$R = Y_{max} - Y_{min} \qquad (1.15)$$

极均差是指样本中的最大值或者最小值与平均值之间的差值,本篇中是指30个省份中服务业发展指数最高或最低的省份的服务业发展指数与平均发展指数之间的差值,可以用公式表示为:

$$R = Y_{max} - \overline{Y}$$

或

$$R = \overline{Y} - Y_{min} \qquad (1.16)$$

其中 $\bar{Y}$ 是指样本区域的平均值。

虽然极差和极均差在度量地区差异性的时候比较方便，但这两种方法有很大的缺点，不适合多个区域之间的比较。

平均差是指样本区域所有省份与其算术平均数的离差绝对值的算术平均数，平均差越大，那么各区域的标志值与算数平均值的差异程度也就越大，即样本区域的绝对差异也就越大。可以用公式表示为：

$$D = \frac{\sum_{i}^{n}|Y_i - \bar{Y}|}{n} \qquad (1.17)$$

其中 D 为平均差，n 为样本区域个数（本篇中为所考察省份的个数）。

标准差是指离均差平方的算术平均数的平方根，它能反映一个数据集的离散程度，通常用 σ 表示。标准差可以用公式表示为：

$$\sigma = \sqrt{\frac{\sum_{i}^{n}(Y_i - \bar{Y})^2}{n}} \qquad (1.18)$$

（2）相对差异度量方法

1）变异指数（CV）

变异指数是衡量样本中各观测值变异程度的一个统计量，当我们对两个或者多个样本区域变异程度进行对比时，如果观测单位的平均值相同，我们可以用标准差来比较，但是当观测单位的平均值不同时，那么我们就不能利用标准差来比较，这个时候我们就需要用标准差与平均数的比值来比较，而标准差与平均值的比值就是变异指数，变异指数可以消除观测单位平均值不同对样本区域变异程度比较的影响。我们可以用公式（1.19）来表示变异指数：

$$CV = \sqrt{\frac{\sum_{i}^{n}(Y_i - \bar{Y})^2}{n\bar{Y}^2}} \qquad (1.19)$$

2）基尼系数

基尼系数是赫希曼根据洛伦兹曲线提出的判断分配平等程度的指标，

收入分配越是平均,洛伦茨曲线的弧度就越小,基尼系数也就越小;反之,收入分配越不平均,洛伦茨曲线的弧度就越大,基尼系数也就越大。基尼系数的取值在0~1,如果基尼系数的取值为0,那么就表示收入分配绝对公平,如果基尼系数的取值为1,那么则表示收入分配绝对不公平。基尼系数的优点在于它能给出反映人们贫富差异程度的数量界限,很直观地反映出贫富差距,从而能够预报人们的贫富差距两极分化程度,进一步防止差距的扩大,也由于这个优点,现阶段基尼系数得到了世界上大部分国家和地区的认可,并且普遍采用。但同时基尼系数也存在着一些缺点,比如基尼系数虽然能够反映贫富差距但无法反映出到底是哪里存在分配不公。另外现阶段全世界也没有制定出基尼系数的准则,在比如是否应该扣除税项、剔除非本地居民等相关问题上并没有一致性。

3)综合熵

熵是信息量的期望值,综合熵指数是从信息量和熵的视角来考察各观测单位间的差异程度,观测单位的差异越大,相应的综合熵指数也就越大;反之,如果观测单位的差异越小,则相应的综合熵指数也就越小。

当 $c \neq 0, 1$ 时,综合熵的计算公式为:

$$GE = \sum_{i=1}^{n} n_i \left[\left(\frac{Y_i}{\overline{Y}} \right)^c - 1 \right] \quad (1.20)$$

当 $c = 0$ 时,综合熵的计算公式为:

$$GE = \sum_{i=1}^{n} n_i \ln \left(\frac{Y_i}{\overline{Y}} \right) \quad (1.21)$$

当 $c = 1$ 时,综合熵的计算公式为:

$$GE = \sum_{i=1}^{n} n_i \left(\frac{Y_i}{\overline{Y}} \right) \ln \left(\frac{Y_i}{\overline{Y}} \right) \quad (1.22)$$

其中 Y 为各省份的服务业发展指数。

4)泰尔指数

泰尔指数是荷兰经济学家将信息熵理论应用于收入差距研究时所提出来的,它可以用来衡量一组经济指标在不同时间、区域的差异,与基尼系数相比，泰尔指数可以在估计区域差异时将区域差异分解为区域内差异和区域间差异，进一步衡量组间差距和组内差异占总差异的比重，泰尔熵标准是普通熵标准的特殊形势。

本篇采用基尼系数、对数离差均值和泰尔指数三个指标来反映我国各省份服务业发展指数的差异，其中，基尼系数对中间水平的变化比较敏感，对数离差均值对底层水平的变化比较敏感，而泰尔指数则对上层水平的变化比较敏感，可以看出这三个指标存在着很好的互补性，我们可以利用这三个指标对我国各省服务业发展指数的差异进行全方面的测量，多方面认识各省服务业发展指数的差异。

我们在本篇中用来表示各省服务业发展指数的基尼系数的计算公式为：

$$GINI = \frac{2}{n^2 \overline{Y}} \sum_{i=1}^{n} iY_i - \frac{n+1}{n} \tag{1.23}$$

其中 n 表示样本个数，即样本中所观测的省份；$\overline{Y}$ 表示样本均值，即样本中所观测省份的服务业发展指数的平均值；Y_i 表示服务业发展指数由低到高排序后的第 i 个省份的服务业发展指数。

对数离差均值的计算公式为：

$$GE_0(Y) = \frac{1}{n} \sum_{i=1}^{n} \ln \frac{\overline{Y}}{Y_i} \tag{1.24}$$

泰尔指数的计算公式为：

$$GE_1(Y) = \frac{1}{n} \sum_{i=1}^{n} \frac{Y_i}{\overline{Y}} \ln \frac{Y_i}{\overline{Y}} \tag{1.25}$$

对数离差均值和泰尔指数都是由经济学家泰尔在1967年提出来的，它们的依据都是学习理论学中的熵指概念来计算收入水平之间的差异，其中 n 表示样本个数，本篇中为所观测省份的个数，$\overline{Y}$ 表示样本均值，即样本中所观测省份的服务业发展指数的平均值；Y_i 表示服务业发展指数由低到高排序后的第 i 个省份的服务业发展指数。

在本篇中，我们通过对数离差均值和泰尔指数可以将服务业发展指数的区域差距分解为区域间差异和区域内差异，我们先对服务业发展指数的对数离差均值进行分解，分解过程如下：

$$E_0(Y) = E_0(Y_1, Y_2, \cdots, Y_m) = \frac{1}{n}\sum_{k=1}^{m}\sum_{i=1}^{n_k}\ln\frac{\mu}{Y_i}$$

$$= \sum_{k=1}^{m}\frac{n_k}{n}\frac{1}{n_k}\sum_{i=1}^{n_k}\ln\frac{\mu_k}{Y_i} + \frac{1}{n}\sum_{k=1}^{m}\sum_{i=1}^{n_k}\ln\frac{\mu}{\mu_k} \quad (1.26)$$

$$= \sum_{k=1}^{m}V_k E_0(Y^k) + \sum_{k=1}^{m}V_k\ln\frac{\mu}{\mu_k} = W + B$$

其中 n 为样本总量，即所观测省份的总数，被分成 m 组 $n_k(k=1,2,\cdots,m)$，每组相对应的服务业发展指数向量为 Y^k，服务业发展指数的均值为 μ，区域数量为 n_k，故区域数量占区域总量的份额为 $\frac{n_k}{n}$，即为 V_k，上式中的 $W = \sum_{k=1}^{m}V_k E_0(Y^k)$ 是由 k 个组差异值的加权平均而得到的，它表示服务业发展指数的区域内差异；而 $B = \sum_{k=1}^{m}V_k\ln\frac{\mu}{\mu_k}$ 是由每个区域的服务业发展指数换成其相应的组均值计算而得到的，它表示服务业发展指数的区域间差异。

接下来，我们对泰尔指数进行分解，具体分解过程如下：

$$E_1(Y) = E_1(Y_1, Y_2, \cdots, Y_m) = \frac{1}{n}\sum_{k=1}^{m}\sum_{i=1}^{n_k}\frac{Y_i}{\mu}\ln\frac{Y_i}{\mu}$$

$$= \sum_{k=1}^{m}\frac{n_k}{n}\frac{\mu_k}{\mu}\frac{1}{n_k}\sum_{i=1}^{n_k}\frac{Y_i}{\mu_k}\ln\frac{Y_i}{\mu_k} + \frac{1}{n}\sum_{k=1}^{m}\sum_{i=1}^{n_k}\frac{\mu_k}{\mu}\ln\frac{\mu_k}{\mu} \quad (1.27)$$

$$= \sum_{k=1}^{m}V_k\frac{\mu_k}{\mu}T(Y^k) + \sum_{k=1}^{m}V_k\frac{\mu_k}{\mu}\ln\frac{\mu_k}{\mu} = W + B$$

2. 服务业发展的差异分析

(1) 服务业发展的省际差异

根据基尼系数、对数离差均值和泰尔指数的公式分别计算出各自的值，实证分析结果如表 1.6 所示，可以看出在 2006—2016 这 11 年里，无论是基尼系数、对数离差均值还是泰尔指数的值都是先降低然后又缓缓上升,这三个值都是在 2009 年达到最小,而后上升。但是,三个指标的变化幅度也会有些不同,可以看出在大部分年份中,对数离差均值和泰尔指数的变动幅度较大,而基尼系数的变动幅度则较小,如在 2011 年,对数离差均值和泰尔指数相对于 2010 年分别上升了 25.67% 和 27.53%,而基尼系数则相对于 2010 年上升了 9.19%,这说明了 2011 年服务业发展指数位于两极的省份的变动幅度较大,而位于中间水平的省份则变动幅度较小,在所考察的年份中(2006—2016 年),泰尔指数的变动幅度最大,其次是对数离差均值的变动幅度,而基尼系数的变动幅度最小,这表明在所考察的年份中,我国服务业发展指数的内部结构并没有发生很大的变化。

结合表 1.6 对基尼系数、对数离差均值和泰尔指数这三个差异指标的变动情况作进一步分析,可以得出在所考察年份中(2006—2016 年),基尼系数的最大值为 0.07408,最小值为 0.05560,平均值为 0.06486;对数离差均值的最大值为 0.00914,最小值为 0.00482,平均值为 0.00692;泰尔指数的最大值为 0.00954,最小值为 0.00487,平均值为 0.00711。

表 1.6 对差异指标的变动情况

年份	$Gini$	GE_0	GE_1	$Gini$ 增长率(%)	GE_0 增长率(%)	GE_1 增长率(%)
2006	0.06330	0.00656	0.00677			
2007	0.05944	0.00576	0.00586	-6.09795	-12.19512	-13.44165
2008	0.06234	0.00631	0.00645	4.87887	9.54861	10.06826
2009	0.05560	0.00482	0.00487	-10.81168	-23.61331	-24.49612
2010	0.05802	0.00526	0.00534	4.35252	9.12863	9.65092
2011	0.06335	0.00661	0.00681	9.18649	25.66540	27.52809
2012	0.06583	0.00713	0.00734	3.91476	7.86687	7.78267
2013	0.06914	0.00773	0.00795	5.02810	8.41515	8.31063
2014	0.07011	0.00796	0.00819	1.40295	2.97542	3.01887
2015	0.07408	0.00880	0.00907	5.66253	10.55276	10.74481
2016	0.07227	0.00914	0.00954	-2.44330	3.86364	5.18192

图 1.2 为 2006—2016 年这 11 年间基尼系数、对数离差均值和泰尔指数的变动情况，可以明显看出三个指标都呈现出先下降后上升的趋势，三个指标的轨迹呈 U 形，2008—2009 年这段期间基尼系数、对数离差均值和泰尔指数三个指标均下降明显，并在 2009 年三个指标均达到了最小值，这可能是因为在 2008 年全球爆发金融危机，从而对中国的服务业造成了一定的负面影响，而中国服务业发达的地区主要是京津冀、长三角和珠三角地区，这三个地区均处于东部沿海地区，也是中国对外开放程度最高的地方，因此这三个地区或者说东部沿海地区受到金融危机的影响程度要高于中西部地区，故在 2008—2009 年这段时期，我国服务业发展指数的地区差异不管是上层水平、下层水平还是中间水平均有一定幅度的下降，但是在 2009 年之后随着全球经济的复苏，东部沿海服务业发达地区的服务业也迅速复苏，因此在 2009 年之后，基尼系数、对数离差均值和泰尔指数三个指标均有一定幅度的回升。

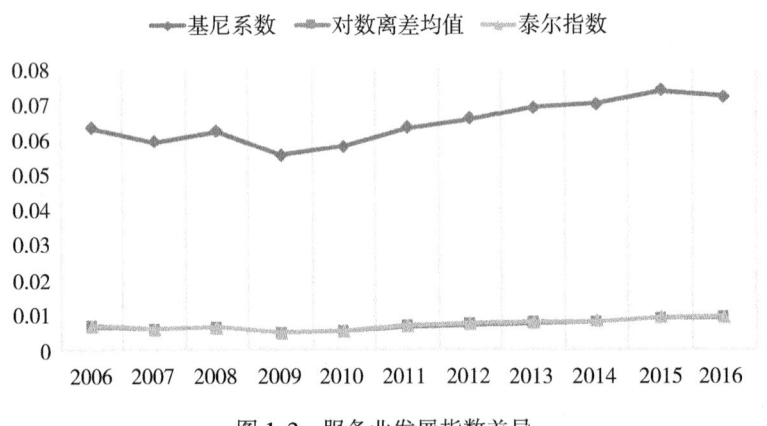

图 1.2　服务业发展指数差异

(2) 服务业发展的区域差异分析

在划分东、中、西部方面，根据国家发展与改革委员会的解释，我国东、中、西部的划分不是按照行政区划，更不是按照地理差别来划分，而是根据政策来划分，所以东部地区就是那些最早实行开放政策，经济发展水平较高的省域、中部地区则是那些经济发展次发达省域，而西部就是那些经济欠发达省域，这种东部、中部和西部三大经济区域的划分具有较强的实践价值，且为大部分研究者所接受，故我们将按经济地带将中国划分为东部、中部和西部三个区域，我们只研究 30 个省份，不包括西藏自治区、澳门、香港和台湾等地，具体划分如表 1.7 所示。

表 1.7　　　　　　　　中国东、中、西部省份构成

区域	各区域所含省份
东部	北京、天津、河北、辽宁、上海、江苏、浙江、福建、山东、广东、海南
中部	山西、吉林、黑龙江、安徽、江西、河南、湖北、湖南
西部	广西、内蒙古、重庆、四川、贵州、云南、陕西、甘肃、青海、宁夏、新疆

接下来，我们通过对全国和东、中、西部各区域的服务业发展指数的整理计算，可以得到各区域在 2016—2016 年的平均数、中位数和标准差，统计结果如表 1.8 所示。

表 1.8　2006—2016 年全国、东部、中部、西部的服务业发展指数统计特征

地区	平均数	中位数	标准差
全国	87.8139	84.7643	10.6982
东部	98.5802	98.5573	12.8998
中部	83.2502	82.2185	9.2170
西部	80.3667	80.7275	9.7898

从表 1.8 可以看出，东部地区在 2006—2016 这几年间的服务业发展指数的平均值为 98.5802，远远高于中部地区和西部地区，中部和西部服务业发展指数的平均值分别为 83.2502 和 80.3667，差异较小，同样中位数也是如此，东部地区遥遥领先于中西部地区，而中部和西部差异很小。在

标准差方面,东部地区的标准差较大,为12.900,这表明我国东部地区的服务业发展指数的波动相比于中西部地区更大,这从上文中的服务业发展指数差异的折线图中也可以看出,东部地区靠海,对外开放水平相较于中西部地区要高很多,故受到全球经济影响的程度也就越大,所以东部地区服务业发展指数的标准差要比中西部地区的高很多。同时我们根据泰尔指数和对数离差均值的计算式可得到服务业发展指数区域差异的测算结果,测算结果如表1.9、表1.10所示。

表1.9 2006—2016基于对数离差均值分解的三大区域服务业发展指数差异

年份	东部地区	中部地区	西部地区	区域间差异	区域内差异	总差异	区域间差异占比
2006	0.0047	0.0006	0.0011	0.0043	0.0023	0.0066	0.6540
2007	0.0038	0.0005	0.0012	0.0038	0.0020	0.0058	0.6580
2008	0.0047	0.0009	0.0015	0.0038	0.0025	0.0063	0.6022
2009	0.0024	0.0008	0.0014	0.0032	0.0017	0.0048	0.6577
2010	0.0030	0.0008	0.0016	0.0033	0.0019	0.0053	0.6350
2011	0.0046	0.0005	0.0012	0.0044	0.0022	0.0066	0.6611
2012	0.0052	0.0006	0.0013	0.0046	0.0025	0.0071	0.6452
2013	0.0050	0.0009	0.0016	0.0051	0.0027	0.0077	0.6533
2014	0.0061	0.0013	0.0018	0.0048	0.0032	0.0080	0.5967
2015	0.0069	0.0016	0.0020	0.0051	0.0037	0.0088	0.5784
2016	0.0090	0.0010	0.0009	0.0052	0.0039	0.0091	0.5722
均值	0.0050	0.0009	0.0014	0.0043	0.0026	0.0069	0.6285

表1.10 2006—2016基于泰尔指数分解的三大区域服务业发展指数差异

年份	东部地区	中部地区	西部地区	区域间差异	区域内差异	总差异	区域间差异占比
2006	0.0046	0.0006	0.0011	0.0043	0.0024	0.0068	0.6411

续表

年份	东部地区	中部地区	西部地区	区域间差异	区域内差异	总差异	区域间差异占比
2007	0.0037	0.0005	0.0012	0.0038	0.0020	0.0059	0.6536
2008	0.0047	0.0009	0.0015	0.0038	0.0026	0.0065	0.5938
2009	0.0024	0.0008	0.0014	0.0032	0.0017	0.0049	0.6550
2010	0.0030	0.0008	0.0016	0.0034	0.0020	0.0053	0.6311
2011	0.0045	0.0005	0.0012	0.0044	0.0024	0.0068	0.6505
2012	0.0051	0.0006	0.0013	0.0047	0.0027	0.0073	0.6349
2013	0.0049	0.0009	0.0016	0.0051	0.0028	0.0080	0.6440
2014	0.0059	0.0013	0.0018	0.0048	0.0034	0.0082	0.5885
2015	0.0068	0.0016	0.0021	0.0052	0.0039	0.0091	0.5689
2016	0.0088	0.0010	0.0009	0.0053	0.0042	0.0095	0.5566
均值	0.0050	0.0009	0.0014	0.0044	0.0027	0.0071	0.6198

由表1.9和表1.10的实证分解结果可以看出，在2006—2016年这段观测期间，东部、中部和西部三个区域的对数离差均值的平均值分别为0.0050、0.0009和0.0014，三个区域的泰尔指数的平均值分别为0.0050、0.0009和0.0014，从整体上来看，服务业发展指数差异最大的是东部地区，其次是西部地区，中部地区的差异最小，另外从变动趋势来看，东部地区无论是对数离差均值还是泰尔指数都呈现出先下降后上升的走势，两个指标均在2009年达到最低，而后缓缓上升，而中部地区的这两个指标则呈现先上升后下降而后又上升的走势，两个指标在2011年均大幅下降，而后在2013年强力反弹；西部地区的这两个指标走势类似于中部地区，也是先上升后下降然后又上升的走势（如图1.3、图1.4所示）。

对于东部、中部和西部这三大区域间的服务业发展指数差异，2006—2016年对数离差均值的平均值为0.0043，占总差异的比例为62.85%；泰尔指数的均值为0.0044，占总差异的比例为61.98%，如果分时段来看，

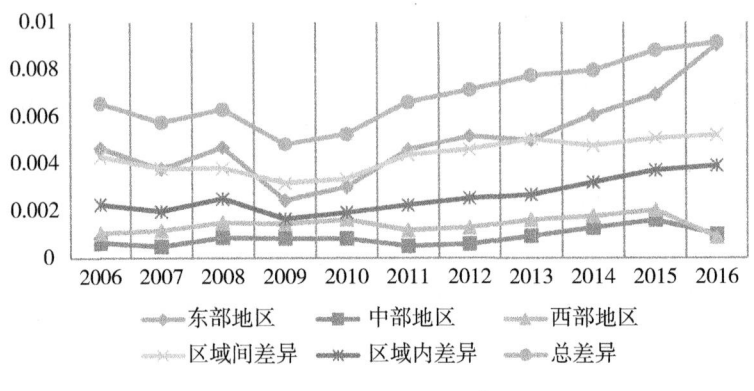

图 1.3　对数离差均值

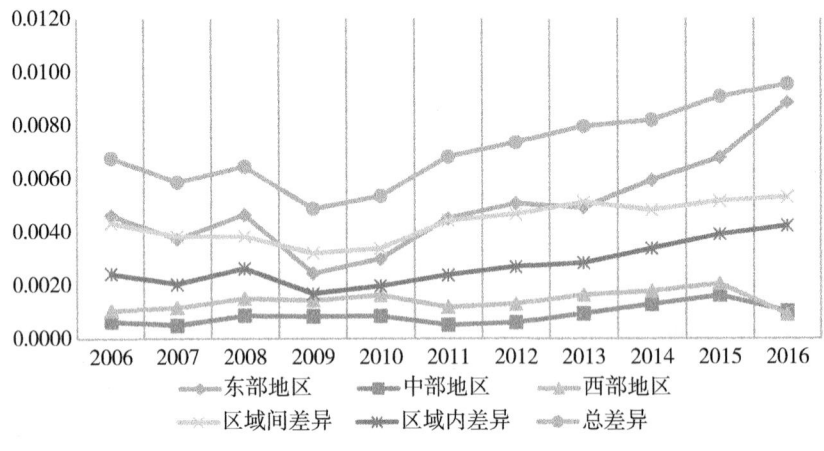

图 1.4　泰尔指数

那么在 2006—2010 年这段期间三大区域间的服务业发展指数差异的对数离差均值的平均值为 0.00368，占总差异的比例为 64.14%，泰尔指数平均值为 0.0037，占总差异的比例为 63.49%；2011—2016 年这段期间三大区域的服务业发展指数差异的对数离差均值的平均值为 0.0049，占总差异的比例为 61.78%，泰尔指数的平均值为 0.0037，占总差异的比例为 63.49%。基于此，我们可以得到如下结论：

第一，从总体上看，东部、中部和西部的服务业发展指数差异有着明显的阶段性特征，在 2006—2010 年即在观测期的前五年，三大区域的服务业发展指数差异较小,而在2011—2016年即在观测期的后六年,三大区域的服务业发展指数差异较大。

第二,分时段来看,在2006—2010年,东部、中部和西部三大区域间的服务业发展指数呈现总体下降的趋势,但在2010年以后即在2011—2016年,三大区域的服务业发展指数呈现总体上升的发展趋势。

第三,从区域间差异和区域内差异占总差异的比重来看,东部、中部和西部这三大区域服务业发展指数的区域间差异均占比较大,其中基于对数离差均值分解的三大区域的服务业发展指数的区域间差异只有在2014年、2015年和2016年这三年占总差异的比重稍低于60%,其他年份区域间差异占总差异的比重均高于60%,而基于泰尔指数分解的三大区域的服务业发展指数的区域间差异占总差异的比重在2006—2016年期间也均高于50%,过半年份高于60%,这表明东中西部的区域间差异对总差异的贡献度一直占据主体地位。

四、服务业发展指数的空间收敛性分析

1. 服务业发展指数的 σ 收敛性分析

σ 收敛是指不同地区服务业发展指数的差距随时间的推移而趋于缩小。本篇描述和刻画 σ 收敛使用服务业发展指数对数值的标准差,称为 σ 收敛指数。根据上文测算的2006—2016年全国各省份服务业发展指数得分,分别计算全国、东部、中部和西部地区 σ 收敛指数,并绘制成折线图(图1.5)。

由图1.5可知,全国、东部、中部和西部地区 σ 收敛指数在整体上均呈现先下降后上升的趋势,底部出现在2010—2011年期间,表明我国各地区服务业发展指数在2006—2016年样本期内不存在明显的 σ 收敛,但存在着阶段性 σ 收敛。具体来说,全国 σ 收敛指数从2006年开始逐年下降至2011年的0.02,达到最低,然后上升至2016年的0.18;东部地区的 σ 收

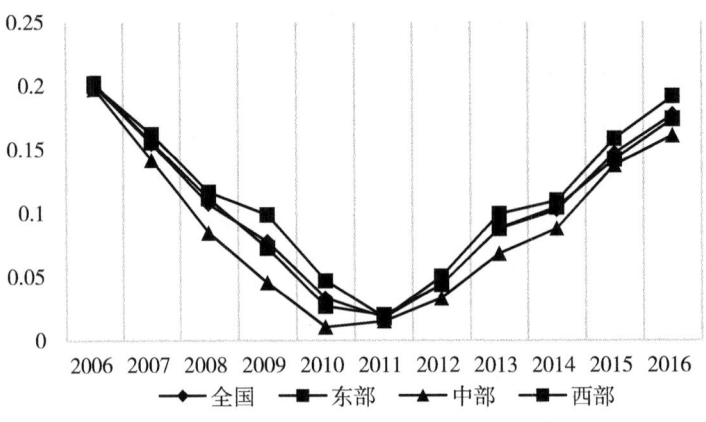

图 1.5 2006—2016 年服务业发展指数 σ 指数走势图

敛指数从 2016 年下降至 2011 年的 0.02,再上升至 2016 年的 0.19;中部地区的 σ 收敛指数从 2016 年下降至 2010 年的 0.01,再上升至 2016 年的 0.16;西部地区 σ 收敛指数从 2016 年逐年下降至 2011 年的 0.02,再上升至 2016 年的 0.17。

2. 服务业发展指数的绝对 β 收敛性分析

绝对 β 收敛表明在其他条件相同的情况下,各地区会随着时间的推移,最终达到完全相同的稳态水平。加入空间效应后,空间自回归模型(SAR)或空间误差模型(SEM)可用于绝对 β 收敛性分析,用拉格朗日乘数检验(LM)来观察模型的适用性。对全国而言,LM 检验结果如表 1.11 所示:

表 1.11　　　　　　拉格朗日乘数检验(LM)结果

检验方法	统计量	P 值
Lagrange multiplier(error)	6.961	0.008
Robust Lagrange multiplier(error)	7.751	0.005
Lagrange multiplier(lag)	0.008	0.931
Robust Lagrange multiplier(lag)	0.798	0.372

拉格朗日乘数检验(LM)结果表明,LM-lag 统计量并不显著,而 LM-error 统计量在 1%的水平下显著,表明空间误差模型(SEM)更适合用于绝对 β 收敛分析。服务业发展指数绝对 β 收敛结果如表 1.12 所示：

表 1.12　　　　　　服务业发展指数绝对 β 收敛结果

模型	SAR 模型				SEM 模型			
	全国	东部	中部	西部	全国	东部	中部	西部
β	-0.3918***	-0.0375*	-0.0603***	-0.0443***	-0.0741***	-0.0493*	-0.1201***	0.0736***
	(0.000)	(0.090)	(0.001)	(0.002)	(0.000)	(0.070)	(0.000)	(0.001)
ρ	-0.3779***	0.1565	0.4427***	0.3429***				
	(0.000)	(0.147)	(0.000)	(0.001)				
λ					-0.4145***	0.1818	0.4742***	0.3814***
					(0.000)	(0.101)	(0.000)	(0.000)
LogL	735.7329	240.6734	215.5001	297.6552	738.3931	240.9622	216.8473	298.6011
R^2	0.0756	0.0276	0.1957	0.1278	0.0856	0.0311	0.2051	0.1376

注：*、**、***分别表示在 10%、5%和 1%的水平下显著,括号里的值为 P 值。

由表 1.12 可知,无论是空间自回归模型(SAR)还是 SEM 模型,全国、东部、中部和西部地区的 β 系数均为负数,并通过显著性检验,说明全国及三大区域服务业发展存在着绝对 β 收敛。SEM 模型的检验结果显示,全国、东部、中部和西部地区的服务业发展指数收敛速度①分别为 0.77%、0.46%、1.16%、0.69%,中部收敛速度最快,西部次之,东部最慢。这说明服务业发展水平较高的东部地区具有较慢的收敛速度,而服务业发展水平较低的中西部地区具有较高的收敛速度。

---

① $|\beta|=1-e^{-\theta T}$,其中,θ 为收敛速度,T 为样本数据考察期的长度,则收敛速度 $\theta=\frac{1}{T}\ln(1-|\beta|)$。

3. 服务业发展指数的条件 β 收敛性分析

绝对 β 收敛表明随着时间的推移，各地区服务业发展指数将逐渐收敛到相同的稳态水平，其严格假定各地区的发展基础、资源禀赋等条件完全相同。而条件 β 收敛是在考虑各个地区的异质性后，随着时间的推移，各个地区的服务业发展水平会收敛到各自的稳态水平，而不是相同的稳态水平。因此在具体考察服务业发展指数条件 β 收敛的时候，需要设置若干控制变量。借鉴相关文献的研究，本篇选择的控制变量包括：

(1) 人力资本存量 (education)，衡量地区人力资本水平，用大专以上学历人口占地区常住人口的比重表示，反映该地区人力资本存量对服务业发展的影响。何永达 (2015) 认为人力资本可以吸引企业和资源进入，对服务业发展起到促进作用。

(2) 人口密度 (density of population)，衡量人口的密集程度，用单位地区土地面积上常住人口数表示。彭昱和周伊 (2016)，方远平和周雁 (2012) 通过实证研究发现人口密度对服务业发展具有较大的正向影响。

(3) 政府影响力 (government)，反映地区政府对当地市场的影响程度，用一般预算支出占地区生产总值的比值来表示。市场需要政府一定程度的干预，但是如果政府过度干预市场往往会在一定程度上扭曲市场机制，造成不利影响。郝宏杰 (2007) 运用空间杜宾模型验证了地方财政支出对本地区的服务业增长有着明显的促进作用。

(4) 外贸依存度 (open)，用进出口总额占地区生产总值的比值来表示，以衡量地区的开放程度。外贸依存度不仅可以反映地区经济依赖于对外贸易的程度，而且在一定程度上反映了该地区经济发展水平与国际经济的参与程度。杨玉英 (2010) 从需求和供给两个角度分析了影响服务业的因素，结果表明外贸依存度对服务业的发展具有较大影响。

与绝对 β 收敛一样，在进行条件 β 收敛分析之前首先要选择适合的空间计量模型，对全国而言，LM 检验结果如表 1.13 所示：

表 1.13　　　　　　　　拉格朗日乘数检验(LM)结果

检验方法	统计量	P 值
Lagrange multiplier (error)	7.388	0.007
Robust Lagrange multiplier(error)	4.395	0.036
Lagrange multiplier(lag)	3.453	0.063
Robust Lagrange multiplier(lag)	0.460	0.497

拉格朗日乘数检验(LM)结果表明,LM-error 的统计量在1%的水平下显著,而 LM-lag 的统计量在10%的水平下显著,尽管两个统计量均显著,但是 LM-error 统计量更为显著,故本篇在分析服务业发展指数空间条件 β 收敛性的影响因素时以 SEM 模型为主。服务业发展指数条件 β 收敛结果如表4.14所示:

表 1.14　　　　　　　　服务业发展指数条件 β 收敛结果

模型	SAR 模型				SEM 模型			
	全国	东部	中部	西部	全国	东部	中部	西部
β	-0.1768*** (0.000)	-0.2608*** (0.000)	-0.1436** (0.024)	-0.1623*** (0.000)	-0.2359*** (0.000)	-0.2659*** (0.000)	-0.1687** (0.013)	-0.1824*** (0.000)
ρ	0.0351*** (0.000)	0.0666* (0.0531)	0.4417*** (0.000)	0.2977*** (0.005)				
λ					0.4447*** (0.000)	0.0754 (0.523)	0.4969*** (0.000)	0.3366*** (0.003)
ln(education)	0.0165** (0.052)	0.02 (0.986)	0.0042 (0.771)	0.0152 (0.119)	0.0151* (0.078)	-0.0016 (0.943)	-0.0109 (0.465)	0.1648 (0.103)
ln(density of population)	0.2077*** (0.000)	0.1818** (0.011)	0.1120 (0.386)	0.2387** (0.011)	0.2680*** (0.000)	0.1737** (0.017)	0.0603 (0.674)	0.2353** (0.012)
ln(government)	0.0382** (0.02)	0.0852** (0.023)	0.0463 (0.167)	0.0322* (0.095)	0.0442** (0.013)	0.0886** (0.020)	0.0513 (0.127)	0.0248 (0.273)
ln(open)	0.007 (0.191)	-0.049** (0.011)	-0.0029 (0.737)	-0.00003 (0.996)	-0.0117** (0.040)	-0.052*** (0.009)	-0.0016 (0.857)	-0.0023 (0.711)
LogL	756.3725	250.5637	216.8847	302.9445	761.7872	250.5701	218.4739	303.2184
R^2	0.0187	0.2026	0.2292	0.2322	0.2095	0.2021	0.2097	0.2234

注:*、**、***分别表示在10%、5%和1%的水平下显著,括号里的值为 P 值。

由表 4.14 可知，在引入相关控制变量后，无论是空间自回归模型（SAR）还是空间误差模型（SEM），全国、东部、中部和西部地区的 β 系数均为负数，并通过了显著性检验，表明全国及三大区域服务业发展指数存在着显著的条件 β 收敛，即随着时间的推移，我国各地区的服务业发展会趋向于各自的稳态水平，而不是相同的稳态水平。全国和三大区域的条件 β 收敛模型的 LogL 和 R^2 均有所提高，表明条件 β 收敛比绝对 β 收敛更具有解释能力。

从全国角度看，空间误差模型（SEM）的 β 系数为 -0.2359，收敛速度为 2.7%，比绝对 β 收敛的速度高 1.9 个百分点。人力资本存量、人口密度、政府影响力、外贸依存度四个控制变量均通过显著性检验，系数分别为 0.0151、0.2680、0.0442、-0.0117。这表明人力资本存量、人口密度、政府影响力对服务业发展指数收敛具有显著的正向作用，而外贸依存度对服务业发展指数收敛具有显著的负向影响。这是因为就人力资本存量而言，服务业特别是现代服务业对人力资本要求较高，而服务业发展落后省份的人力资本水平普遍落后于发达地区，人力资本存量的提高会使得这些省份拥有更高的服务业边际产出，从而促进各省份服务业收敛；就人口密度而言，人口密度高的地区相比于人口密度低的地区具有更高的消费能力与水平，从而促进了服务业的发展；就政府影响力而言，服务业投资的选址往往偏好于交通发达、基础设施配套齐全的现代化地区，而政府支出主要集中在交通和基础设施等领域，政府影响力大的省份具有更为发达的交通网络和更为完善的基础设施，从而促进了人口流动和商务往来，服务业也就更加发达；就外贸依存度而言，产业结构对外贸依存度具有较大影响，我国对外贸易以货物贸易为主，服务贸易占比较低，货物贸易越发达，带动制造业走强，第二产业在国民经济的比重提高，服务业对经济的贡献度会有所减弱，在一定程度上抑制了各省份服务业发展指数收敛。

从区域角度看，无论是空间自回归模型（SAR）还是空间误差模型（SEM），东部、中部及西部地区系数均为负数，并通过显著性检验，表明三大区域服务业发展指数均存条件 β 收敛。东部地区的人口密度、政府影响力、外贸依存度通过了显著性检验，中部地区四个控制变量均未通过显著性检验，西部地区人口密度、政府影响力通过了显著性检验，表明各地区因经济社会发展的异质性，服务业发展的驱动因素和收敛情况各不相同，在制定经济发展政策和规划时应区别对待。

从控制变量看，人口密度、政府影响力均通过了全国、东部、西部地区的显著性检验，这说明人口密度的提高，政府影响力的增大有利于减小服务业发展的区域差异。人力资本存量在全国范围内通过了显著性检验，在三大区域均未通过显著性检验，说明人力资本存量对服务业发展的作用在三大区域内未能完全展现。外贸依存度在全国及东部地区通过了显著性检验，说明外贸依存度的下降对服务业发展收敛有一定的促进作用，但在中西部地区对服务业发展的作用不大。

五、稳健性检验

为了进一步检验研究结果的稳健性，考虑到 2008 年国际金融危机对收敛结果可能造成的影响，本篇借鉴田毕飞、陈紫若（2017）的研究方法，分别对 2006—2008 年和 2009—2016 年两个时间阶段进行收敛性检验，结果显示，无论是空间自回归模型（SAR）还是空间误差模型（SEM），2006—2008 年和 2009—2016 年这两个时间段的 β 系数为负，且均在 1% 的水平下显著，表明我国服务业发展在这两个时间段内存在着绝对 β 收敛和条件 β 收敛，改变样本时期不影响回归结果的稳健性。如表 1.15、表 1.16 所示。

表 1.15　　　　分时期服务业发展指数绝对 β 收敛结果

模型	SAR 模型		SEM 模型	
	2006—2008 年	2009—2016 年	2006—2008 年	2009—2016 年
β	−0.1602***	−0.0609***	−0.2953***	−0.1979***
	（0.000）	（0.001）	（0.002）	（0.000）

续表

模型	SAR 模型		SEM 模型	
	2006—2008 年	2009—2016 年	2006—2008 年	2009—2016 年
ρ	0.2744** (0.014)	0.4510*** (0.000)		
λ			0.4208*** (0.002)	0.6279*** (0.000)
LogL	240.2518	536.1229	242.6102	543.5780
R^2	0.1492	0.0681	0.1720	0.0920

注：*、**、***分别表示在10%、5%和1%的水平下显著，括号里的值为 P 值。

表1.16　　　　　分时期服务业发展指数条件 β 收敛结果

	SAR 模型		SEM 模型	
	2006—2008 年	2009—2016 年	2006—2008 年	2009—2016 年
β	-0.2608*** (0.000)	-0.2059*** (0.000)	-0.4072*** (0.003)	-0.3120*** (0.000)
ρ	0.0666* (0.0531)	0.4224*** (0.000)		
λ			0.5144*** (0.002)	0.5750*** (0.000)
ln(education)	0.02 (0.986)	0.0105 (0.265)	-0.1501 (0.517)	0.0086 (0.376)
ln(density of population)	0.1818** (0.011)	0.1555** (0.047)	-0.0979 (0.526)	0.2329*** (0.007)
ln(government)	0.0852** (0.023)	0.1029*** (0.000)	0.7568* (0.054)	0.0862*** (0.001)
ln(open)	-0.049** (0.011)	-0.0049 (0.467)	-0.0185 (0.277)	-0.0006 (0.930)
LogL	250.5637	548.3398	240.9530	554.2179
R^2	0.2026	0.1760	0.1799	0.1719

注：*、**、***分别表示在10%、5%和1%的水平下显著，括号里的值为 P 值。

六、结论与政策建议

本篇基于2006—2016年我国各省份的面板数据,采用层次分析法和熵权法对我国服务业发展指数进行了测算,在此基础上运用空间自回归模型(SAR)和空间误差模型(SEM)进行收敛性分析,研究结果表明:

第一,从服务业发展指数的变化趋势和地区差异看,全国、东部、中部和西部地区服务业发展水平总体呈上升态势,东部服务业发展指数上升幅度高于中西部地区,西部上升幅度略高于中部地区。我国服务业发展指数得分区域差异比较明显,服务业发展水平不平衡,不论是全国30个省份之间的差异,还是东部、中部、西部三大区域之间的差异都比较明显。总体来看,东部地区服务业发展水平最高,中部次之,西部最低,东部与中、西部地区服务业指数得分差距从2006年的4.7、7.4分扩大到了2016年的10.2、12.6分,东部与中西部地区服务业发展的差距越来越大。

第二,从服务业发展指数的空间相关性看,正相关性显著,某一省份的服务业发展会受到相邻省份的影响,大部分东部省份存在着High-High聚集,大部分中西部省份存在Low-Low聚集,只有少数省份存在High-Low聚集或Low-High聚集。北京、天津、上海、江苏、浙江、福建、山东位于High-High型高值集聚区;湖北、重庆、陕西、山西、内蒙古、贵州、云南、黑龙江、吉林、甘肃、四川、青海、宁夏、新疆位于Low-Low型低值集聚区;安徽、江西、广西、海南位于Low-High型集聚区;广东位于High-Low型集聚区。

第三,从服务业发展指数的σ收敛趋势看,在2006—2016年样本期内全国、东部、中部和西部地区服务业发展均未呈现出σ收敛特征,但存在着阶段性σ收敛。σ指数在整体上呈现先减小后扩大的趋势,底部出现在2010—2011年。

第四,从服务业发展指数的β收敛趋势看,全国、东部、中部和西部地区存在绝对β收敛,中部收敛速度最快,西部次之,东部最慢。在引入人力资本存量、人口密度、政府影响力和外贸依存度四个控制变量后,全国及三大区域也存在条件 β 收敛,表明我国服务业发展水平较低的地区增长速度高于较高的地区,但各地区的服务业发展不会收敛到同一稳态水平。全国及三大区域对四个控制变量收敛性检验结果有所不同,表明不同地区服务业发展的驱动因素和收敛情况各不相同,在制定政策和发展规划时应有所区别。

随着"一带一路"建设和"中部崛起"政策的持续深入推进,过去作为对外开放后方的中西部地区对外开放程度不断提高,受成本上升、政策效应等多方面因素的影响,东部发达地区的资源要素加快向中西部地区转移和集聚。再加上我国铁路、公路等交通基础设施的不断完善,"互联网+"战略的深入实施,使得中西部地区与东部发达地区的联系更为紧密,信息沟通、货物运输更加便捷。近年来我国中西部地区经济增速高于东部地区,就业人口增多,人民生活水平日益提高,促进了服务业整体发展水平的提高。针对我国服务业空间收敛的演变趋势,可以通过合理配置资源等方式来进一步加强我国区域服务业发展的协调性,以缩小各省份服务业发展的差距。基于本篇的实证研究结论和相关分析,具体政策建议包括以下方面:

首先,要高度重视我国服务业发展的空间相关性和非均衡化特征。一方面,由于我国服务业发展水平具有显著的正向空间相关性和集聚效应,各省份的服务业发展水平受相邻省份影响,因此要加强相邻地区交流合作,通过跨地区的合作与交流,构建常态化、全方位、多领域的地区服务业交流合作机制,建立省级层面的定期会商和沟通制度,有效发挥区域政策协同效应和服务业高水平地区的示范带头作用;另一方面,由于发展基础、资源禀赋存在的差异,我国各地区服务业发展不平衡,全国及三大区域内的收敛情况也不尽相同,这就需要政府各部门针对各地区自身情况,因地制宜地制定服务业发展政策。

其次,要提高人口密度和人力资本积累。人口密度和人力资本均对促进全国服务业发展收敛具有显著的正向影响。一方面,各地政府要深入实施新型城镇化战略，完善公共管理服务体系，提高城市资源地利用效率和管理水平，引导人口有序流动和合理分布，在资源环境承载的约束条件下促进人口密度的提高；另一方面，"人才是第一资源"，随着我国经济发展进入新时代，服务业创新发展需要更高水平的人力资本积累，各地政府要深入实施人才战略，加大职业教育培训力度，提升人力资本水平。

最后，要提高财政支出的水平和效率。政府影响力对促进全国服务业发展收敛具有显著的正向影响，而提高财政支出水平和效率是增强政府影响力的重要途径，因此各地政府要提升财政支出管理水平。另外，交通、物流等基础设施的发达程度是服务业投资考虑的主要因素之一，考虑到中西部地区财政收入和基础设施基础比较薄弱，与东部发达地区相比教育、医疗、卫生等民生领域的投入也较为不足，中央政府要持续加大对中西部地区财政转移支付力度和基础设施建设，扩大中西部地区有效投资，从而促进服务业发展收敛。

第二篇 中国服务业发展的空间差异与溢出效应分析

引 言

党的十九大报告指出,"要贯彻新发展理念,建设现代化经济体系"。当前世界主要发达国家确立了以服务业为主导的现代产业结构,服务业发展水平已经成为衡量一个国家经济现代化程度的重要标志。近年来,中国服务业保持较快发展,规模不断扩大,在稳增长、调结构、促转型过程中发挥了重要作用。2018年,中国服务业增加值占GDP比重为52.2%,服务业对经济增长的贡献率接近60%,较上年提高1.2个百分点,服务业已成为推动中国经济增长的新引擎。但是,中国服务业发展区域不协调问题比较突出,主要表现为东部地区服务业发展水平明显高于中西部地区,且各省域之间的差异较大,不利于中国服务业整体水平提升和高质量发展。因此,对中国服务业发展水平测度及空间效应的研究,有助于了解中国服务业整体发展水平、空间分布及溢出特征,为各级领导和相关部门科学决策提供参考。

一、文 献 综 述

国内外学者较早关注了服务业发展水平测度与评价方面的研究。

Riddle DI 等(1984)测度了亚太地区服务业发展水平,发现服务业是亚洲经济增长的主要推动力;Durdyev S, Ihtiyar A, Ismail S 等(2014)利用文献综述和统计分析法研究了生产力和服务质量对服务业的重要影响作用;Yeo B, Grant D(2018)利用决策树分析预测了全球服务业的发展水平,研究发现金融是预测服务业发展的最优因素。国内学者大多采用多元统计方法,通过构建服务业发展指标体系,对服务业发展水平进行综合测度(孙小娇,2018;吕宏康,2011;冯华和孙蔚然,2010;国家统计局服务业调查中心课题组,2009);王钰,张维今,孙涛(2018)构建宏观经济环境、服务业发展规模、服务业产业结构和服务业增长速度 4 个一级指标及 12 个二级指标,利用因子分析法对"一带一路"沿线区域服务业发展水平进行了评价;部分学者结合层次分析法和熵权法对全国省域服务业发展水平进行了评价和测算(张海波,张毅,沈怡杉,2018;肖磊,鲍张蓬,田毕飞,2018)。

关于服务业发展空间差异的研究,国外学者起步较早。Grubel HG, Walker MA(1989)对 19 世纪 80 年代加拿大服务业发展水平进行了区域差异分析,研究发现大城市由于拥有先进的技术、良好的经济发展条件、优越的地理位置,服务业发展水平一般较高;Daniels PW(1993)对美国、加拿大等国家服务业发展水平进行了综合比较,发现服务业在不同国家都存在着较大的区域差异,其中金融业、咨询业的差异更为明显;Beaverstock JV, Smith RG, Taylor PJ(1999)通过对汉城 IT 服务业与城市转型、西雅图服务业发展轨迹等案例的研究,分析了导致其服务业发展产生差异的影响因素。国内学者在对服务业发展水平综合测度的基础上,采用定性比较方法对全国及东中西部三大区域进行了差异分析(杜鹏,2013;张建升和谭伟,2011);部分学者运用计量模型分析了空间差异情况,梁红艳(2018)采用区位熵指标,运用基尼系数及其分解方法对中国城市群生产性服务业发展的差异及城市群内、群间的差异进行了分析;陈霞(2013)采用服务业增加值指标,基于地理加权回归模型,分析相关因素对中国大陆 31 个省市区服务业发展水平影响的差异情况;方远平,周雁(2012)采用服务业增加值指标,通过变异系数、泰尔系数和多元回归分析方法研究了广东省现代服务业发展的区域差异情况及影响因素。

当前文献对服务业的空间溢出问题有所关注。李卓迪，黄兹龙，叶睿泽（2018）将资本利用率作为因变量，将生产性服务业区位熵作为自变量，并选取信息化水平、知识密集度、外商直接投资、交通发达程度作为控制变量，构建空间杜宾模型（SDM）分析生产性服务业集聚对制造业升级的空间溢出效应，研究发现生产性服务业集聚对本地制造业升级具有一定的抑制效应；胡春林（2018）以各城市现代服务业从业人数占全市单位从业人数比重作为衡量现代服务业发展水平，引入7个控制变量，利用空间滞后模型、空间误差模型和空间杜宾模型对长三角及长江经济带现代服务业空间溢出效应进行研究，研究发现现代服务业发展具有空间溢出效应，促进了本地区与周围地区经济的发展；刘叶（2017）利用区位熵作为商务服务业集聚的衡量指标，构建空间滞后模型和空间杜宾模型分析中国商务服务业的空间溢出效应，研究发现制造业对本地商务服务业集聚有抑制作用；席强敏，李国平（2015）利用就业人数衡量生产性服务业行业的发展水平，构建空间误差模型、空间滞后模型和空间杜宾模型对京津冀生产性服务业空间溢出效应进行了分析，并基于模型检验方法，对生产性服务业中的各行业进行了最优模型选择。

综上所述，当前研究可能存在如下问题：第一，当前对服务业发展水平评价的研究较多，采取的指标体系和测度方法也不尽相同，得到的结果未能完全统一，多数指标体系对发展质量和研发支出等反映创新驱动指标考虑较少，测度方法以多元统计方法为主，层次分析法和熵权法也有所涉及；第二，对服务业空间差异与效应分析的文献大都采用服务业增加值或区位熵等指标进行实证检验与分析，未能全面反映出各地区服务业发展水平；第三，大多数学者研究生产性服务业、生产性服务业集聚、金融服务业集聚和服务业FDI等的空间溢出效应，关于服务业整体发展水平的空间溢出效应的文献较少。

本篇的可能贡献在于：首先，构建服务业发展指标体系，采取Topsis-熵权法对样本期内中国省域服务业发展水平进行了测度。本篇从发展规模、质量、结构、潜力四个维度构建服务业发展指标体系，指标在数据可获得基础上选取的较为全面；在具体的测算方法上，选择Topsis-熵权法进行实际测算，该方法在保持Topsis法优点的同时，也解决了其确定指标权重的困难，实际测算结果也具有较好的适用性和稳定性。其次，采取服务业综合指标进行空间差异和溢出效应分析，比某个单一的服务业指标更加具有解释力和说服力，所得的结论可能会更加准确。最后，以省域服务业为视角，对空间溢出效应进行实证检验，是对空间溢出理论的有益补充，同时对促进中国服务业均衡发展，缩小区域发展差异具有重要意义。

二、空间溢出计量模型

1. 空间溢出效应基本概念

空间溢出效应概念最早出现在欧洲，19世纪70年代，荷兰经济学家Paelinck和Klaassen提出了空间溢出效应，之后相关学者对其进行补充，使其形成了一门学科并发展到现在。空间溢出效应是指一个地区进行某项活动或发展时，产生了预期效果，该效果不仅对本地区具有显著的正向作用，而且通过地理空间，对相邻地区也产生了一定的正向影响，溢出效应之所以存在，根本原因在于各地区并不是相互独立的个体，而是具有各种合作和经济联系，这些联系使得各地区发展相互影响、相互制约。溢出效应分为经济溢出效应、技术溢出效应和知识溢出效应，服务业作为推动经济发展的主要动力，涉及众多部门和产业，必然也会存在溢出效应。

2. 空间溢出效应计量分析方法

(1) 空间权重矩阵

空间权重矩阵的引入使得空间因素得以体现，可以基于不同的标准构造空间权重矩阵,但目前还没有统一的标准。依据不同的距离,常见的空间权重矩阵有以下几种:邻近距离、地理距离、经济距离和综合距离等,本篇将使用邻近距离作为空间权重矩阵。

邻近距离是一种最常见和最常使用的空间权重矩阵,表现为若区域相邻,则矩阵元素 $w_{ij}=1$,若区域不相邻则 $w_{ij}=0$,空间权重矩阵 W 可表示为:

$$w_{i,j}=\begin{cases}1 & \text{当区域}i\text{和区域}j\text{相邻}\\ 0 & \text{当区域}i\text{和区域}j\text{不相邻}\end{cases} \quad (2.1)$$

(2) 空间自相关性检验

空间自相关性检验是进行空间计量研究的必要步骤,通常由莫兰指数(Moran's I)来完成,莫兰指数又分为全局莫兰指数(Global Moran's I)和局部莫兰指数(Local Moran' I)。

① 全局莫兰指数

全局莫兰指数是1950年澳大利亚统计学家帕克·莫兰提出的概念,用以研究观测对象在空间的全局相关性,它可分为三种类型:空间集聚、空间离散和空间随机,计算公式为:

$$\text{Moran's } I = \frac{\sum_{i=1}^{n}\sum_{j=1}^{n}W_{ij}(Y_i-\bar{Y})(Y_j-\bar{Y})}{S^2\sum_{i=1}^{n}\sum_{j=1}^{n}W_{ij}} \quad (2.2)$$

式中,W_{ij} 为空间权重矩阵元素,Y_i、Y_j 分别为研究对象 i 和 j 的观测值,$\bar{Y}=\frac{1}{n}Y_i$,$S^2=\frac{1}{n}\sum_{i=1}^{n}(Y_i-\bar{Y})^2$;$n$ 为研究对象个数。

全局莫兰指数的取值范围为 −1 到 1,当取值大于 0 时,则存在空间正相关性,小于 0 时,则存在空间负相关性,且其绝对值越大表明空间相关性越强,其值接近于 0 时,则意味着没有显著的空间相关性,即呈现随机分布。

可以将莫兰指数转换为正态分布进行检验,公式为:

$$Z(x) = \frac{Moran's\ I - E(I)}{\sqrt{VAR(I)}} \tag{2.3}$$

判断准则为：当 $Z \geqslant 1.96$ 时，表明存在显著的正向空间相关性，即研究对象表现为空间集聚；当 $Z \leqslant -1.96$ 时，表明存在显著的负向空间相关性，即研究对象表现为空间离散；当 $0 < Z < 1.96$ 时，表明研究对象之间的空间相关性不显著；当 $Z = 0$ 时，则表明研究对象之间不存在空间相关性，即表现为空间随机分布。

②局部莫兰指数与莫兰散点图

全局莫兰指数用于验证对象在空间的分布状态，但其内部分布特征却无法反映出来，空间计量经济学家 Luc Anselin 于 1995 年提出了局部莫兰指数，局部莫兰指数的作用有三种：一是每个区域单元的集聚程度和集聚种类可由局部莫兰指数得出，二是每个区域单元对于全局空间自相关的贡献度可由局部莫兰指数量化，三是结合局部莫兰指数，全局莫兰指数的局限性可得以弥补，计算公式如下：

$$local\ Moran's\ I = \frac{(Y_i - \overline{Y})\sum_{j=1}^{n} W_{i,j}(Y_j - \overline{Y})}{S^2} \tag{2.4}$$

局部莫兰指数的判断规则是：当局部莫兰指数值大于 0 时，表示研究对象与相邻对象具有类似的属性值("高-高"或"低-低")；当局部莫兰指数值小于 0 时，表示研究对象与相邻对象的属性值不同("高-低"或"低-高")。

1996 年，Luc Anselin 又提出了莫兰散点图，莫兰散点图根据局部莫兰指数作出，可以用来分析研究对象在空间分布的具体结构及数量。莫兰散点图依据相关特征将空间划分为四个象限，位于第一象限(HH)的对象特征为：自身观测值高，周围地区观测值也高；位于第二象限(LH)的对象特征为：自身观测值低，周围地区观测值高；位于第三象限(LL)的对象特征为：自身观测值低，周围地区观测值也低；位于第四象限(HL)的对象特征为：自身观测值高，周围地区观测值低，其中 HH 表示为高-高集聚，LL 表示为低-低集聚，体现空间集聚分布特征，LH 和 HL 分别为低-高集聚和高-低集聚，体现空间离散分布特征，且若多数对象位于第一和第三象限，则表明全域具有正的空间相关性；若多数对象位于第二和第四象限，则说明全域存在负的空间相关性。

（3）空间溢出效应模型与检验方法

①空间溢出效应模型

最常见的用于分析空间溢出效应的模型有三种：空间滞后模型、空间误差模型和空间杜宾模型，这三种模型在本质上有所不同：空间滞后模型主要用于研究本区域自变量和相邻区域因变量对本区域因变量的影响，空间误差模型研究的是本区域自变量和空间随机误差项对本区域因变量的影响情况，而空间杜宾模型在研究本区域自变量影响机制的同时，不仅揭示了相邻区域因变量的空间溢出效应，还研究了相邻区域自变量对本区域的影响作用。

A. 空间滞后模型（Spatial Lag Model，SLM）

$$Y_{it} = \rho \sum_{j=1}^{n} w_{ij} Y_{it} + \sum_{l=1}^{m} \beta_l X_{itl} + \mu_i + \alpha_i + \varepsilon_{it} \qquad (2.5)$$

B. 空间误差模型（Spatial Error Model，SEM）

$$Y_{it} = \sum_{l=1}^{m} \beta_l X_{itl} + \mu_i + \alpha_i + u_{it}$$
$$u_{it} = \lambda \sum_{j=1}^{n} w_{ij} u_{it} + \varepsilon_{it} \qquad (2.6)$$

C. 空间杜宾模型（Spatial Durbin Model，SDM）[①]

$$Y_{it} = \rho \sum_{j=1}^{n} w_{ij} Y_{it} + \sum_{l=1}^{m} \beta_l X_{itl} + \sum_{l=1}^{m} \beta'_l \sum_{j=1}^{n} w_{ij} X_{itl} + \mu_i + \alpha_i + \varepsilon_{it} \qquad (2.7)$$

上式中，Y_{it} 是第 i 个研究对象第 t 年的观测值，ρ 和 λ 是空间自相关系数，n 为研究对象数，X_{itl} 是自变量，m 为自变量个数，β_l 是自变量系数，μ_i 为空间固定效应，α_i 为时间固定效应，ε_{it} 为随机误差项，u_{it} 为空间误差自相关。

---

① LeSage, J. P. and Pace R. K. Introduction to spatial econometrics[M]. Boca Raton, US：CRC Press Taylor & Francis Group, 2009.

②模型检验方法

A. 拉格朗日乘数检验(Lagrange Multiplier,LM)

空间滞后模型和空间误差模型的选择准则主要依靠拉格朗日乘数检验。Burridge 和 Anselin 分别在 1980 年和 1988 年提出 LM-Error 检验和 LM-Lag 检验;之后 Bera 和 Yoon 分别对两种检验进行了改进,提出了稳健的 LM-Error 检验和稳健的 LM-Lag 检验[1]。

以上 4 种检验的判断准则为:基于普通面板模型 OLS 估计的残差计算 LM-Error 和 LM-Lag 统计量值,若两统计量均不显著,就利用普通面板模型进行研究,如果 LM-Error 显著且 LM-Lag 不显著,则选择空间误差模型,如果 LM-Lag 显著且 LM-Error 不显著,则选择空间滞后模型,如果两者都显著,则进行稳健的 LM 检验,此时若 Robust LM-Error 显著,则选择空间误差模型,若 Robust LM-Lag 显著,则选择空间滞后模型。

B. 似然比检验(likelihood ratio,LR)

似然比检验是反映真实性的一个指标,为有约束条件下的似然函数最大值与无约束条件下似然函数最大值之比,当在空间模型中使用时,它主要用于判断 SDM 模型是否可以退化为 SLM 或 SEM 模型,其原假设有两个:$H_0: \theta = 0$ 和 $H_0: \theta + \delta\beta = 0$,如若检验均拒绝了两个原假设,则表明 SDM 模型能很好地拟合数据,即 SDM 模型不能退化为 SLM 或 SEM 模型;若拒绝了第一个原假设且 Robust LM-Lag 值显著,则说明 SDM 能够简化为 SLM 模型;同理,若拒绝了第二个原假设且 Robust LM-Error 值显著,则表明 SDM 能够简化为 SEM 模型[2]。

---

[1] Bera A, Yoon M. Simple diagnostic tests for spatial dependence[R]. Working Paper, Champaign, 1992.

[2] 唐建荣,房俞晓,张鑫和,唐雨辰. 产业集聚与区域经济增长的空间溢出效应研究——基于中国省级制造业空间杜宾模型[J]. 统计与信息论坛,2018,33(10):56-65.

三、中国服务业发展水平测度

1. 服务业发展指标体系构建

本篇从服务业发展规模、质量、结构及潜力四个维度出发,构建服务业发展指标体系,具体指标选择如下:

(1) 服务业发展规模

选取服务业就业人数、服务业增加值、服务业固定资产投资和社会消费品零售总额作为衡量服务业发展规模的二级指标。社会消费品零售总额是反映地区消费市场水平的重要指标,社会消费品零售总额越大,市场消费水平越高,服务业也就越发达。

(2) 服务业发展质量

选取人均服务业增加值与服务业密度作为衡量服务业发展质量的二级指标。人均服务业增加值消除了地区人口数量带来的影响,计算公式为:

$$人均服务业增加值 = \frac{服务业增加值}{地区年末常住人口数} \quad (2.8)$$

服务业密度反映服务业的分布情况和覆盖率,计算公式为:

$$服务业密度 = \frac{服务业法人单位数}{地区总面积} \quad (2.9)$$

(3) 服务业发展结构

本篇选取服务业增加值占地区 GDP 比重、生产性服务业增加值占服务业增加值比重以及服务业固定资产投资占地区固定资产投资比重作为衡量服务业发展结构的二级指标。生产性服务业与消费性服务业是构成服务业的两大主体,近年来,生产性服务业在服务业中的作用和比重越来越大,因此使用生产性服务业增加值占服务业增加值之比来体现服务业发展的内部结构,基于数据的可获得性,本篇借鉴成丽、张波、邵文武(2017)的研究,将生产性服务业的范围界定为交通运输、仓储及邮政业、金融业、批发和零售业。

(4) 服务业发展潜力

选取人均 GDP，城市化水平、城镇居民人均可支配收入以及 R&D 经费内部支出作为衡量服务业发展潜力的二级指标。一般而言，人均 GDP 越高，经济发展水平也越高，服务业发展的潜力也就越大；城市是服务业发展的集聚地和空间载体，城市化进程加快推进会促进服务业发展；城镇居民人均可支配收入越高，有效需求会更加旺盛，所需服务的总量和质量都会提高；研发支出是衡量地区创新水平的重要指标，而创新水平高的地区，服务业发展会更有潜力。其中，城市化水平的计算公式为：

$$城市化水平 = \frac{城镇人口}{地区年末常住人口} \tag{2.10}$$

根据以上分析，本篇构建的服务业发展指标体系如表 2.1 所示：

表 2.1　　　　　　　　服务业发展水平指标体系

类别	序号	指标
规模	1	服务业就业人数
	2	服务业增加值
	3	服务业固定资产投资
	4	社会消费品零售总额
质量	5	人均服务业增加值
	6	服务业密度
结构	7	服务业增加值占地区 GDP 比重
	8	生产性服务业增加值占服务业增加值比重
	9	服务业固定资产投资占地区固定资产投资比重
潜力	10	人均 GDP
	11	城市化水平
	12	城镇居民人均可支配收入
	13	R&D 经费内部支出

2. 测度方法

本篇运用 Topsis-熵权法,对中国省域服务业发展水平进行测度。

(1) 熵权法

运用熵权法确定各指标权重。首先,计算第 j 个指标值的比重:选取第 i 年数据,对指标 j 计算某地区的值占所有地区值之和的比重,即

$$Y_{ij} = \frac{X_{ij}}{\sum_{i=1}^{n} X_{ij}} \tag{2.11}$$

然后计算指标 j 的信息熵,即

$$e_j = -k \sum_{i=1}^{n} (Y_{ij} \times \ln Y_{ij}) \tag{2.12}$$

上式中,k 为一级指标的维度数,再计算信息熵冗余度:

$$d_j = 1 - e_j \tag{2.13}$$

最后是指标 j 的权重确定:

$$w_j = d_j / \sum_{j=1}^{m} d_j \tag{2.14}$$

式中,m 是指标个数。

(2) Topsis 法

Topsis 对数据的分布类型以及样本含量无特殊要求,使用起来灵活方便,因此在各领域评价问题中被广泛应用。Topsis 法的实施步骤如下:

①指标的同趋势化处理,由于本篇的指标都是正向指标,因此无需进行该步处理;

②指标的无量纲化,采用极值处理法;

③确定最优方案(Z^+)和最劣方案(Z^-):

$$\begin{aligned} Z^+ &= (Z_1^+, Z_2^+, \cdots, Z_j^+, \cdots, Z_m^+) \\ Z^- &= (Z_1^-, Z_2^-, \cdots, Z_j^-, \cdots, Z_m^-) \end{aligned} \tag{2.15}$$

式中 Z_j^+ 和 Z_j^- 分别表示全部评价对象在第 j 个评价指标上的最大值和最小值。

④计算评价对象与最优方案和最劣方案的距离：

$$D_i^+ = \sqrt{\sum_{j=1}^{m}\left[w_j\left(Z_{ij}-Z_j^+\right)^2\right]} \quad (2.16)$$

$$D_i^- = \sqrt{\sum_{j=1}^{m}\left[w_j\left(Z_{ij}-Z_j^-\right)^2\right]} \quad (2.17)$$

式中 w_j 是指第 j 个指标的权重；

⑤最后计算评价对象与最优方案的相对接近程度：

$$C_i = \frac{D_i^-}{D_i^+ + D_i^-} \quad (2.18)$$

C_i 为评价对象 i 的相对水平，取值范围为[0，1]。值越大，相对水平越高。

3. 样本选择与数据说明

(1) 样本选择

考虑到数据的可获得性，本篇样本选择为中国大陆 30 个省（自治区、直辖市），不包括港澳台地区，由于西藏自治区数据缺失较多，故不在研究范围之内。样本期为 2006—2016 年。

(2) 数据来源与处理

数据来源于《中国统计年鉴》《中国第三产业统计年鉴》、各省（自治区、直辖市）统计年鉴等。在进行相对水平测算前，采用极值法对数据进行无量纲化处理，计算公式为：

$$x'_{ij} = \frac{x_{ij} - m_j}{M_j - m_j} \quad (2.19)$$

$$m_j = \min_i\{x_{ij}\}, \quad M_j = \max_i\{x_{ij}\} \quad (2.20)$$

其中，$x'_{ij} \in [0, 1]$，x_{ij} 表示第 i 个评价对象在第 j 个指标上的取值。

4. 测度结果与分析

利用 SAS 软件测算 2006—2016 年我国各省份的服务业发展水平，结果如表 2.2 所示。

表 2.2　　　　2006—2016 年我国各省份服务业发展水平

地区	2006	2007	2008	2009	2010	2011	2012	2013	2014	2015	2016
北京	0.591	0.595	0.573	0.634	0.614	0.603	0.591	0.730	0.724	0.733	0.724
天津	0.310	0.310	0.344	0.353	0.366	0.375	0.385	0.399	0.419	0.441	0.478
河北	0.166	0.161	0.164	0.175	0.180	0.175	0.173	0.176	0.177	0.174	0.173
山西	0.124	0.125	0.131	0.134	0.133	0.131	0.132	0.129	0.127	0.142	0.139
内蒙古	0.143	0.151	0.164	0.175	0.175	0.179	0.181	0.189	0.192	0.179	0.178
辽宁	0.203	0.203	0.205	0.211	0.214	0.221	0.221	0.240	0.235	0.230	0.216
吉林	0.125	0.123	0.121	0.127	0.116	0.110	0.109	0.109	0.105	0.105	0.105
黑龙江	0.124	0.125	0.125	0.134	0.133	0.126	0.123	0.128	0.133	0.137	0.137
上海	0.743	0.747	0.753	0.753	0.743	0.747	0.751	0.745	0.752	0.755	0.759
江苏	0.287	0.294	0.307	0.320	0.334	0.343	0.348	0.372	0.389	0.398	0.414
浙江	0.303	0.302	0.302	0.311	0.318	0.323	0.326	0.349	0.356	0.365	0.374
安徽	0.122	0.122	0.128	0.133	0.128	0.126	0.132	0.145	0.148	0.150	0.151
福建	0.191	0.197	0.199	0.207	0.212	0.210	0.212	0.213	0.221	0.228	0.232
江西	0.110	0.099	0.091	0.094	0.091	0.087	0.087	0.092	0.096	0.101	0.102
山东	0.257	0.260	0.275	0.287	0.294	0.299	0.303	0.314	0.319	0.326	0.332
河南	0.165	0.164	0.163	0.168	0.168	0.164	0.164	0.175	0.179	0.191	0.198
湖北	0.159	0.159	0.161	0.172	0.174	0.170	0.169	0.180	0.188	0.196	0.201
湖南	0.147	0.147	0.153	0.162	0.156	0.155	0.154	0.162	0.166	0.169	0.178
广东	0.347	0.350	0.351	0.359	0.356	0.356	0.353	0.371	0.374	0.379	0.386
广西	0.098	0.101	0.105	0.117	0.120	0.115	0.109	0.111	0.107	0.107	0.111
海南	0.120	0.143	0.155	0.161	0.160	0.157	0.153	0.170	0.167	0.173	0.176
重庆	0.157	0.148	0.150	0.154	0.154	0.156	0.164	0.176	0.179	0.184	0.189
四川	0.154	0.153	0.153	0.169	0.164	0.160	0.164	0.177	0.184	0.191	0.199
贵州	0.094	0.104	0.107	0.117	0.122	0.125	0.134	0.139	0.135	0.136	0.129
云南	0.101	0.104	0.101	0.113	0.115	0.119	0.116	0.124	0.127	0.129	0.141
陕西	0.159	0.159	0.158	0.167	0.160	0.154	0.152	0.163	0.167	0.168	0.172
甘肃	0.081	0.071	0.075	0.073	0.066	0.067	0.062	0.070	0.075	0.090	0.096
青海	0.062	0.055	0.053	0.063	0.065	0.059	0.056	0.075	0.083	0.083	0.093
宁夏	0.098	0.095	0.098	0.101	0.104	0.106	0.107	0.108	0.105	0.098	0.098
新疆	0.070	0.066	0.065	0.070	0.063	0.061	0.064	0.078	0.078	0.080	0.086
全国	0.194	0.194	0.198	0.207	0.207	0.206	0.206	0.220	0.223	0.228	0.232

由表 2.2 可知，从时间演进看，样本期内中国服务业发展水平呈现稳步上升态势，平均得分从 2006 年的 0.194 增长到 2016 年的 0.232，增长率为 19.59%。其中服务业发展相对水平提升较大的省份有：四川、海南、云南、内蒙古和贵州。2006 年和 2016 年，四川服务业发展水平分别位于全国的第 15、第 11 位，提升了 4 位；海南分别位于全国的第 22、第 16 位，提升了 6 位；云南分别位于全国的第 24、第 20 位，提升了 4 位；内蒙古分别位于全国的第 17、第 14 位，提升了 3 位；贵州分别位于全国的第 27、第 23 位，提升了 4 位。服务业发展相对水平下降较大的省份有：陕西、吉林、河北。2006 年和 2016 年，陕西服务业发展水平分别位于全国的第 13、第 18 位，下降了 5 位；吉林分别位于全国的第 18、第 25 位，下降了 7 位；河北分别位于全国的第 10、第 17 位，下降了 7 位。

从空间格局看，样本期内中国服务业发展空间格局并未出现明显变化，均呈现出从东部向中西部地区、沿海向内陆地区逐渐递减的趋势，这与中国经济发展水平空间分布一致。其中服务业发展水平均值排名前十的省份分别是上海、北京、天津、广东、江苏、浙江、山东、辽宁、福建、湖北，其中有 9 个来自东部地区；排名后十的省份分别是黑龙江、贵州、云南、吉林、广西、宁夏、江西、甘肃、新疆、青海，全部是中西部地区。大部分服务业发展水平高(低)的地区，其周边地区的服务业发展水平也较高(低)，这是由于在城市圈建设和区域一体化进程加快的背景下，经济发展水平高的地区对相邻地区表现出来了越来越强的溢出效应。

四、中国服务业发展空间差异分析

1. 空间差异度量方法

(1) 对数离差均值

对数离差均值是度量绝对差异的指标，通常用于对多个地区进行差异比较，计算公式为：

$$GE_0(Y) = \frac{1}{n} \sum_{i=1}^{n} \ln \frac{\overline{Y}}{Y_i} \qquad (2.21)$$

式中，n 为样本总量，$\overline{Y}$ 为样本均值，Y_i 为样本观测值。

可以将对数离差均值分解为组间差异与组内差异，分解公式为：

$$\begin{aligned} GE_0(Y) &= GE_0(Y_1, Y_2, \cdots, Y_m) = \frac{1}{n} \sum_{k=1}^{m} \sum_{i=1}^{n_k} \ln \frac{\mu}{y_i} \\ &= \sum_{k=1}^{m} \frac{n_k}{n} \frac{1}{n_k} \sum_{i=1}^{n_k} \ln \frac{\mu_k}{y_i} + \frac{1}{n} \sum_{k=1}^{m} \sum_{i=1}^{n_k} \ln \frac{\mu}{\mu_k} \\ &= \sum_{k=1}^{m} V_k GE_0(Y^k) + \sum_{k=1}^{m} V_k \ln \frac{\mu}{\mu_k} = W + B \end{aligned} \qquad (2.22)$$

上式中，n 为样本总量，m 是被分成的组的个数，n_k 是各组中样本量，μ 是总样本的均值，μ_k 是各组的样本均值，y_i 是样本观测值，$V_k = \frac{n_k}{n}$，W 表示区域内差异，B 表示区域间差异。

（2）泰尔指数

泰尔指数是度量相对差异的指标，常用于衡量不同时间和不同地区下一组经济指标之间的差异，计算公式为：

$$GE_1(Y) = \frac{1}{n} \sum_{i=1}^{n} \frac{Y_i}{\overline{Y}} \ln \frac{Y_i}{\overline{Y}} \qquad (2.23)$$

泰尔指数也可以分解为组间差异与组内差异，分解公式如下：

$$\begin{aligned} GE_1(Y) &= GE_1(Y_1, Y_2, \cdots Y_m) = \frac{1}{n} \sum_{k=1}^{m} \sum_{i=1}^{n_k} \frac{y_i}{\mu} \ln \frac{y_i}{\mu} \\ &= \sum_{k=1}^{m} \frac{n_k}{n} \frac{\mu_k}{\mu} \frac{1}{n_k} \sum_{i=1}^{n_k} \frac{y_i}{\mu_k} \ln \frac{y_i}{\mu_k} + \frac{1}{n} \sum_{k=1}^{m} \sum_{i=1}^{n_k} \frac{\mu_k}{\mu} \ln \frac{\mu_k}{\mu} \\ &= \sum_{k=1}^{m} V_k \frac{\mu_k}{\mu} GE_1(Y^k) + \sum_{k=1}^{m} V_k \frac{\mu_k}{\mu} \ln \frac{\mu_k}{\mu} = W + B \end{aligned} \qquad (2.24)$$

式中的符号含义同上。

（3）基尼系数

基尼系数也是度量相对差异的指标,常用来衡量一个国家或地区居民收入的差距,基尼系数取值在 0 到 1 之间,值越大,表明差距越大,由于其可用于地区之间的差异比较,故本篇利用其来衡量区域服务业发展水平的差异情况,计算公式为:

$$GINI = \frac{2}{n^2 \overline{Y}} \sum_{i=1}^{n} iY_i - \frac{n+1}{n} \qquad (2.25)$$

上式中 n 表示样本量,$\overline{Y}$ 表示样本均值,Y_i 为样本观测值由低到高排序后的第 i 个样本观测值。

2. 服务业空间差异测度结果与分析

(1) 省域服务业发展水平差异分析

测算 2006—2016 年中国省域服务业发展水平的对数离差均值(GE_0)、泰尔指数(GE_1)和基尼系数($GINI$)及相应的增长率,结果如表 2.3 所示:

表 2.3　　2006—2016 年中国省域服务业发展水平差异程度

年份	GE_0	GE_1	$GINI$	GE_0 增长率	GE_1 增长率	$GINI$ 增长率
2006	0.1891	0.2148	0.3424			
2007	0.1949	0.2184	0.3454	3.07%	1.66%	0.88%
2008	0.1948	0.2147	0.3449	-0.07%	-1.69%	-0.14%
2009	0.1888	0.2086	0.3398	-3.08%	-2.84%	-1.50%
2010	0.1924	0.2091	0.3429	1.92%	0.25%	0.93%
2011	0.1996	0.2150	0.3489	3.71%	2.81%	1.74%
2012	0.2014	0.2153	0.3501	0.93%	0.17%	0.34%
2013	0.1988	0.2178	0.3503	-1.32%	1.13%	0.06%
2014	0.1981	0.2165	0.3509	-0.36%	-0.59%	0.18%
2015	0.1947	0.2133	0.3485	-1.69%	-1.46%	-0.69%
2016	0.1914	0.2099	0.3463	-1.71%	-1.61%	-0.64%

由表 2.3 可知,三种差异指标在样本期内变化幅度均不大,表明中国服务业发展差异的空间格局尚未发生显著改变;三种差异指标变化方向在

大多数年份一致,只是在 2013 年和 2014 年变化方向有所不同。在差异变化幅度方面,2009 年三种差异指标均达到了最大负向增长率,分别为 -3.08%、-2.84%、-1.50%,说明中国省域服务业发展水平差异在 2009 年下降幅度最大;三种差异指标在 2011 年均达到了最大正向增长率,分别是 3.71%、2.81%、1.74%,表明中国省域服务业发展水平差异在 2011 年上升幅度最大。

(2)区域服务业发展水平差异分析

根据全国东、中、西三大区域划分方法及省域服务业发展水平测度结果,汇总样本期内全国及三大区域服务业发展水平统计特征,如表 2.4 所示:

表 2.4 2006—2016 年全国、东部、中部、西部服务业发展水平统计特征

地区	平均数	中位数	标准差	最小值	最大值
全国	0.2105	0.2067	0.0135	0.1936	0.2322
东部	0.3518	0.3463	0.0236	0.3198	0.3876
中部	0.1390	0.1372	0.0064	0.1330	0.1515
西部	0.1212	0.1191	0.0089	0.1096	0.1356

由表 2.4 可知,样本期内东部服务业发展水平均值为 0.3518,高于全国(0.2105)、中部(0.1390)和西部(0.1212);东部、中部和西部服务业发展水平的最大值依次为 0.3876、0.1515 和 0.1356;东部的标准差最大,为 0.0236,中部最小,为 0.0064。

基于对数离差均值和泰尔指数分解方法,进一步分析三大区域服务业发展水平的差异情况,结果如表 2.5 和表 2.6 所示:

表 2.5 2006—2016 年基于对数离差均值分解的三大区域服务业发展水平差异

年份	东部地区 (GE_0)	中部地区 (GE_0)	西部地区 (GE_0)	区域间差异	区域内差异	总差异	区域间差异占比
2006	0.1347	0.0094	0.0496	0.1190	0.0701	0.1891	62.93%
2007	0.1263	0.0119	0.0583	0.1241	0.0708	0.1949	63.66%

续表

年份	东部地区(GE_0)	中部地区(GE_0)	西部地区(GE_0)	区域间差异	区域内差异	总差异	区域间差异占比
2008	0.1177	0.0151	0.0619	0.1249	0.0699	0.1948	64.13%
2009	0.1168	0.0164	0.0604	0.1195	0.0693	0.1888	63.28%
2010	0.1100	0.0191	0.0635	0.1237	0.0687	0.1924	64.30%
2011	0.1109	0.0212	0.0678	0.1284	0.0711	0.1996	64.35%
2012	0.1112	0.0209	0.0742	0.1279	0.0735	0.2014	63.49%
2013	0.1173	0.0233	0.0575	0.1285	0.0703	0.1988	64.63%
2014	0.1177	0.0252	0.0558	0.1277	0.0703	0.1981	64.49%
2015	0.1179	0.0264	0.0496	0.1262	0.0685	0.1947	64.84%
2016	0.1198	0.0291	0.0446	0.1234	0.0680	0.1914	64.45%
均值	0.1182	0.0198	0.0585	0.1249	0.0701	0.1949	64.05%

表2.6　2006—2016年基于泰尔指数分解的三大区域服务业发展水平差异

年份	东部地区(GE_1)	中部地区(GE_1)	西部地区(GE_1)	区域间差异	区域内差异	总差异	区域间差异占比
2006	0.1386	0.0095	0.0483	0.1190	0.0958	0.2148	55.40%
2007	0.1325	0.0118	0.0549	0.1239	0.0944	0.2184	56.75%
2008	0.1230	0.0144	0.0576	0.1249	0.0898	0.2147	58.16%
2009	0.1218	0.0157	0.0566	0.1198	0.0888	0.2086	57.43%
2010	0.1136	0.0184	0.0581	0.1240	0.0851	0.2091	59.32%
2011	0.1133	0.0203	0.0613	0.1287	0.0862	0.2150	59.88%
2012	0.1128	0.0199	0.0669	0.1282	0.0871	0.2153	59.56%
2013	0.1190	0.0225	0.0542	0.1289	0.0888	0.2178	59.21%
2014	0.1179	0.0245	0.0535	0.1282	0.0882	0.2165	59.24%
2015	0.1173	0.0255	0.0483	0.1266	0.0867	0.2133	59.35%
2016	0.1171	0.0283	0.0440	0.1239	0.0860	0.2099	59.03%
均值	0.1206	0.0192	0.0549	0.1251	0.0888	0.2139	58.48%

由表2.5和表2.6可知，从时间演进来看，基于对数离差均值，东部服务业发展水平差异呈现出先下降后上升的趋势，而基于泰尔指数，东部表现为下降趋势；无论是基于对数离差均值还是泰尔指数，中部地区均表现为上升趋势，西部地区则表现为先上升后下降趋势；从差异程度来看，东部对数离差均值和泰尔指数的均值分别为0.1182和0.1206，中部分别为0.0198、0.0192，西部分别为0.0585和0.0549，这表明东部服务业发展水平的差异较

大,西部次之,中部最小;从变化幅度来看,东部和西部差异指标变化幅度较小,中部变化幅度较大;从区域间差异来看,基于对数离差均值和泰尔指数分解的区域间差异的均值分别为 0.1249 和 0.1251,且区域间差异占总差异比重较大,分别大于62%和55%,这表明区域间差异占总差异的主体地位,中国服务业发展水平的差异主要由区域间差异造成。

五、中国服务业发展空间溢出效应分析

1. 空间相关性检验

(1) 全局莫兰指数

根据上文服务业发展水平测算结果,利用 Stata 软件测算出样本期中国服务业发展的全局莫兰指数,如表 2.7 所示:

表 2.7　　2006—2016 年中国服务业发展的全局莫兰指数

年份	Moran's I	E(I)	SD(I)	Z(I)	P-value
2006	0.246	−0.034	0.111	2.524	0.006
2007	0.257	−0.034	0.111	2.620	0.004
2008	0.289	−0.034	0.112	2.892	0.002
2009	0.288	−0.034	0.113	2.852	0.002
2010	0.319	−0.034	0.114	3.091	0.001
2011	0.327	−0.034	0.115	3.152	0.001
2012	0.334	−0.034	0.115	3.212	0.001
2013	0.320	−0.034	0.116	3.063	0.001
2014	0.336	−0.034	0.116	3.184	0.001
2015	0.346	−0.034	0.117	3.259	0.001
2016	0.366	−0.034	0.118	3.395	0.000
11年平均	0.316	−0.034	0.115	3.053	0.001

由表 2.7 可知,样本期内全局莫兰指数均大于 0.24,各年份的 Z 值均大于 1.96, P 值全部通过了1%的显著性水平检验,且全局莫兰指数值总

体呈上升趋势，只在 2009 年和 2013 年略微下降，说明中国各地区服务业发展表现出显著的空间正相关性，因此在分析中国服务业发展相关问题时不能忽略空间因素。

(2) 莫兰散点图

进一步分析中国服务业发展水平的空间分布特征，作出各地区服务业发展不同时期的莫兰散点图，如图 2.1：

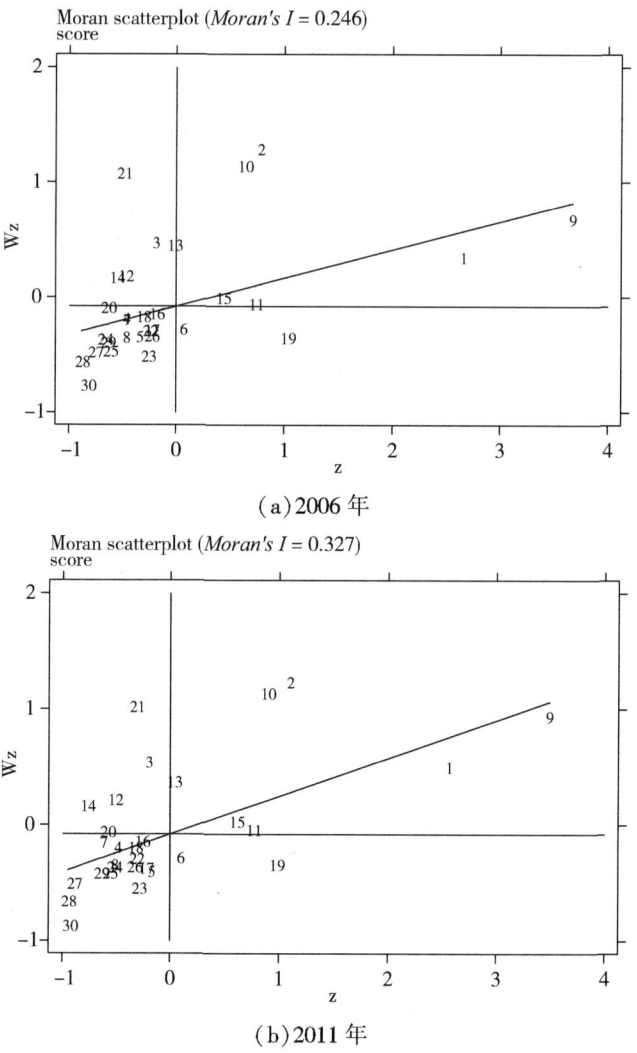

(a) 2006 年

(b) 2011 年

空间统计模型在服务业发展中的应用研究

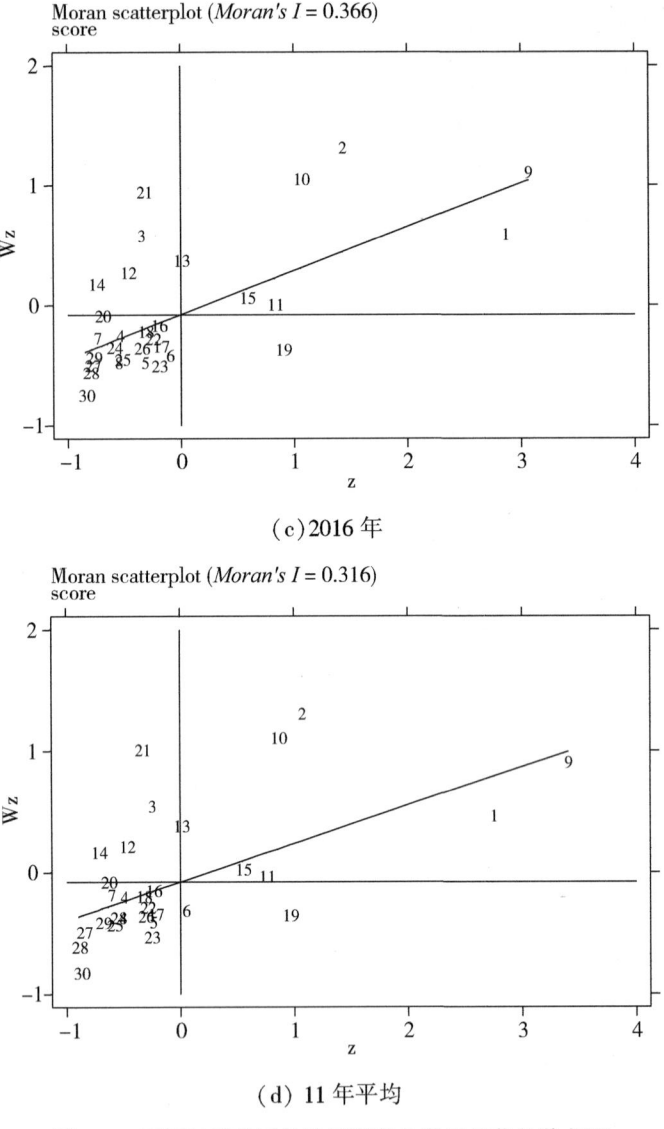

(c) 2016 年

(d) 11 年平均

图 2.1　不同时期我国各地区服务业发展的莫兰散点图

根据图 2.1 作出莫兰散点图解析表，如表 2.8 所示：

表2.8 莫兰散点图解析

年份	第一象限	第二象限	第三象限	第四象限
2006	北京、上海、江苏、天津、浙江、山东	福建、江西、安徽、海南、河北	四川、湖北、湖南、重庆、河南、黑龙江、山西、广西、吉林、贵州、陕西、内蒙古、云南、甘肃、青海、宁夏、新疆	广东、辽宁
2011	北京、上海、江苏、天津、浙江、山东、福建	江西、安徽、海南、河北	四川、湖北、湖南、重庆、河南、黑龙江、山西、广西、吉林、贵州、陕西、内蒙古、云南、甘肃、青海、宁夏、新疆	广东、辽宁
2016	北京、上海、江苏、天津、浙江、山东、福建	江西、安徽、海南、河北	辽宁、四川、湖北、湖南、重庆、河南、黑龙江、山西、广西、吉林、贵州、陕西、内蒙古、云南、甘肃、青海、宁夏、新疆	广东
11年平均	北京、上海、江苏、天津、浙江、山东、福建	江西、安徽、海南、河北	四川、湖北、湖南、重庆、河南、黑龙江、山西、广西、吉林、贵州、陕西、内蒙古、云南、甘肃、青海、宁夏、新疆	广东、辽宁

由图2.1、表2.8可知，大多数地区分布在第一和第三象限，共有23个省份，占全国的77%，说明我国服务业发展的空间布局以"高-高"和"低-低"集聚为主，空间正相关性非常明显。广东始终位于第四象限，属于"高-低"集聚，说明广东的服务业发展水平较高，但被较低的地区包围，广东从区域发展角度看更多表现出虹吸效应；辽宁在2006年、2011年平均位于第四象限，在2016年位于第三象限，表明辽宁服务业发展水平在大

多数时期属于"高-低"集聚。

2. 空间溢出效应实证检验

(1) 变量选择

在对服务业发展水平空间溢出效应的实证分析中，需要选择控制变量，本篇选取如下控制变量：

①基础设施建设：基础设施建设是服务业发展的基础条件，对服务业发展具有积极的促进作用。道路的通达性是衡量基础设施建设水平的重要标志之一，因此本篇采用道路面积占各地区总面积的比重来表示，记为 C。

②科技水平：科学技术是第一生产力，有利于提高生产效率，降低成本，对服务业发展具有重要的影响。技术市场成交额可以说明一个地区的科技活跃程度，是衡量地区科技水平的重要标志之一，因此本篇采用技术市场成交额占地区 GDP 的比重来表示，记为 K。

③工业化水平：服务业是从工业中分离，并逐步发展壮大的产业，生产性服务业的需求主体主要是工业和建筑业，可见工业化对服务业的发展起着重要的推动作用，本篇采用工业增加值占地区 GDP 比重来表示，记为 G。

④开放度：对外开放意味着有更多的机会接触和吸纳国外先进的技术和管理经验，同时有利于服务贸易的快速发展。本篇采用外商直接投资总额占地区 GDP 比重来表示，记为 O。

⑤人口密度：人口密度越大，意味着产业更加集聚，消费能力更加强大，对服务业发展具有促进作用。本篇采用各省城镇人口数与地区面积之比来表示，记为 M。

表 2.9 报告了上述控制变量名称及表示方法等情况：

表2.9　　　　　　　　　控制变量名称与说明

	变量记号	变量名称	变量说明
因变量	F	服务业发展水平	
控制变量	C	基础设施建设	道路面积占地区总面积比重
	K	科技水平	技术市场成交额占地区GDP比重
	G	工业化水平	工业增加值占地区GDP比重
	O	开放度	外商直接投资总额占地区GDP比重
	M	人口密度	城镇人口数与地区面积之比

(2)模型设定

本篇构建的普通面板模型为：

$$F_{it} = \beta_1 C_{it} + \beta_2 K_{it} + \beta_3 G_{it} + \beta_4 O_{it} + \beta_5 M_{it} + \mu_i + c_i + \varepsilon_{it}$$

加入空间因素,构建的空间计量模型如下：

①空间滞后模型(SLM)

$$F_{it} = \rho \sum_{j=1}^{n} w_{ij} F_{it} + \beta_1 C_{it} + \beta_2 K_{it} + \beta_3 G_{it} + \beta_4 O_{it} + \beta_5 M_{it} + \mu_i + c_i + \varepsilon_{it} \tag{2.26}$$

②空间误差模型(SEM)

$$F_{it} = \beta_1 C_{it} + \beta_2 K_{it} + \beta_3 G_{it} + \beta_4 O_{it} + \beta_5 M_{it} + \mu_i + c_i + u_{it}$$
$$u_{it} = \lambda \sum_{j=1}^{n} w_{ij} u_{it} + \varepsilon_{it} \tag{2.27}$$

③空间杜宾模型(SDM)

$$F_{it} = \rho \sum_{j=1}^{n} w_{ij} F_{it} + \beta_1 C_{it} + \beta_2 K_{it} + \beta_3 G_{it} + \beta_4 O_{it} + \beta_5 M_{it}$$
$$+ \beta'_1 \sum_{j=1}^{n} w_{ij} C_{it} + \beta'_2 \sum_{j=1}^{n} w_{ij} K_{it} + \beta'_3 \sum_{j=1}^{n} w_{ij} G_{it} \tag{2.28}$$
$$+ \beta'_4 \sum_{j=1}^{n} w_{ij} O_{it} + \beta'_5 \sum_{j=1}^{n} w_{ij} M_{it} + \mu_i + c_i + \varepsilon_{it}$$

上式中，$t=2006$，2007，…，2016，表示年份，F_{it} 表示 i 省 t 年的服务业发展水平，n 为研究的省份数，C，K，G，O，M 表示控制变量，β 和 β' 是控制变量系数，ρ 和 λ 是空间相关系数，w_{ij} 是空间权重矩阵的元素，本篇采用邻近距离构建空间权重矩阵，即 $w_{i,j}=\begin{cases}1 & \text{当区域}i\text{和区域}j\text{相邻}\\0 & \text{当区域}i\text{和区域}j\text{不相邻}\end{cases}$，$\mu_i$ 为空间固定效应，c_i 为时间固定效应，ε_{it} 为随机误差项，u_{it} 表示空间误差自相关。

以上三种空间计量模型表示三种不同的空间交互效应，SLM 模型主要研究本地区控制变量与相邻地区对本地区服务业发展水平的影响；SEM 模型主要研究本地区控制变量和随机误差项对本地区服务业发展水平的影响；SDM 模型在解释本地区控制变量的影响之外，不仅能解释相邻地区服务业发展水平的空间溢出效应，还可以检验相邻地区控制变量对本地区服务业发展的作用。

(3) 空间溢出效应实证检验

①模型检验

空间滞后模型和空间误差模型的选择准则主要依靠拉格朗日乘数检验（LM 检验）以及稳健的拉格朗日乘数检验（Robust LM 检验）。

对普通面板模型 OLS 估计得到的残差序列进行 LM 检验，得到结果如表 2.10 所示。可以看出：LM-Error 值为 1.392，LM-Lag 值为 0.655，均未通过显著性检验，而 Robust LM-Error 值为 2.793，通过了 10% 的显著性检验，Robust LM-Lag 值为 2.057，未通过显著性检验，根据 LM 判别准则，得知选择 SEM 模型比 SLM 模型更加适用。

表 2.10　　　　　　　　　LM 检验结果

模型	统计量	检验值	P 值
SEM	LM-Error	1.392	0.238
	Robust LM-Error	2.793	0.095

续表

模型	统计量	检验值	P值
SLM	LM-Lag	0.655	0.418
	Robust LM-Lag	2.057	0.152

由于 LM 检验并未给出 SDM 模型的适用性，可根据似然比检验（LR 检验）来判断 SDM 模型是否可简化为 SLM 或 SEM 模型。此检验有两个原假设，表示为 $H_0: \theta=0$ 和 $H_0: \theta+\delta\beta=0$，若检验结果拒绝了这两个原假设，则表明 SDM 模型可以很好地拟合数据，不能简化为 SLM 或 SEM 模型；如果拒绝了第一个原假设且 Robust LM-Lag 值显著，则说明 SDM 能够简化为 SLM 模型；如果拒绝了第二个原假设且 Robust LM-Error 值显著，则表明 SDM 能够简化为 SEM 模型。

利用 stata 软件，测得检验结果如表 2.11 所示，可知：统计量 LR-SEM 和 LR-SLM 的 P 值均通过了 1% 的显著性检验，拒绝了原假设，表明 SDM 模型不能简化为 SLM 或 SEM 模型。

表 2.11 　　　　　　　　　LR 检验结果

统计量	检验值	P值
LR-SEM	31.23	0.0000
LR-SLM	23.01	0.0003

②模型估计

面板数据包含固定效应和随机效应两类模型，固定效应又可分为空间固定、时间固定和时间空间双固定效应模型。一般而言，当对指定个体进行样本回归分析时，固定效应模型则更为合适，由于本篇的研究对象为 30 个省、自治区、直辖市，因此使用固定效应模型。

表 2.12 报告了不同固定效应下 SDM 模型的极大似然估计（Maximum Likelihood Estimate，MLE）结果：

表 2.12　　　　　固定效应下 SDM 模型 MLE 估计结果

变量	时间固定效应	空间固定效应	时间空间双固定效应
C	23.94564***	2.850051***	2.787578***
K	2.489247***	1.115867***	1.094796***
G	0.1723513***	-0.0981389***	-0.0815858***
O	0.0174742**	-0.0007867	-0.0000211
M	-0.1004942***	-0.0049964	-0.0012733
W*C	13.54915***	3.311374*	4.177154**
W*K	-1.178597***	0.9679857***	0.8181243***
W*G	-0.0619801	0.0810153**	0.1027803*
W*O	0.1807024***	0.0127222	0.0242255**
W*M	-0.1719236***	0.0141101	0.012386
空间相关系数 rho	-0.3082571***	0.2971777***	0.1574398**
Log-likelihood	537.6458	971.1547	983.5608
$sigma^2$	0.0021815***	0.0001591	0.00015***

注：*、**、***分别代表 0.1、0.05、0.01 的显著性水平，下同。

双固定效应和空间固定效应模型的空间相关系数 rho 值均显著为正，而时间固定效应模型显著为负；空间计量模型下，数据拟合效果的优良由 Log-likelihood 值表示，值越大表明拟合效果越好，双固定效应下 SDM 模型的 Log-likehood 值最大，为 983.5608，且离散度 $sigma^2$ 最小，为 0.00015；从各系数的估计值来看，双固定效应模型的大部分系数估计值都通过了显著性检验且系数值的解释更加合理。综上分析可得，双固定效应 SDM 模型是研究中国服务业发展空间溢出效应的适合模型。

③双固定效应下 SDM 模型的空间效应分解分析

进一步采用双固定效应下的 SDM 模型进行空间效应分解，分解之后的系数估计值如表 2.13 所示。其中，间接效应代表控制变量的空间溢出效应，直接效应则表示控制变量对本省域服务业发展的影响作用，而总效应则为直接效应与间接效应之和。

表2.13　　　　　双固定效应下SDM模型空间效应分解表

变量	直接效应	间接效应	总效应
C	2.979613***	5.371389**	8.351003***
K	1.127781***	1.14064***	2.268421***
G	−0.0753923***	0.1026612*	0.0272689
O	0.000903	0.0285331**	0.0294361**
M	−0.0006261	0.015549	0.0149229

由表2.13可知，基础设施建设对服务业发展的直接效应、间接效应、总效应分别为2.9796、5.3714、8.3510，分别通过了1%、5%、1%的显著性检验，说明基础设施建设不仅对本省服务业发展具有显著地促进作用，而且对邻近省份也表现出较强的空间溢出效应，即本省基础设施水平的提高，对自身和邻近省份服务业发展均有积极的影响。科技水平对服务业发展的直接效应、间接效应、总效应分别为1.1278、1.1406、2.2684，均通过了1%的显著性检验，表明科技水平具有显著的空间溢出效应，是促进本省和邻近省份服务业发展的重要因素。工业化水平的直接效应显著为负，总效应没有通过显著性检验，但间接效应显著为正，说明工业化水平也具有较显著的空间溢出效应。开放度的直接效应未通过显著性检验，但间接效应、总效应分别为0.0285、0.0294，通过了5%的显著性检验，表明开放度也存在显著的空间溢出效应。人口密度直接效应、间接效应和总效应均没有通过显著性检验，这可能是由于人口密度受社会、自然环境、经济和政策等多种因素影响，人口流动对模型估计结果的影响也难以把握。

从系数值来看，在以上四个控制变量中，基础设施建设的溢出效应最强，其次是科技水平，再次是工业化水平，最后是开放度。

六、结论与建议

本篇构建服务业发展指标体系,运用 Topsis-熵权法测算 2006—2016 年中国 30 个省份服务业发展水平;采取对数离差均值、泰尔指数、基尼系数测度服务业发展水平的空间差异;采取莫兰指数对服务业发展水平进行空间相关性分析;选取基础设施建设、科技水平、工业化水平、开放度和人口密度五个控制变量对服务业发展的空间溢出效应进行实证检验。主要结论如下:

第一,中国服务业发展水平总体呈现稳步上升态势,并表现出东部高于中西部地区、沿海高于内陆地区的空间分布特征。服务业发展平均水平排名前十的省份分别是上海、北京、天津、广东、江苏、浙江、山东、辽宁、福建、湖北,其中有 9 个来自东部地区,排名后十的省份分别是黑龙江、贵州、云南、吉林、广西、宁夏、江西、甘肃、新疆、青海,全部是中西部地区,此外安徽等省份虽邻近服务业发展较高的地区,但其服务业发展却仍处较低水平。

第二,中国服务业发展差异变化幅度较小,空间格局尚未发生显著变化。东部服务业发展水平差异较大,西部次之,中部最小;东部和西部差异指标变化幅度较小,中部变化幅度较大;区域间差异占总差异的比重超过 55%,占总差异的主体地位,区域间差异是造成服务业发展水平差异的主要原因。

第三,中国服务业发展具有显著的空间正相关特征,主要表现为"高-高"集聚和"低-低"集聚,目前已形成以北京、上海、江苏为核心的"高-高"集聚区,以青海、新疆、宁夏、云南、甘肃、贵州等为主的"低-低"集聚区,以及以广东、辽宁为主的"高-低"集聚区。

第四,基础设施建设、科技水平、工业化水平和开放度具有显著的空间溢出效应,其中基础设施建设的空间溢出效应最强,其次是科技水平、工业化水平,开放度最弱。基础设施建设和科技水平直接效应、溢出效应以及总效应均通过了显著性检验,表明加强基础设施建设和科技水平对本省和临近省份均具有积极的促进作用。

根据上述实证结论和分析,提出以下政策建议:

一是充分认识中国服务业发展非均衡化和空间正相关性特征。从宏观角度制定差异化发展战略和政策措施,优化区域发展格局,做到多省联动协调发展。东部应发挥自身优势,建立服务业发展区域协调机制,缩小内部发展差异;中西部地区应不断加强与东部的交流合作,积极引进发达地区优势产业,打造服务业新增长极。

二是加强基础设施建设,提高科技水平。基础设施建设和科技水平是促进本省及邻近省份服务业发展的积极因素,因此各地区应加快基础设施建设,提高道路通达性,推动区域间要素更好更快流动;同时也要提高科技水平,鼓励科技创新,促进科技与服务业的深度融合。

三是积极提高工业化水平。工业化水平的直接效应显著为负,是因为工业化水平提高,即工业占GDP比重上升,服务业占GDP比重可能下降。但是应该看到,工业化水平具有显著的空间溢出效应,某省的工业化水平提高对临近省份具有正向的促进作用,这可能是由于生产性服务业与工业的融合发展所致。因此,在区域一体化背景下,不要一味看重服务业占GDP比重,特别是传统的工业大省,要积极发挥传统产业优势,不能"一刀切"地将服务业作为主导产业。

空间统计模型在绿色发展中的应用研究

第三篇　中国工业水资源绿色效率的区域差异与空间收敛性分析

引　言

　　水是人类生存和发展不可或缺的一项基本资源。现如今在人口数量急剧增加以及社会经济迅速发展的大环境下，水资源缺乏、用水效率低以及水污染等问题已经阻碍了全球经济和社会的发展。因此，解决各个国家和地区所面临的水资源问题已然刻不容缓。

　　我国水资源总量虽然丰富，但人均水资源量却较为匮乏，只占全球人均水平的25%。我国水资源利用主要集中在生活、工业、农业以及生态环境补水①四个方面。自改革开放以来，经济蓬勃发展的同时带来了工业化和城市化的快速推进，这样的背景下工业水资源需求量加大，导致工业、农业、生活及生态环境补水四方用水矛盾。2018年，我国整体总用水量为6015.5亿吨，其中工业总用水量占比为21%，成为我国第二大耗水行业，工业经济②的快速发展将增加工业的用水危机。面对工业用水这样的局面，不能仅从供给侧出发，同时要想办法提升工业用水效率，推进工业用水需求侧治理。本着让社会、经济及生态环境三者共同可持续发展的原则，工

---

① 生态环境补水仅包括人为措施供给的城镇环境用水和部分河湖、湿地补水，而不包括降水、径流自然满足的水量。

② 工业经济，又叫资源经济，即经济发展主要取决于自然资源的占有和配置。

业水资源绿色效率的提高将使水资源的价值得到充分发挥。

此外，我国当前也存在着工业水污染和区域工业发展不均衡等难题。2018年，我国废水和污水的排放量达到750亿吨，虽然相对于2017年有小幅减少，但是废污水总量仍然巨大。细分来看，工业中化学原料及化学制品制造业、造纸及纸制品业、纺织业、煤炭开采洗选业和农副食品加工业的废污水排放总量占我国工业总体废污水排放量的50%以上，是工业废污水排放量较多的行业。我国工业水污染问题愈加严峻，导致水质也在不断恶化，使得人们健康问题突出，经济发展受阻。此外，各地区经济发展水平和自然禀赋条件使得全国各地区工业水资源效率存在明显差异。

党的十九大报告作出了加快生态文明建设、全面推进绿色发展、建设美丽中国的战略部署，在生态文明建设、水资源管理和效率提升、绿色发展等方面提出了明确方向和更高要求。工业水资源效率的研究是为了提升民生福祉，增强人民生活的幸福感和获得感，故赋予工业水资源效率的"绿色"①内涵，既是贯彻及落实新发展理念②的具体举措，也将为我国水资源可持续发展开辟一条合理科学的途径。根据现在全国工业水资源缺乏和污染情况来看，要想在促进经济发展的同时又可以很好地保护环境，必须合理使用水资源。因此，提高我国工业水资源绿色效率，探究缩小工业水资源绿色效率的要素，促进工业水资源绿色效率收敛③，不单单是水资源研究领域的热点问题，同时也在缩小我国区域经济发展差距和促进各地区绿色发展的问题上发挥着重要的作用。

本篇首先在变量选择上将工业化学需氧量和工业氨氮排放量作为测算工业水资源绿色效率的非期望产出指标，测算模型中利用EBM超效率模型

---

① 在水资源效率测算模型中加入水环境污染因素作为非期望产出，体现了水资源利用的生态效益。

② 习近平总书记在党的十八届五中全会中提出了创新、协调、绿色、开放、共享的新发展理念。

③ 收敛一词最初源于数学，用来形容一列数据不断逼近某一个确定值。在经济学中，"收敛"则被引申为地区间或者国家间贫富差距逐渐缩小的趋势。本篇表示地区间工业水资源绿色效率差距逐渐缩小的趋势。

解决了变量的径向和非径向共存问题,因此更为精准科学地测度了中国各地区工业用水效率。其次,通过Dagum基尼系数的测算及分解反映了中国工业水资源绿色效率的区域差异程度及来源,探究各地区工业水资源绿色效率差异的原因,并提出缩小这种差异的方法,是可持续发展的有力保障。最后,为了深入刻画中国各区域工业水资源绿色效率的空间分布特征以及演变规律,利用空间计量方法分析其空间收敛趋势,并且结合影响工业水资源绿色效率的因素和研究结果,提出提高工业水资源绿色效率的建议和促进工业行业科学用水相应的对策。

一、文献综述

1. 水资源效率测度述评

目前学术界测算水资源效率的方法主要有数据包络分析(DEA)和随机前沿分析(SFA[①])。数据包络分析法由于在处理多投入、多产出问题等方面的优势,是测度水资源效率时使用最多的方法。早期文献多数选择传统径向DEA模型对水资源效率进行测度(廖虎昌和董毅明,2011;钱文婧和贺灿飞,2011;董战峰等,2012;赵晨等,2013)。部分文献选择非径向SBM模型来解决传统DEA模型径向角度导致的偏差问题(赵良仕等,2014;丁绪辉等,2018;孙才志等,2018)。在绿色发展的时代背景下,将环境约束纳入水资源效率分析框架的研究逐渐成为学术界关注的热点领域。买亚宗等(2014)将工业化学需氧量作为非期望指标,并建立DEA模型测度出我国各地区工业水资源效率。孙才志等(2017)利用环境污染变量作为非期望产出,建立SBM模型测算了水资源效率。但是不管是传统的DEA模型,还是SBM模型对投入和产出变量同时具有径向和非径向特征

[①] 随机前沿分析(Stochastic Frontier Analysis,简称SFA),是利用随机前沿生产函数进行效率估计的参数方法。

的情况依然无能为力。为了克服传统 DEA 和 SBM 模型的弊端，Tone 和 Tsutsui(2010)提出了 EBM 模型，该模型既考虑了径向特征又考虑了非径向特征。汪克亮等(2017)、张玮和刘宇(2018)将 EBM 模型应用于长江经济带①水资源效率测度问题，但在全国省域层面的应用尚不多见。

对于随机前沿分析法，Karagiannis(2003)最先创建 SFA 模型，并在模型里加入影响研究对象的因素来测算水资源效率。而后，一些学者也竞相效仿，其中 Kaneko(2004)利用 SFA 模型分析出我国农业生产过程中面临的用水效率问题。孙爱军等(2007)通过 SFA 模型测度出中国 1953—2004 年的工业用水效率。Filippini(2008)利用 SFA 模型研究了斯洛文尼亚的水资源分配效率的问题。陈关聚和白永秀(2013)通过建立 SFA 模型测度了中国工业全要素水资源使用效率。Geng 等(2014)通过利用 SFA 模型测算出灌溉中的水资源利用效率。Carvalho(2016)同样采用 SFA 分析用水部门的效率以及规模经济相关问题。不过随机前沿分析法无法解决多个产出变量的问题，故其适用范围有所局限。

2. 水资源效率区域差异性述评

当前针对我国水资源效率区域差异的分析，大多研究者认为东部地区水资源效率高于中部和西部。李世祥等(2008)通过因子分析法对我国区域水资源利用效率进行研究，认为水资源效率存在东部高、中部和西部低的现象。孙爱军和方先明(2010)研究发现我国各省的水资源技术效率和全要素生产率均有不同。钱文婧等(2011)通过在全要素生产框架下采用 DEA 方法对我国省级行政区水资源利用效率的区域差异及影响因素进行探讨，发现我国东部、中部和西部用水效率依次递减，明显处于不同的级别。买亚宗等(2014)同样发现我国的东中西部地区的水资源利用效率依次递减。俞雅乖和刘玲燕(2017)认为我国水资源效率存在区域差异，东部地区高于

---

① 长江经济带覆盖上海、江苏、浙江、安徽、江西、湖北、湖南、重庆、四川、云南、贵州 11 个省市。

中西部地区，华北、西北地区相较于其他区域处于较高水平。

部分学者也针对产业水资源效率进行研究，朱启荣(2007)研究我国各省工业水资源效率时发现各地区差异明显，工业方面的水资源配置不符合效率的原则。王学渊和赵连阁(2008)按照农业生产的地区分布发现我国西南地区水资源利用效率最高，而西北地区最低；东北和南部沿海地方的水资源利用率高出全国整体平均水平，黄河和长江流域地方的水资源利用率低于全国整体平均水平。许新宜等(2010)发现农业水资源利用效率从北至南下降，其中华北地区最高，华南地区效率最低。刘渝和王岌(2012)研究发现我国东中西部农业水资源效率依次降低。而王昕和陆仟(2014)研究发现我国大部分地区的农业用水效率差异并不大。杨骞和刘华军(2015)研究发现我国农业水资源效率存在差异，具体来看北部的沿海地区以及黄河的中游地区效率最高而西北及东北的用水效率较低。

3. 水资源效率空间收敛性述评

目前，关于水资源效率空间收敛性的研究并不多见。σ 收敛和 β 收敛是检验水资源效率收敛性的常用方法。李世祥等(2008)认为我国仅中部和西部用水效率存在显著的收敛态势，东部并没有发现这种收敛趋势。王昕和陆仟(2014)通过 σ 趋同性检验出，随着时间推移我国各省农业水资源效率的差异并没有出现明显缩小的趋势，但 β 趋同性检验显示各省农业水资源效率本身有着稳态效率且有望达到均衡状态。陈东景等(2014)研究发现水资源利用率处于高水平的地区更加响应节水型社会建设的号召，受该因素的影响，2002年以后山东水资源利用率的收敛速度降低。臧正等(2016)研究得出我国各地区用水强度俱乐部收敛情况存在一定的差异，具体而言东部各地区生态用水强度存在收敛，然而西部各地区生活用水强度存在收敛趋势。马海良等(2017)研究发现全国及东中部绿色水资源效率增长率随着时间推移会逐步趋于稳定状态。孙才志等(2018)研究发现全国及中西部水资源效率存在 σ 收敛，全国及东中西部存在着显著的绝对 β 和条件 β 收敛。张峰等(2018)研究发现 σ 收敛于全国层面，东部和中部工业水资源利用效率的区域内差异逐渐减小,此外自然禀赋和高技术导向水平较大程度地促进了全国工业水资源效率的条件 β 收敛,各个环境控制变量对于我国东部、中部以及西部工业水资源效率的收敛作用存在明显差别。程永毅等(2014)测度分析出在不同的地区中我国工业水资源利用率俱乐部存在收敛现象,但是各个地方的俱乐部收敛趋势没有资本效率和劳动效率显著。

4. 水资源效率影响因素述评

目前,国内外学者分析得出水资源效率的影响因素有很多,Wolfe 等(2009)和陈刚(2009)研究发现经济发展、资源禀赋以及水资源开发利用程度会影响水资源效率的差异,且经济发展是其主要促动因素。孙才志等(2011)运用了 LMDI① 的方法分解我国水资源利用效率,得出水资源效率的变化主要来源于经济发展效应。廖虎昌(2011)研究发现科技水平主要影响着西部各地区的用水效率。陈关聚和白永秀(2013)认为区域经济发达水平越高、工业增加值占国内生产总值的比重越大、科技经费投入越多水资源利用效率越高。买亚宗等(2014)研究得出产业结构、经济发展水平、水资源禀赋、水的基础设施投入对区域水资源利用效率均有显著影响,而水价并没有对水资源利用效率产生显著影响。魏楚和沈满洪(2014)研究发现生产经营规模、企业所有制以及政府管制方法能够影响地区的供水效率;水价、产业结构、科学技术水平以及地区和行业间差异会影响地区的用水效率。Sahin(2015)从水资源供需层面研究了水资源拥有量、经济发展情况及人口数量等对水资源利用率的影响。

从产业层面看,卜庆才和陆钟武(2004)在研究影响钢铁工业水资源利用效率的因素时认为中水回用对水资源效率影响较大。农业方面,刘渝等(2007)研究了管理因素、制度因素、技术因素与农业水资源效率的影响关系;杨骞和刘华军(2015)发现环境规制政策对农业水资源利用效率有积极

---

① 对数平均除数指数法(LMDI 分析法),是利用数学方法将所考察的因素贡献进行量化分解。

影响,然而水资源量对农业水资源利用效率具有反向作用。

二、相关概念与理论基础

1. 水资源及其特性

(1) 水资源的内涵

水资源可以认为是各地区可供使用、量多、符合相应的质量要求且可以满足用水需求的一种自然资源。我国对于水资源并无一个统一定义,广义上水资源包括地球圈内整体水,也就是包含所有直接或者间接可以使用的水和成分,狭义指的是能逐年更新的可直接使用的淡水资源。

水资源包括河流、湖泊、地下以及冰川多种形式的水,并且水资源在各种形式间动态变化,同时由于开发利用受到各种环境因素的影响具有一定的不确定性。按照地理分布来看,水资源可以分成地表水和地下水两种。地表水分为被储蓄的静态水和河流、湖泊、冰川等动态水两种。地表水易见但是其水量不足全世界水资源总量的2%,虽然降水也可以不断增加地表水量,但是人类生存发展所需水资源只包含地表积累沉淀部分的水,水资源的循环更新以及人类活动对地表水的影响是最为主要的。地下水是处于地表以下的水,其状态也是多样的,地下水稳定且水质优秀可以促进各产业和经济的发展,但是地下水一般获取成本比地表水高,同时一旦发生异常容易造成山体不稳、地基塌方等不利影响。

水在农业和工业的生产、人类生存、经济发展等领域起着不可替代的作用。虽然水资源可以通过循环更新供人们重复使用,但是全球人类能使用的淡水只有全部水的3%,实际可以利用的水资源少之又少,因此水资源不仅重要也十分紧缺。

(2) 水资源的特性

水是大自然赐予人类极为珍贵的生存资源,其性质和特点非常独特。想要合理科学地利用水资源为人类做贡献,就必须要清楚了解水资源的性质和特点。总体概括水资源的特性包括：

①水资源动态转化但不能再生。自然界水资源的运动循环每分每秒都在发生，比如河流、湖泊以及海水在蒸发的同时雨水也在不断降落、地表水不断渗透到地下的同时地下水也在不断涌出、植物利用水进行光合作用的同时也释放水分于大气中。水资源的这种循环转化和更新可以保障人们在生产生活中按需取水，但是水资源的量以及大自然中水体的自我补给均是有限的，人们只有合理利用水资源、减少水资源的浪费以及提高水资源利用率，才可以使得水资源可以源源不断地被人类利用。

②时间和空间分布不均匀。地球水体总量丰富，但淡水量占水资源总量却不到3%。同时自然禀赋和气候等因素也使各地区水资源量和降水量存在较大差异，从而导致水资源在全球分布不均，例如我国南部和北部水资源量就相差甚远。

③社会经济发展离不开水资源。水资源与人类密切相关，是人们生存和发展的必要因素。自古以来人类都习惯生活在水资源丰富的地区，即使水资源紧缺人们也会不断提升技术水平进行南水北调，社会经济不断发展的同时人们对水资源的依赖程度也越来越高。水资源的社会和自然的双重属性奠定了其在经济发展中不可撼动的地位，但全球经济持续发展的同时人口数量也保持增长趋势，加上生态环境不断恶化导致水资源缺乏、用水效率低以及水污染等问题的产生，这些问题已经一定程度影响了全球经济和社会的发展。因此，在对待水资源问题上要充分考虑其自然、社会以及经济三种属性，在实现水资源的社会效益和经济效益的同时竭力提升水资源的环境效益，要在水资源合理范围内加以管理开发和利用，从而最大程度地促进经济和社会的发展进步。

2. 工业水资源绿色效率

(1)效率的内涵

微观经济学常研究企业效率，也就是研究企业在一定投入条件①下的

---

① 指劳动力投入数量、资金投入数量等投入因素一定时。

产出,或是在产出一定时的投入成本。宏观经济上效率指的是国民生产各个部门投入和产出之间的比例,投入一定时产出越大效率越高,效率常常用于判断各部门间资源配置有效与否。效率用来体现资源利用的程度,也可以反映生产成本和产出是否合理。效率表示在最小的投入情况下,尽可能的达到利益最大化。

效率有广义与狭义之分,广义效率指的是生产效率和制度效率,生产效率又包括技术效率和经济效率,狭义的效率就单纯指生产效率。技术效率在研究资源效率方面常被使用,其反映的是投入与产出因素间的最佳配置状态,指的是在产出一定的条件下最小可能投入与实际投入的比率,或是投入一定的条件下实际产出与最大可能产出的比率,可以表现出生产单元投入和产出间的关系。经济效率一方面指可以使用的稀缺资源如何被经济组织支配,从而发挥出最大效益,也就是使一定生产要素产出最多的产品;另一方面指的是各种资源的配置效率,也就是有限的资源在各个区域、行业和生产单位得到合理配置所达到的效率。基于各种效率的内涵,本篇测度的中国工业水资源绿色效率就是生产效率中的技术效率。

Koopmans(1951)最先提出若一种生产单元中的一种产出增加会造成另一种产出减少,或产出增加是因为增加某些投入的缘故,则该生产单元即为技术有效,所有生产单元中技术有效的生产单元组成了生产前沿面,该观点首次定义了技术效率。Debreu(1951)通过引入距离函数使多投入多产出生产单元的技术效率模型化,并定义技术效率为生产单元的实际生产行为与生产前沿面的距离,它沿着产出增大方向或者投入减少方向提高。Fare(1957)从微观层面定义技术效率是企业产出一定时实际成本同最小成本的比例,也可以认为投入一定时,实际产出与最大产出的比例。技术效率还可以细分成规模效率与纯技术效率,规模效率为生产决策单元资源投入规模的增大对产出的影响,纯技术效率为剔除规模效率后的生产决策单元投入的生产效能。

技术效率理论中生产前沿面代表行业内最好技术条件下所能生产的最大产出,而全部决策单元中最佳决策单元的产出构成生产前沿面。故技术效率衡量了某决策单元在要素投入既定时其实际产出距生产前沿面的距离，且距离值与技术效率值呈现反比关系。

(2) 工业水资源绿色效率的内涵

绿色发展实际就是通过减少资源消耗及环境污染，同时加大生态治理的力度，从而使资源实现经济效益、社会效益以及生态环境效益。按照绿色发展的本质，工业水资源绿色效率的内涵可以分为经济内涵、社会内涵以及生态环境内涵。经济内涵是指一定时期和生产力条件内最少水资源等经济投入带来最大经济产出；社会内涵是指水资源能够可持续地满足人类社会发展的需求，实现全社会公平共享，并且提高社会福利水平和人们的幸福感。生态环境内涵是基于环境保护和平衡生态的要求，减少工业活动中带来的非期望产出。

本篇从工业层面，通过将水环境污染因素指标加入以往的工业水资源效率的定义中，将其定义为"工业水资源绿色效率"，以期在实现工业经济持续增长的同时尽可能降低工业水资源消耗和工业水污染排放。基于全要素理论，工业水资源绿色效率又称"工业绿色全要素水资源效率"。全要素效率又称为全要素生产率，指生产单位作为系统中的各个要素的综合生产率，可以衡量生产中生产要素投入以外的其他因素[1]导致的生产率提高的部分。全要素效率的数学表达式如(3.1)所示：

$$TFP = \frac{Y}{X} = \frac{总产出}{总投入} \tag{3.1}$$

全要素效率概念的提出解决了单要素效率无法解释的非物质投入要素导致的经济增长的部分[2]，更能阐述长期经济增长的动力问题[3]。

基于传统生产函数，本篇将水资源投入要素(W)和劳动要素(L)及资本要素(K)一起作为生产的投入要素，并在产出侧加入环境污染的非期

---

[1] 例如规模效应、管理制度以及技术水平等因素。

[2] 马汉武. 生产效率与生产率的界定及其意义[J]. 江苏大学学报：社会科学版，1999, (1)：63-65.

[3] Van Beveren I. Total factor productivity estimation: a practical review[J]. Journal of Economic Surveys, 2007, 26(1)：98-128.

望产出要素，使得传统产出量（Q）变成考虑污染产出下的绿色产出量（Q_G）。生产函数的形式如公式(3.2)所示：

$$Q_G = A_G K^\alpha L^\beta W^r \tag{3.2}$$

传统生产函数中，A 表示全要素效率，而式(3.2)中，A_G 指的是绿色全要素效率，其表达式如3.3所示：

$$\dot{A}_G = \dot{Q} - \alpha \dot{K} - \beta \dot{L} - r\dot{W} \tag{3.3}$$

式(3.3)中 $\dot{A}_G$、$\dot{Q}$、$\dot{K}$、$\dot{L}$、$\dot{W}$ 分别表示绿色全要素效率、产出量、资本、劳动以及水资源的增长率，α、β、r 分别表示资本、劳动、水资源所形成的产出份额。

由此可见，相较于传统函数中的全要素效率，绿色生产函数中绿色全要素效率能够体现可持续发展的理念，同时，绿色全要素效率也代表着绿色技术水平以及经济发展与生态环境的耦合程度，可以用于评价绿色经济的发展程度。

(3)工业水资源绿色效率的特征

将工业水资源绿色效率特性进行归纳概括，以便我们更好的理解和运用。工业水资源绿色效率的特征具体表现为：

①相对性。工业水资源绿色效率是基于数据包络分析法测算的相对效率，需要利用数学规划和相关指标数据来确定相对有效的生产前沿面，同时通过测算其他生产决策单元和生产前沿面的相对距离来确定其他生产决策单元的工业水资源绿色效率。

②系统性。工业生产涉及很多投入和产出，因此理论上而言测算工业水资源绿色效率时需要包括整个工业生产系统中的投入和产出要素。

③复杂性。正因为工业水资源绿色效率具有系统性，所以同样具有复杂性，效率发生改变可能是由投入要素、产出要素等多种要素甚至其他外部环境因素造成。

3. 理论基础

(1)水资源价值理论

水资源属于人类经济活动和自然环境的基本要素，水资源的经济、社会、自然三重属性决定水资源的经济、社会、生态环境三种价值的统一。

水生态系统是一个具有生产、生活、供给、接纳、控制和缓冲等功能的开放系统，同时与社会经济系统共同组成了水资源生态经济系统。水资源生态经济系统里水生态系统与社会经济系统互通循环，水从生态系统进入社会经济系统，通过一系列的生产消费等活动产出废水再次返回生态系统。水的经济价值、社会价值以及生态环境价值紧密联系、相互独立同时也相互影响。水资源价值理论反映出水资源经济、社会、生态环境的三种内涵，同时也体现着水的经济价值、社会价值以及生态环境价值。

古往今来，人们在生产活动过程中很少能够全面顾及水资源的价值，使得资源分配过程中缺少水资源价值的杠杆作用，这样一来经济社会发展也导致水资源危机日益严峻。水资源是人们生产生活的基本要素，但同时水资源的量也是有限的，这种效用性和稀缺性使得水资源价值对于经济学理论研究来说非常有必要。对于水资源价值的决定因素，不同研究者从不同层面给出了相关的理论解释。

劳动价值论主张价值量的决定因素在于所消耗的社会必要劳动时间，同理可得水资源价值取决于人们利用水资源时所消耗的劳动量，如水利工程建设、利用科学技术对水资源进行研究等，消耗的劳动量越多，则水资源价值越高。

效用价值论中商品的效用是商品满足人欲望的能力，也就是人们在消费商品时能够获得的满足程度。效用价值论首先认为某一物品的效用是其价值存在的必要条件，物品的效用大小和稀缺情况共同决定了商品的价值量，基于此水资源的效用性和稀缺性就决定了其价值的存在。其次，效用价值论认为水资源供给和需求的平衡关系可以决定其边际效用量，而水资源的边际效用量决定水资源的价格。最后，效用价值论主张边际效用存在递减规律，而水资源作为商品对于人们活动的作用日益增大，但水资源的量却是供不应求，水资源的稀缺使得边际效用递增，从而导致水从无价物品变成有价商品。

存在价值论的观点认为资源是一种财富，在行为经济学中价值源于人们的选择。哲学中认为万事万物存在的就是合理的，基于此存在价值就包含了人们对资源价值的评判。水的自然存在既决定了水资源具有价值也说明了水资源对人们的贡献。

还有许多经济学家从不同角度研究水资源价值，例如哲学价值论、生态价值论、权利论等。这些理论说明水资源价值决定因素有很多，同时也反映出水资源价值存在的客观事实，因此研究如何提高水资源效率和解决水资源现有的问题很有必要。

水资源价值的货币表现形式为水价。较早时期水是没有价格的，这不仅导致水资源的价值被人们忽视，同时也降低了人类节水用水的主动性。水资源价格的出现提高了人们节水的意识，有利于水资源效率的提升以及环境保护。如今，日常生活中用水的价格远远低于水资源实际的价值，合理的水资源价格需要包括资源、工程、运维以及环境等许多方面的水价。其中，环境水价指的是治理人类用水后产生的水体污染以及环境保护需要的这一部分费用，即污水处理费。水资源价值研究有利于一国发展，一方面，通过分析一系列的水资源数据研究水资源的价值，可以实时观测一国水利经济的发展状况，同时验证水资源相关政策和产业政策的高效性；另一方面，水资源价值使得水价更为合理，从而极大提高人们的节水意识，提升水资源效率，使得水资源配置更加科学合理并且缓解了水资源供给与需求的矛盾。

(2) 水资源优化配置理论

水资源优化配置的本质是本着遵守公平和可持续发展的原则对水资源实行合理高效的分配，使得水资源利用率实现最大化。一直以来我国西部地区较其他地区较为缺水，水资源分布不均以及各地区每年降水量差异较大等自然原因使得各地区发展程度不平衡，严重制约了我国整体经济的发展。我国对于水资源的优化配置正是对我国目前水资源现状的改善，利用国家政府制定出的行政手段以及水利工程实现南水北调，从而更加合理地分配水资源。水资源优化配置促进了我国水资源经济、社会经济以及生态环境三者的相互协调发展。从分配层面划分，水资源优化配置可以分为以下几种理论模式：

①按需定供的水资源优化配置。该理论模式下水资源是无限的，只需将经济效益作为水资源利用目标，通过预测出的经济规模来确定每年需水量。这种方式预测的年需水量是一个确定的值，无法考虑到其他因素导致需水量的动态变化，因此导致水资源分配不够合理，水资源利用效率不高。按需定供强调对水资源的需求，无法真正地反映出水资源的价值，导致了人类生产生活中无节制的掠夺水资源，使得水资源浪费严重，还容易引起河道断流、土地荒漠化、地面沉降等自然危害。

②按供定需的水资源优化配置。该理论认为水资源是有限的，水资源分配和利用需要有所节制，所以各地区的需水量必须按照其供水能力来确定，需要合理利用水资源，防止对水资源造成太大压力。但是，一般情况下某一个地区的供水量不仅与自然禀赋有关，同时与当地水资源开发投资以及技术水平有关，可供水量是与经济发展水平密切相关的动态变化量。所以，水资源的供给需要考虑经济发展因素，但按供定需的理念中，可供水量研究没有考虑地区经济发展，不能动态协调地区的资源开发情况和经济发展程度。此外，按供定需有可能低估地区发展的规模，从而导致地区经济无法最大化发展，故按供定需的水资源优化配置理论无法适应经济发展的需要。

③按宏观经济发展水平的水资源优化配置。水资源与宏观经济相互依存、相互制约，某一地区经济发展的所需用水量增多，则水资源开发利用方面的投资也跟着增大，从而能够快速增加该地区的供水量，使得地区经济发展速度、产业结构、节水用水技术水平以及废污水处理回用水平产生变化。按宏观经济发展水平的水资源优化配置考虑了地区水资源需求和供给的平衡，并且结合区域经济发展水平和宏观经济学理论分配水资源。这种理论的科学性在于利用经济学方法来分析水资源利用的投入产出以及地区的经济发展水平，同时通过大数据等统计方法获取更为准确的数据，从而合理确定某一地区水资源的需求和供给，使其达到一定的平衡。

④可持续发展的水资源优化配置。可持续发展的水资源优化配置不仅结合了宏观经济,同时遵循人口、资源、环境和经济协调发展的战略原则,实现经济、社会以及生态环境的共同发展。

4. 生态环境可持续发展理论

一直以来可持续发展都是我国广大学者研究的热门话题。随着社会经济的发展全球环境问题愈加突出,气候变暖、海平面上升以及大气、水污染等情况越来越严重。在这样的形势下,各国逐渐意识到加快社会经济发展的同时需要兼顾生态环境,要摒弃对自然的掠夺式开采和利用,对生态加以保护,实现社会经济同自然和谐发展。近几十年来,我国经济迅速发展的同时各种自然资源的需求量也是与日俱增,因此提高资源利用率尤为重要。改善环境问题不仅需要提升资源利用技术水平,同时需要提高消费者和生产者节约资源、清洁生产的意识,并且不断开发新能源,从而保持可持续发展的资源基础。

所谓可持续发展就是考虑子孙后代长远的发展,努力实现经济、人文社会和生态环境的协调可持续发展,在经济增长、社会发展的同时改善自然环境,提高绿色GDP①。然而生态环境可持续发展是可持续发展的重要层面,是人类不断发展的重要保障,一直以来许多学者对于生态环境可持续发展做出了研究分析,其理论基础主要包括以下内容:

①环境稀缺论。一直以来,自然资源取之不尽的谬论误导人们对大自然掠夺式的开采利用,但是当人类生产生活等一系列活动对大自然的影响程度越来越深,对生态环境的破坏范围越来越广时,全球出现了各种各样的环境问题,人们意识到人类获取资源的速度远远超过资源及其替代品的再生速度,人类活动制造污染的速度远远超过环境的自我净化能力。因此,一些学者提出了环境稀缺论,主张环境属于有限的稀缺资源。具体而

---

① 绿色GDP是综合环境经济核算体系中的核心指标,在现在的GDP基础上融入资源和环境的因素。

言，环境稀缺论认为有限的资源与无限的需求之间的矛盾使资源更难于获得，产生绝对稀缺；同时环境恶化和资源消耗使资源开采的成本增加，产生相对稀缺。环境稀缺论的论述说明合理利用资源和保护环境是可持续发展的基础。

②环境价值论。环境价值论的理论框架中基于人与环境的相互关系把环境价值分为环境的使用价值、潜在价值以及存在价值。环境的使用价值是指环境的各种资源能够直接成为人们生存发展所需的物质基础，供人类使用的同时间接影响人类的其他活动。环境的潜在价值与存在价值分别指环境给予子孙后代选择机会的价值以及环境自身所必要的生存权利。正是由于环境具有多种价值，人类才有必要保护环境，通过制度、政策和相关法律来协调人类同大自然的关系。

③区域层次性可持续发展观。可持续发展所处的阶段以及对自然环境持续发展的贡献差别使得不同发展水平的国家有着不一样的可持续发展标准。按照发展水平各个国家可以分成发达国家、中等水平国家以及发展中国家三种类别，对应的可持续标准就分为可扩展发展、可持续发展以及恶化减缓型发展。区域层次性可持续发展观追求可持续发展价值呈现多元公平，进一步考虑了可持续发展在时空方面的公平性。

④可持续利用的资源观。资源是自然给予人类生产生活的物质来源，环境是人类生存的空间以及各种资源所存在的状态，而生态不仅包含所有生物和资源的生存状态，同时包含它们之间环环相扣的关系。可持续发展资源观的本质就是保障各种资源能够被持续不断的更新和利用，强调资源的合理开发和利用，突出环境保护的重要性，使得生态环境的平衡性得以维持，从而实现可持续发展。

本节首先介绍了水资源的内涵与特性，从水资源自身角度出发强调了提高水资源效率的必要性。然后结合效率的内涵定义了本篇的研究主体——工业水资源绿色效率。最后介绍了水资源价值理论、水资源优化配置理论、生态环境可持续发展理论，为本篇的研究提供了相应的理论支持。

三、中国工业水资源绿色效率的测度分析

1. 工业水资源绿色效率测度模型与变量选择

(1) 考虑非期望产出的 EBM 超效率模型

EBM(Epsilon-Based Measure)模型是在数据包络分析模型的基础上发展起来的。数据包络分析(Data Envelopment Analysis，DEA)是用于衡量研究对象，即决策单元①相对效率的非参数线性规划分析方法。数据包络分析模型中的决策单元数量不受限制，但是必须属于同类。自 DEA 诞生以来，DEA 理论方法发展迅速并被运用于众多领域，在研究效率问题方面，DEA 较其他方法原理简单且适用范围广，尤其适用于决策单元多产出多投入的情况。

常见的 DEA 模型主要有两种，一种是 CCR②和 BCC③径向模型，另一种是 SBM 非径向模型。有关水资源效率测度的文献大多选择传统径向 DEA 模型，少数文献选择非径向 DEA 模型，但是当决策单元的投入和产出变量同时存在径向和非径向特征时，上述两类模型都无法适用。为此 Tone 和 Tsutsui(2010)建立了一种同时包含径向与非径向两类距离函数的 EBM 模型。EBM 模型的优势在于：首先，它能够测算出目标值和实际值之间的改进比例；其次，还可以将各项投入产出非径向的数值测算得到；最后，该模型可以反映实际值和目标值之间的差距，能够更为精确地测算出决策单元的效率。

基于此，本篇采用考虑径向、非径向特征和非期望产出的 EBM 模型对

---

① DMU：DEA 将效率的测度对象称为决策单元(Decision Making Unit, DMU)。
② CCR 模型是以 Charnes、Cooper 和 Rhodes 三人姓氏的首字母来命名的第一个 DEA 模型，其假设规模收益不变，得出的技术效率包含了规模效率的成分，因此通常被称为"综合技术效率"。
③ BCC 模型是以 Banker、Charnes 和 Cooper 三人姓氏的首字母来命名的 DEA 模型，其基于规模收益可变，得出的技术效率排除了规模影响，因此称为"纯技术效率"。

我国各省工业水资源绿色效率进行测度,以期合理地测算出中国各省份工业水资源绿色效率值。

假设有 K 个决策单元,且每个决策单元有 n 种投入,m 种期望产出和 j 种非期望产出,投入矩阵、期望产出矩阵和非期望产出矩阵分别表示为:$X = \{x_{nk}\} \in R^{N \times K}$,$Y = \{y_{mk}\} \in R^{M \times K}$,$B = \{b_{jk}\} \in R^{J \times K}$ 且 $X > 0$,$Y > 0$,建立考虑非期望产出的 EBM 模型:

$$\delta^* = \min\left(\theta - \varepsilon \sum_{n=1}^{N} \frac{\omega_n^- s_n^-}{x_{n0}}\right)$$

$$\text{s.t.} \quad \sum_{k=1}^{K} \lambda_k x_{nk} + s_n^- = \theta x_{n0}(n = 1, 2, \cdots, N)$$

$$\sum_{k=1}^{K} \lambda_k y_{mk} \geq y_{m0}(m = 1, 2, \cdots, M) \quad (3.4)$$

$$\sum_{k=1}^{K} \lambda_k b_{jk} = b_{j0}(j = 1, 2, \cdots, J)$$

$$\lambda_k \geq 0, \; s_n^- \geq 0, \; \sum_{1}^{K} \lambda_k = 1$$

其中,δ^* 为考虑非期望产出的经济效益,λ_k 为决策单元的权重向量,x_{nk} 为第 k 个决策单元的投入,y_{mk} 为第 k 个决策单元的期望产出,b_{jk} 为第 k 个决策单元的非期望产出,s_n^- 为投入要素的非径向松弛变量,θ 为径向模型计算的效率值,ε 为同时考虑径向松弛变量和非径向松弛变量的重要参数,ω_n^- 为第 n 个投入的权重。

标准 EBM 模型测算的效率值通常会出现多个决策单元被评价为有效的情况,即有效决策单元表现出的效率值都是 1,从而不能进一步区分有效决策单元效率值的大小。为了解决这一问题,Andersen 和 Petersen(1993) 提出了对有效决策单元进一步区分其效率值大小的方法,即超效率 DEA 模型。超效率 EBM 模型的核心是将被评价决策单元从参考集中剔除,也就是说,被评价决策单元的效率是参考其他有效决策单元构成的前沿面得出的;对于无效决策单元来说,由于其生产前沿面保持不变,用超效率 EBM

模型和标准 EBM 模型测算出来的效率值是相同的,而对于有效决策单元来说,被评价有效决策单元被剔除后由其他有效决策单元构成的前沿面会相对后移,参考该有效前沿面计算出的效率值会大于 1,并且超效率值越高表示有效水平越高。计算公式为:

$$
\begin{aligned}
&\min \theta \\
&\text{s.t.} \sum_{k=1, k \neq q}^{K} X_k \lambda_k \leqslant \theta X_q \\
&\quad\quad \sum_{k=1, k \neq q}^{K} Y_k \lambda_k \geqslant \theta Y_q \\
&\quad\quad \lambda_k \geqslant 0, \sum_{1}^{K} \lambda_k = 1, k = 1, 2, \cdots, K
\end{aligned}
\tag{3.5}
$$

式(3.5)中变量的含义与式(3.1)中相同,唯一的区别在于超效率模型的核心思想是在测度第 q 个决策单元的效率时,利用其他所有的决策单元投入产出的组合来替换第 q 个决策单元的投入产出,从而剔除第 q 个决策单元。

(2)变量选择

基于前人的研究结果,并考虑数据的可获得性,本篇选取测度工业水资源绿色效率的投入指标包括工业用水量、工业从业人员平均数、工业全社会固定资产;测度工业水资源绿色效率的产出指标中期望产出指标为工业增加值,非期望产出指标为工业化学需氧量以及工业氨氮排放量。具体投入产出指标说明如下:

①工业用水量

工业用水量是指工业企业在生产产品过程中的用水量,是工业生产所需要的一项基本投入要素。工业用水量可以充分反映工业水资源的使用情况,是衡量工业水资源利用效率的重要指标,故选用工业用水量作为工业水资源绿色效率测算的投入变量。

②工业从业人员平均数

工业生产过程中劳动和资本是必不可少的两个要素,借鉴其他学者的研究本篇将劳动和资本加入到测算工业水资源绿色效率的投入指标中。理论上劳动一般用劳动时间来衡量，但是基于数据的可获得性，本篇采用工业从业人员数来反映工业生产中劳动力的投入，将工业从业人员平均数作为工业水资源绿色效率测算的投入指标。

③工业全社会固定资产

资本方面，固定资产投资额是常用的资本投入指标。本篇选取工业全社会固定资产，可以综合地反映固定资产投资规模、发展速度和结构。

④工业增加值

工业增加值为工业企业在一定报告期内通过一系列的生产活动新创造出的价值，是GDP的重要组成。我国现在实行的统计方法中，工业增加值渐渐取代了工业总产值，原因是工业总产值中重复计算了转移价值，导致无法准确反映工业生产规模和速度。而工业增加值从工业总产值中剔除了生产环节中投入的中间产品价值，其数值更加能够反映实际工业发展情况，故本篇采用工业增加值来表示工业的产出指标。

⑤工业化学需氧量和氨氮排放量

工业生产中的非期望产出一般是指环境方面的污染排放，工业生产中会产生COD(化学需氧量)、Hg、Pb、氰化物、氨氮、石油类以及挥发酚等废水污染物。在工业用水效率评估中的非期望产出指标选取方面，有些学者单选取化学需氧量，忽略了氨氮排放量也是一种主要的工业废水污染物，因此本篇借鉴岳立和赵海涛(2011)的研究，选取工业化学需氧量和工业氨氮排放量作为非期望产出。化学需氧量是废水中能被强氧化剂氧化的物质(一般为有机物)的氧当量，在河流污染和工业废水性质的研究以及废水处理厂的运行管理中，化学需氧量是一个重要且能较快测定的有机物污染参数。氨氮是指水中以游离氨和铵离子形式存在的氮，氨氮排放量为一种水营养素，它能够促使河流湖泊水体的富营养化。

2. 工业水资源绿色效率测度的实证分析

(1)数据来源与处理

国家"十一五"规划明确提出要建设资源节约型社会和环境友好型社会,考虑到2006年是"十一五"规划的开局之年,《节水型社会建设"十一五"规划》也在该年正式出台,同时基于数据的可获得性,本篇选取了2006—2015年我国30个省份(不包括港澳台及西藏)的面板数据进行研究,面板数据既能研究各地区之间的差异,又可以反映独立个体的动态变化情况。基于非期望产出的EBM超效率模型本篇测算并分析了2006—2015年中国30个省、直辖市、自治区工业水资源绿色效率。数据来源于《中国统计年鉴》《中国工业统计年鉴》《中国环境统计年鉴》以及中国各个省份、直辖市、自治区统计年鉴。同时本篇涉及价值的全部指标都以2006年为基期进行了平减处理,2012年少数省份的工业从业人员平均数缺失,采用邻近年限平均值补充。表3.1报告了测算各省份工业水资源绿色效率样本数据的描述性统计结果。

表3.1　　　　工业水资源绿色效率测算样本数据统计描述

	单位	最大值	最小值	均值	标准差
工业用水量	亿立方米	239.000	2.390	46.503	45.181
工业从业人员平均数	万人	1568.000	11.650	299.906	326.684
工业全社会固定资产	亿元	31193.049	518.641	6926.577	5549.135
工业增加值	亿元	23802.851	238.310	5678.752	5041.746
工业化学需氧量	吨	607674.700	407.600	116728.372	92680.757
工业氨氮排放量	吨	31368.300	10.600	8311.774	6393.459

(2)测度结果与分析

基于非期望产出的EBM超效率模型,利用MaxDEA Ultra 7.0软件测算出2006—2015年中国省域工业水资源绿色效率值,测算结果如表3.2所示。

表 3.2　　　　　　中国各地区工业水资源绿色效率值

年份	2006	2007	2008	2009	2010	2011	2012	2013	2014	2015	均值
北京	1.181	1.300	1.312	1.300	1.335	1.326	1.354	1.343	1.342	1.352	1.315
天津	1.093	1.140	1.199	1.169	1.160	1.172	1.169	1.169	1.170	1.105	1.155
河北	1.032	1.034	1.033	1.012	1.014	1.006	1.038	1.011	0.805	0.617	0.960
山西	0.489	0.424	0.453	0.433	0.497	0.516	0.399	0.361	0.329	0.245	0.415
内蒙古	1.069	1.098	1.110	1.132	1.118	1.125	0.525	1.109	1.114	1.110	1.051
辽宁	0.475	0.457	0.457	0.478	0.572	0.707	1.001	0.756	1.006	1.022	0.693
吉林	0.458	0.382	0.350	0.369	0.419	0.446	0.452	0.439	0.461	0.417	0.419
黑龙江	1.045	1.025	1.006	0.464	0.511	0.550	0.411	0.353	0.344	0.285	0.599
上海	1.257	1.252	1.203	1.109	1.261	1.401	1.392	1.456	1.434	1.342	1.311
江苏	1.009	1.008	0.597	0.617	1.000	0.568	0.579	1.003	1.003	1.006	0.839
浙江	0.463	0.583	0.562	0.593	0.692	0.778	0.723	0.717	0.760	0.783	0.665
安徽	0.400	0.283	0.274	0.308	0.347	0.389	0.368	0.380	0.393	0.370	0.351
福建	0.553	0.361	0.375	0.436	0.436	0.436	0.448	0.466	0.542	0.587	0.464
江西	0.346	0.318	0.269	0.280	0.302	0.309	0.284	0.271	0.278	0.262	0.292
山东	1.345	1.221	1.211	1.224	1.194	1.177	1.177	1.175	1.179	1.187	1.209
河南	1.006	1.002	1.003	1.001	1.007	0.541	0.519	0.460	0.474	0.467	0.748
湖北	0.478	0.359	0.373	0.411	0.416	0.463	0.469	0.394	0.408	0.451	0.422
湖南	1.027	0.354	0.379	0.391	0.437	0.430	0.419	0.408	0.432	0.438	0.472
广东	1.181	1.154	1.151	1.162	1.163	1.149	1.158	1.163	1.158	1.152	1.159
广西	0.357	0.354	0.354	0.358	0.376	0.410	0.338	0.322	0.326	0.342	0.354
海南	2.289	1.050	1.048	1.052	1.070	1.036	1.048	1.045	1.126	1.129	1.189
重庆	0.341	0.349	0.352	0.367	0.415	0.509	0.442	0.322	0.327	0.352	0.378
四川	0.361	0.376	0.370	0.383	0.442	0.552	0.583	1.004	1.008	0.625	0.570
贵州	0.361	0.288	0.296	0.278	0.276	0.262	0.273	0.307	0.298	0.293	0.293
云南	1.026	0.409	0.416	0.425	0.444	0.403	0.365	0.369	0.393	0.396	0.465
陕西	0.713	0.508	0.491	0.508	0.731	1.003	1.028	1.002	1.002	0.505	0.749
甘肃	0.455	0.342	0.328	0.290	0.320	0.381	0.335	0.330	0.308	0.250	0.334
青海	0.394	0.444	0.486	0.535	0.597	0.663	1.046	0.549	1.003	0.468	0.619
宁夏	0.325	0.352	0.384	0.372	0.368	0.385	0.348	0.342	0.339	0.315	0.353
新疆	1.068	0.635	0.584	0.433	0.565	0.485	1.005	0.356	0.343	0.305	0.578
均值	0.787	0.662	0.648	0.630	0.683	0.686	0.690	0.679	0.704	0.639	0.681

根据表 3.2 绘制出 2006—2015 年我国整体工业水资源绿色效率均值的趋势图，如图 3.1 所示。

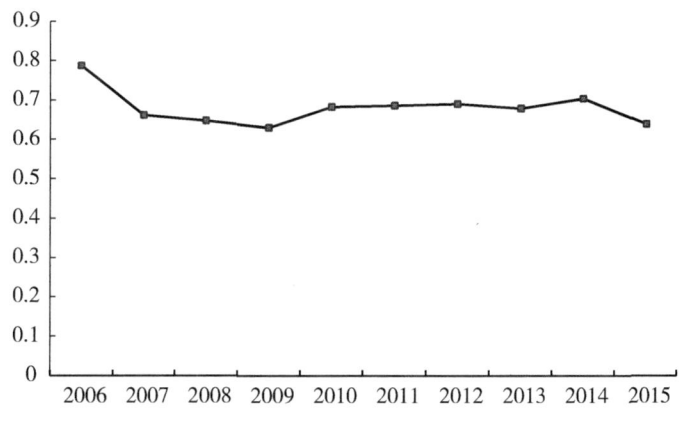

图 3.1　2006—2015 年中国工业水资源绿色效率均值

根据表 3.2，将全国按照经济地带划分为东部、中部和西部三个区域，可以得到全国及东中西部三大区域工业水资源绿色效率统计特征值，结果如表 3.3 所示。

表 3.3　**2006—2015 年中国及三大区域的工业水资源绿色效率统计特征**

区域	平均数	中位数	标准差	最小值	最大值
全国	0.681	0.681	0.044	0.630	0.787
东部	0.996	0.999	0.052	0.923	1.080
中部	0.465	0.456	0.086	0.367	0.656
西部	0.522	0.530	0.055	0.451	0.588

注：表中统计特征值分别依据各地区年平均值所计算得出。

从时间演进看，如图 3.1 所示，2006—2009 年中国工业水资源绿色效率呈现下降趋势，具体表现为全国工业水资源绿色效率均值从 2006 年的 0.787 下降到 2009 年的 0.630，这种下降可能由于重型产业发展导致的污染和排放所致，同时还可能受国际金融危机对中国经济的影响；2010—

2012年中国工业水资源绿色效率总体呈现上升态势，具体表现为全国工业水资源绿色效率均值从2010年的0.683上升至2012年的0.690，这得益于国家及各地区对水资源保护、开发、利用的政策措施以及新技术的广泛应用；2013—2015年，中国工业水资源绿色效率出现波动，2013年在连续3年保持上升趋势后出现了回落，但在2014年全国工业水资源绿色效率均值又反弹至0.704，随后在2015年下降至0.639。

从空间格局看，如表3.3所示，2006—2015年中国的东部、西部和中部工业水资源绿色效率依次递减，均值分别为0.996、0.522、0.465。根据表3.2中各省2006—2015年的工业水资源绿色效率均值可以看出，2006—2015年工业水资源绿色效率均值排名前十的省有8个来自东部，而排名后十的省全部来自中西部，其中北京的工业水资源绿色效率均值最高达1.315，紧跟其后的是上海、山东、海南、广东以及天津等省份，效率值都超过1；江西省工业水资源绿色效率均值最低为0.292，比江西略高的省份包括贵州、甘肃、安徽以及宁夏等。另外，工业水资源绿色效率值呈现高高集聚和低低集聚的现象，如北京的工业水资源绿色效率高则相邻的天津、河北的工业水资源绿色效率也较高；江西的工业水资源绿色效率低则相邻的安徽、湖北的工业水资源绿色效率也较低。

本节首先介绍了数据包络分析模型中的EBM超效率模型，通过建立考虑非期望产出的EBM超效率模型测度出2006—2015年中国省域工业水资源绿色效率，测度结果显示2015年我国总体工业水资源绿色效率较2006年下降了14.8%。其次，通过分析得出我国各地区工业水资源绿色效率存在着严重的区域不平衡问题，我国东部地区的工业水资源绿色效率明显比中西部地区的工业水资源绿色效率高。此外，我国工业水资源绿色效率较高的省份其相邻省份效率一般也较高，工业水资源绿色效率较低的省份其相邻省份效率一般也较低，因此我国各地区的工业水资源绿色效率很有可能存在着空间相关性，这为后续准确度量和分析中国工业水资源绿色效率的地区差异和收敛性提供了数据依据。

四、中国工业水资源绿色效率的区域差异分析

1. 区域差异测度方法与数据说明

(1) Dagum 基尼系数方法

一般而言,测度区域差异的方法主要包括基尼系数、变异系数①以及泰尔指数②等。基尼系数是从洛伦茨曲线③衍生的用于衡量分配平等程度的指标。基尼系数最先被用于判断收入分配平均程度,收入分配越是平均,基尼系数也就越小;相反的,收入分配越不平均,基尼系数也就越大。基尼系数的值在 0~1 之间,如果基尼系数的取值为 0,那么就代表分配绝对的公平,如果基尼系数的取值为 1,那么则说明分配绝对的不公平。基尼系数的优点在于能够直观地体现出差距情况,从而能够反映差距两极分化程度,进一步防止差距的扩大,也由于这个优点,现阶段基尼系数得到了世界上大部分国家和地区的认可,并且被普遍采用。但传统的基尼系数由于无法知道"超变密度④",所以被认为无法分解,直至 Dagum 基尼系数分解方法被提出,这种方法把基尼系数分成区域内差异、区域间差异和超变密度,并且充分考虑了子样本的分布情况,弥补了泰尔指数小样本、异方差和分布不对称性的缺陷,同时有效解决了样本数据间交叉重叠的问题以及区域差异来源问题,更加清晰地刻画了差异的变化趋势和内在来源。

本篇利用 Dagum 基尼系数测算分析中国工业水资源绿色效率的区域差异程度及来源,基尼系数(G)按子群可以分解成区域内差异(G_w)、区域

---

① 变异系数是衡量样本中各观测值变异程度的一个统计量,对两个或者多个样本区域变异程度进行对比时,如果观测单位的平均值相同,可以用标准差来比较。

② 泰尔指数是荷兰经济学家在 1960 年将信息熵理论应用于对收入差距进行研究时所提出来的,它可以用来衡量一组经济指标在不同时间、区域的差异。

③ 指在一个总体(国家、地区)内,以"最贫穷的人口计算起一直到最富有人口"的人口百分比对应各个人口百分比的收入百分比的点组成的曲线。

④ 指划分子群体时由于存在交叉项而对总体差异产生的影响贡献。

间差异(G_{nb})以及超变密度(G_t)。具体计算公式为:

$$G = G_{\varpi} + G_{nb} + G_t \tag{3.6}$$

$$G = \frac{\sum_{j=1}^{k}\sum_{h=1}^{k}\sum_{i=1}^{n_j}\sum_{r=1}^{n_h}|y_{ji} - y_{hr}|}{2n^2\mu} \tag{3.7}$$

$$\mu_h \leq \mu_j \leq \cdots \leq \mu_k \tag{3.8}$$

$$G_{jj} = \frac{\frac{1}{2\mu_j}\sum_{i=1}^{n_j}\sum_{r=1}^{n_j}|y_{ji} - y_{jr}|}{n_j^2} \tag{3.9}$$

$$G_{\varpi} = \sum_{j=1}^{k} G_{jj} p_j s_j \tag{3.10}$$

$$G_{jh} = \frac{\sum_{i=1}^{n_j}\sum_{r=1}^{n_h}|y_{ji} - y_{hr}|}{n_j n_h (\mu_j + \mu_h)} \tag{3.11}$$

$$G_{nb} = \sum_{j=2}^{k}\sum_{h=1}^{j-1} G_{jh}(p_j s_h + p_h s_j) D_{jh} \tag{3.12}$$

$$G_t = \sum_{j=2}^{k}\sum_{h=1}^{j-1} G_{jh}(p_j s_h + p_h s_j)(1 - D_{jh}) \tag{3.13}$$

$$D_{jh} = \frac{d_{jh} - p_{jh}}{d_{jh} + p_{jh}} \tag{3.14}$$

$$d_{jh} = \int_0^{\infty} dF_j(y) \int_0^y (y - x) dF_h(x) \tag{3.15}$$

$$p_{jh} = \int_0^{\infty} dF_h(y) \int_0^y (y - x) dF_j(y) \tag{3.16}$$

式(3.6)表示将总体基尼系数(G)分解成区域内差异(G_{ϖ})、区域间差异(G_{nb})以及超变密度(G_t)。式(3.7)、式(3.10)、式(3.12)和式(3.13)分别给出了计算公式。在进行基尼系数分解时,要先根据地区内工业水资源绿色效率的均值对各地区进行大小排序,如(3.8)。各公式都基于工业水资源绿色效率均值做了平均处理,因此,基尼系数实质刻画了工业水资源绿色效率相对差异的大小及来源情况。其中,$y_{ji}(y_{hr})$为第$j(h)$个区域任一个省份的工业水资源绿色效率，μ 为各省份工业水资源绿色效率的均值，n 为省份个数，k 为区域个数，$n_j(n_k)$ 为第 $j(h)$ 个区域省份数量，$p_j = n_j/n$，$s_j = n_j\mu_j/(n\mu)$。D_{jh} 为第 j、h 区域间工业水资源绿色效率的相对影响，d_{jh} 为区域间工业水资源绿色效率的差值。p_{jh} 为 j、h 个区域中所有 $y_{hr} - y_{ji} > 0$ 的样本值总和的期望。$F_j(F_h)$ 为第 $j(h)$ 个区域的累积密度分布函数。

(2) 数据来源与说明

区域差异测算的数据来源于基于考虑非期望产出的 EBM 超效率模型测度出的我国 2006—2015 年 30 个省份工业水资源绿色效率值，如表 3.2 所示。将 30 个省份划分成东、中、西部，形成三大区域，进而将总体差异分解成区域内差异、区域间差异以及超变密度。

2. 工业水资源绿色效率区域差异的测算与分解

基于 Dagum 基尼系数方法和我国各省工业水资源绿色效率值数据，计算出 2006—2015 年中国工业水资源绿色效率总体基尼系数、区域内基尼系数、区域间基尼系数以及超变密度，从而考察工业水资源绿色效率区域差异程度与来源，计算结果如表 3.4 所示。

表 3.4　2006—2015 年中国工业水资源绿色效率基尼系数及分解结果

年份	总体基尼系数	区域内基尼系数			区域间基尼系数			来源程度			贡献率(%)		
		东部	中部	西部	东中部	东西部	中西部	区域内	区域间	超变密度	区域内	区域间	超变密度
2006	0.291	0.233	0.231	0.265	0.308	0.353	0.260	0.083	0.145	0.062	28.67	49.95	21.38
2007	0.292	0.175	0.267	0.209	0.351	0.378	0.251	0.069	0.172	0.051	23.63	59.06	17.31
2008	0.293	0.196	0.278	0.205	0.350	0.364	0.258	0.073	0.162	0.057	25.01	55.41	19.58
2009	0.286	0.183	0.206	0.211	0.369	0.367	0.212	0.068	0.172	0.046	23.65	60.07	16.28
2010	0.272	0.154	0.191	0.224	0.359	0.347	0.214	0.062	0.168	0.041	22.93	61.83	15.24
2011	0.263	0.172	0.093	0.236	0.370	0.317	0.196	0.063	0.171	0.028	24.13	65.12	10.75
2012	0.282	0.158	0.087	0.268	0.418	0.321	0.244	0.065	0.191	0.026	22.93	67.83	9.24
2013	0.298	0.148	0.078	0.280	0.457	0.346	0.253	0.063	0.212	0.023	21.29	70.99	7.72

续表

年份	总体基尼系数	区域内基尼系数			区域间基尼系数			来源程度			贡献率(%)		
		东部	中部	西部	东中部	东西部	中西部	区域内	区域间	超变密度	区域内	区域间	超变密度
2014	0.294	0.133	0.093	0.290	0.458	0.324	0.288	0.063	0.207	0.025	21.31	70.26	8.43
2015	0.310	0.134	0.128	0.241	0.473	0.407	0.209	0.057	0.235	0.019	18.40	75.56	6.04

(1) 工业水资源绿色效率总体和区域内差异

根据表 3.4，计算出中国工业水资源绿色效率总体和区域内差异统计特征，如表 3.5 所示；并绘制出中国工业水资源绿色效率总体基尼系数和区域内基尼系数趋势图，如图 3.2 所示。

表 3.5 2006—2015 年中国工业水资源绿色效率总体与区域内差异的统计特征

区域	平均数	中位数	标准差	最小值	最大值
全国	0.288	0.291	0.013	0.263	0.310
东部	0.169	0.165	0.029	0.133	0.233
中部	0.165	0.160	0.074	0.078	0.278
西部	0.243	0.239	0.030	0.205	0.290

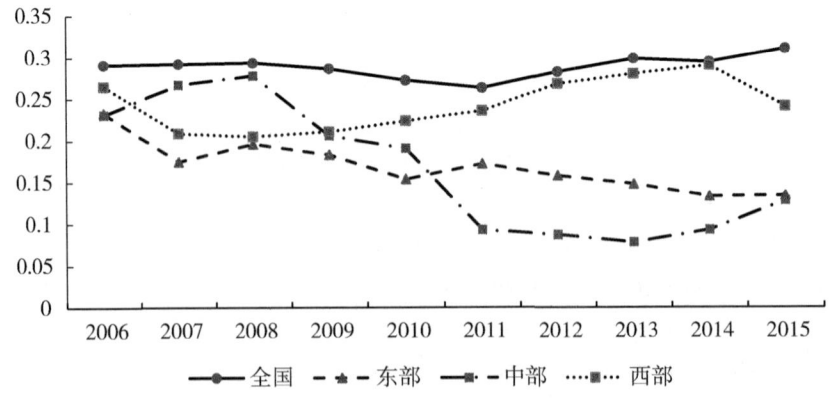

图 3.2 2006—2015 年中国工业水资源绿色效率总体及三大区域内基尼系数

如表3.5和图3.2所示，中国工业水资源绿色效率的总体差异较大，2006—2015年工业水资源绿色效率基尼系数介于0.263~0.310。从演变趋势看，工业水资源绿色效率总体差异在小幅波动中呈现上升趋势，2006—2008年，工业水资源绿色效率总体差异从0.291上升到了0.293，随后在2009—2011年开始逐年下降，从0.286下降到0.263，2012—2015年工业水资源绿色效率总体差异在小幅波动中从0.282上升到0.310。样本期间，工业水资源绿色效率总体差异在2011年和2015年分别达到最低点和最高点。

中国东部、中部、西部的工业水资源绿色效率基尼系数在样本期内均呈现下降趋势，工业水资源绿色效率区域内差异也小于总体差异。具体而言，东部的工业水资源绿色效率基尼系数介于0.133~0.233，均值为0.169，从2006年0.233降至2015年的0.134，下降了0.099；中部的工业水资源绿色效率基尼系数介于0.078~0.278，均值为0.165，从2006年0.231降至2015年的0.128，下降了0.103；西部的工业水资源绿色效率基尼系数介于0.205~0.290，均值为0.243，从2006年0.265降至2015年的0.241，下降了0.024。可见，从工业水资源绿色效率区域内差异水平看，我国西部的工业水资源绿色效率差异最大且东部略高于中部；从变化趋势看，中部的工业水资源绿色效率差异下降幅度略高于东部，西部工业水资源绿色效率差异最小；从波动幅度看，中部的工业水资源绿色效率差异波动幅度最大，东部与西部基本持平。西部各省份经济基础与环境状况存在较大差异，除了四川、重庆、陕西等省份发展较好，大部分地区发展滞后，"西部大开发"战略①的实施使得空间集聚效应凸显，在一定程度上也拉大了各省份之间工业水资源绿色效率的差异。再加上西部水资源的严重短缺以及不均衡分布，导致工业水资源绿色效率差异最大。东部大部分省份在国内都属于经济发达地区，在区域一体化进程中各省之间的差距逐步

---

① 西部大开发是20世纪末21世纪初党中央、国务院贯彻邓小平关于中国现代化建设"两个大局"思想做出的重大战略决策。1999年9月，中共十五届四中全会提出：国家要实施西部大开发战略。

缩小。中部省份经济发展水平相当，水资源也比较丰富，因此工业水资源绿色效率差异最小。

（2）工业水资源绿色效率区域间差异

根据表 3.4，计算出中国工业水资源绿色效率区域间差异统计特征，如表 3.6 所示；并绘制出中国工业水资源绿色效率区域间基尼系数趋势图，如图 3.3 所示。

表 3.6 2006—2015 年中国工业水资源绿色效率区域间差异的统计特征

区域	平均数	中位数	标准差	最小值	最大值
东中部	0.391	0.370	0.053	0.308	0.473
东西部	0.352	0.350	0.027	0.317	0.407
中西部	0.239	0.248	0.028	0.196	0.288

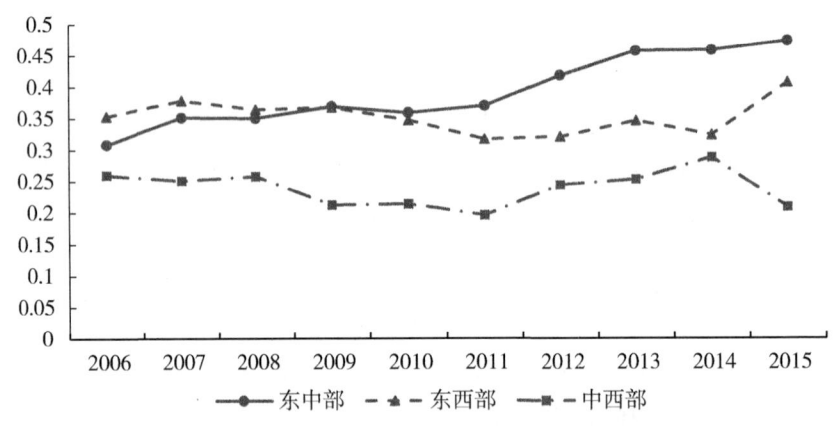

图 3.3 2006—2015 年中国工业水资源绿色效率区域间基尼系数

根据表 3.6 和图 3.3 可以看出，2006—2015 年东部与中部、东部与西部工业水资源绿色效率差异整体上呈现上升趋势，中部与西部工业水资源绿色效率差异呈现缩小趋势。东部与中部、东部与西部的工业水资源绿色效率差异在 2015 年同时达到最大值。东部与中部工业水资源绿色效率差异介于0.308~0.473，上升趋势非常明显，从2006年的0.308上升到2015年的0.473，上升了0.165。2010—2015年逐年上升，在2012年超过0.4，2015年达到最高点。东部与西部工业水资源绿色效率差异介于0.317~0.407，虽然在时间节点与幅度上与东中部有所不同，但整体上仍呈现上升趋势，从2006年的0.353上升到2015年的0.407，上升了0.054，区域间差异水平与上升幅度小于东中部。中部与西部工业水资源绿色效率差异介于0.196~0.288，区域间差异总体水平小于东中部及东西部，在整体上呈现了下降的态势，从2006年的0.260下降至2015年的0.209，下降了0.051，2011年达最低点0.196。

东中部与东西部工业水资源绿色效率差异加大的原因主要在于：一方面，东部发达地区在淘汰落后产能过程中率先进行了转型升级和结构调整，凭借着雄厚的经济基础、先进的技术水平和管理经验使工业水资源绿色效率得到较快提高。另一方面，中部与西部地区经济发展水平与东部发达地区相比较为落后，同时又承接了一批东部地区对环境污染较大的产业转移项目，由于缺乏有效环境管制措施和技术支持，导致了东中部与东西部工业水资源绿色效率差异变大。

(3) 工业水资源绿色效率差异来源与贡献

根据表3.4，计算出中国工业水资源绿色效率各差异来源程度以及差异贡献率的统计特征，如表3.7和表3.8所示；并绘制出中国工业水资源绿色效率差异贡献率趋势图，如图3.4所示。

表3.7　2006—2015年中国工业水资源绿色效率差异来源程度的统计特征

来源程度	平均数	中位数	标准差	最小值	最大值
区域内	0.067	0.064	0.007	0.057	0.083
区域间	0.184	0.172	0.026	0.145	0.235
超变密度	0.038	0.035	0.015	0.019	0.062

表 3.8　2006—2015 年中国工业水资源绿色效率差异贡献率的统计特征

贡献率(%)	平均数	中位数	标准差	最小值	最大值
区域内	23.20	23.28	2.55	18.40	28.67
区域间	63.61	63.48	7.43	49.95	75.56
超变密度	13.20	13.00	5.14	6.04	21.38

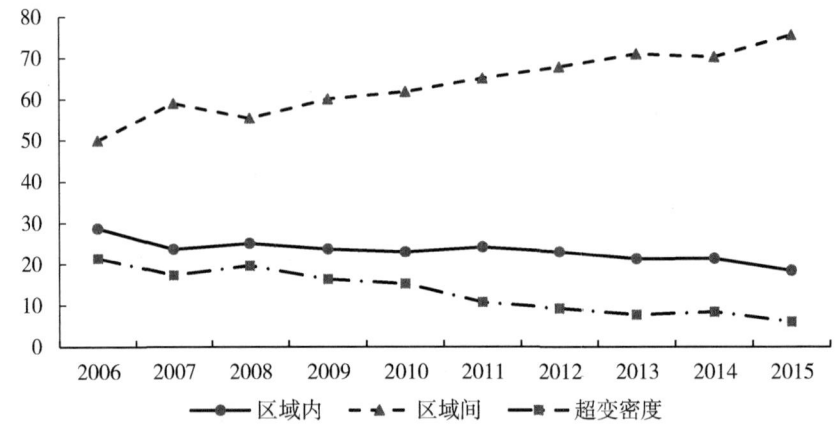

图 3.4　2006—2015 年中国工业水资源绿色效率差异贡献率

由图 3.4 可以看出，2006—2015 年中国工业水资源绿色效率区域内差异贡献率在波动中呈现下降趋势，区域间差异贡献率上升趋势比较明显，超变密度贡献率呈现明显下降态势。工业水资源绿色效率区域内差异贡献率从 2006 年的 28.67% 下降到 2015 年的 18.40%，下降了 10.27 个百分点。工业水资源绿色效率区域间差异贡献率从 2006 年的 49.95% 上升到 2015 年的 75.56%，上升了 25.61 个百分点。工业水资源绿色效率超变密度贡献率从 2006 年的 21.38% 下降到 6.04%，下降了 15.34 个百分点。从区域差异来源看，表 3.7 显示我国工业水资源绿色效率的区域间差异数值最大，介于 0.145~0.235，均值为 0.184，在 2006 年和 2015 年分别达到最小和最大值；工业水资源绿色效率的区域内差异数值次之，介于 0.057~0.083，均值为 0.067，在 2006 年和 2015 年分别达到最大和最小值；工业水资源绿色效率超变密度数值最小，介于 0.019~0.062，均值为 0.038。从贡献率看，表 3.8 显示样本期内工业水资源绿色效率的区域间差异贡献率介于 49.95%~75.56%，均值为 63.61%，贡献率最大；工业水资源绿色效率的区域内差异贡献率介于 18.40%~28.67%，均值为 23.20%，贡献率次之；工业水资源绿色效率超变密度贡献率介于 6.04%~21.38%，均值为 13.20%，贡献率最小。因此，我国工业水资源绿色效率总体差异主要源于区域间差异，并且工业水资源绿色效率区域间差异呈现不断上升的态势。

本节首先介绍了 Dagum 基尼系数方法，并基于中国工业水资源绿色效率值测算分析了工业水资源绿色效率的总体差异、区域内差异、区域间差异以及差异的来源。根据实证分析结果，可以将 2006—2015 年中国工业水资源绿色效率的区域差异特征归纳如下：

首先，从总体来看中国工业水资源绿色效率的总体差异较大，且工业水资源绿色效率总体差异在小幅波动中呈现上升趋势。

其次，从区域内差异水平看，2006—2015 年中国东中西三大区域的工业水资源绿色效率基尼系数均呈现下降趋势，西部工业水资源绿色效率差异最大且东部略高于中部。从区域间差异来看，2006—2015 年东部与中部、东部与西部工业水资源绿色效率区域间差异整体呈现上升趋势，中部与西部工业水资源绿色效率区域间差异呈现缩小趋势。

最后，我国工业水资源绿色效率总体差异主要源于工业水资源绿色效率区域间差异，并且工业水资源绿色效率区域间差异呈现不断上升的态势。

五、中国工业水资源绿色效率的空间收敛性分析

1. 工业水资源绿色效率的空间相关性分析

(1) 空间相关性模型

上文中，Dagum 基尼系数的测算及分解反映了中国工业水资源绿色效

率的区域差异程度及来源，但未能对工业水资源绿色效率的空间分布特征和演变规律进行深入刻画。为此本篇采用Moran's I指数和合适的空间计量模型，对工业水资源绿色效率的空间分布及其收敛趋势进行分析。在确定是否采用空间计量方法时，首先要通过空间相关性检验来证实各省份的工业水资源绿色效率之间是否存在空间相关性。

选取全局Moran's I指数作为分析全局相关性的指标，将区域整体作为研究对象，考察整个空间序列的空间集聚情况，其计算公式为：

$$I = \frac{n\sum_{i=1}^{n}\sum_{j=1}^{n}w_{ij}(x_i-\bar{x})(x_j-\bar{x})}{\sum_{i=1}^{n}\sum_{j=1}^{n}w_{ij}(x_i-\bar{x})^2} = \frac{n}{\sum_{i=1}^{n}\sum_{j=1}^{n}w_{ij}} \times \frac{\sum_{i=1}^{n}\sum_{j=1}^{n}w_{ij}(x_i-\bar{x})(x_j-\bar{x})}{\sum_{i=1}^{n}(x_i-\bar{x})^2}$$

(3.17)

上式中的n代表样本中的省份数量，x_i表示i省份的工业水资源绿色效率，$\bar{x}$表示所有观测省份工业水资源绿色效率的平均值，$w_{i,j}$为i省份与j省份的空间权重矩阵，常用的空间权重矩阵包括空间邻接矩阵[①]和空间距离矩阵[②]两种，本篇涉及含有空间权重矩阵的模型均使用的是以边界是否相邻为标准的空间邻接矩阵，即当i省份与j省份相邻时$w_{i,j}=1$，当i省份与j省份不相邻时$w_{i,j}=0$。Moran's I指数的上限和下限分别为1和-1，Moran's I指数为正时说明省份之间呈空间正相关性，而且指数越趋于1，空间正相关性也就越强，反之如果Moran's I指数为负时说明省份之间呈空间负相关性，其指数越趋于-1，空间负相关性也就越强，若Moran's I指数趋于0，则说明省份之间的空间相关性较弱。

全局空间自相关将区域整体作为研究对象，往往无法考察局部的空间分布情况，从而造成误判，所以这时需要使用局部自相关分析，局部相关

---

① 空间邻接矩阵中元素数据为0-1型，0-1既可以表示两地理单元是否具有共同的边界，也可以表示两地理单元距离是否在阈值内。

② 空间距离矩阵中元素为连续型数据，通常是两个地理单元间地理距离的函数，比如距离的倒数或距离平方的倒数。

性分析很好地弥补了全局自相关的局限性。

通过全局自相关分析和局部自相关分析得到 Moran's I 散点图,通过观察 Moran's I 散点图可以得出各省份的空间聚集特征。Moran's I 散点图的横轴代表工业水资源绿色效率水平,纵轴代表邻近省份的工业水资源绿色效率的加权值。Moran's I 散点图中位于第一象限的高-高聚集区,表示工业水资源绿色效率高的省份被工业水资源绿色效率同样高的省份包围;位于第二象限的低-高聚集区,表示工业水资源绿色效率低的省份被工业水资源绿色效率高的省份包围;位于第三象限的低-低聚集区,表示工业水资源绿色效率低的省份被工业水资源绿色效率同样低的省份包围;位于第四象限的高-低聚集区,表示工业水资源绿色效率高的省份被工业水资源绿色效率低的省份包围。总的来说,第一和第三象限表示省份之间工业水资源绿色效率呈现空间正相关,第二和第四象限表示省份之间工业水资源绿色效率呈现空间负相关。

(2)实证测算与结果

首先,测算出 2006—2015 年我国大陆 30 个省份(西藏自治区数据缺失,故不计入)工业水资源绿色效率的全局莫兰指数,结果如图 3.5 所示。

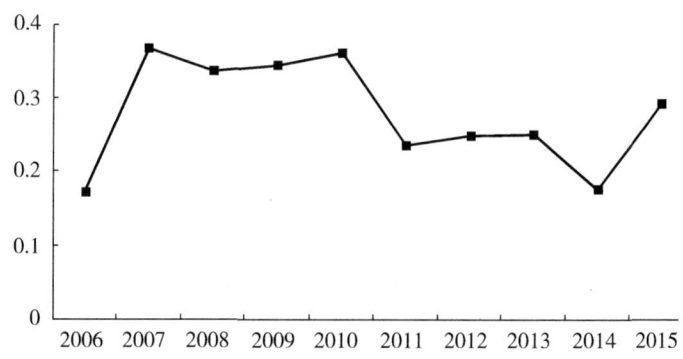

图 3.5　2006—2015 年中国工业水资源绿色效率 Moran's I 指数

注:图中 Moran's I 指数的 P 值都低于 0.05,表明通过显著性检验。

从图 3.5 可以看出，2006—2015 年我国工业水资源绿色效率的 *Moran's I* 指数都大于 0.15，多数年份在 0.25 以上，且均通过了显著性检验，这表明中国省域工业水资源绿色效率空间正相关性显著，具有较强的空间聚集性表现，工业水资源绿色效率高的省份聚集在一起，而工业水资源绿色效率低的地区也倾向于聚集在一起。因此，在研究工业水资源绿色效率时，若不考虑空间效应因素就可能导致模型估计结果与实际情况产生较大偏差。

Moran's I 指数可以表明我国工业水资源绿色效率在空间分布上存在着明显的空间相关性，但这并不能反映出各省份工业水资源绿色效率具体的空间集聚情况，故本篇将通过 *Moran's I* 散点图进一步研究中国工业水资源绿色效率的空间分布特征，2006 年、2015 年的 *Moran's I* 散点图如图 3.6 和图 3.7 所示。

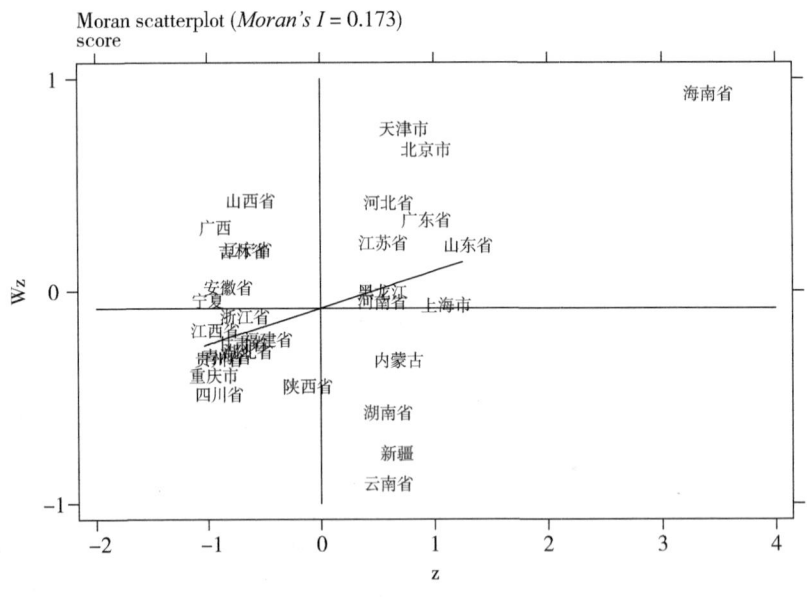

图 3.6　2006 年 *Moran's I* 指数散点图

图 3.6 和图 3.7 可以看出这两年多数省份落在第一、第三象限，少数

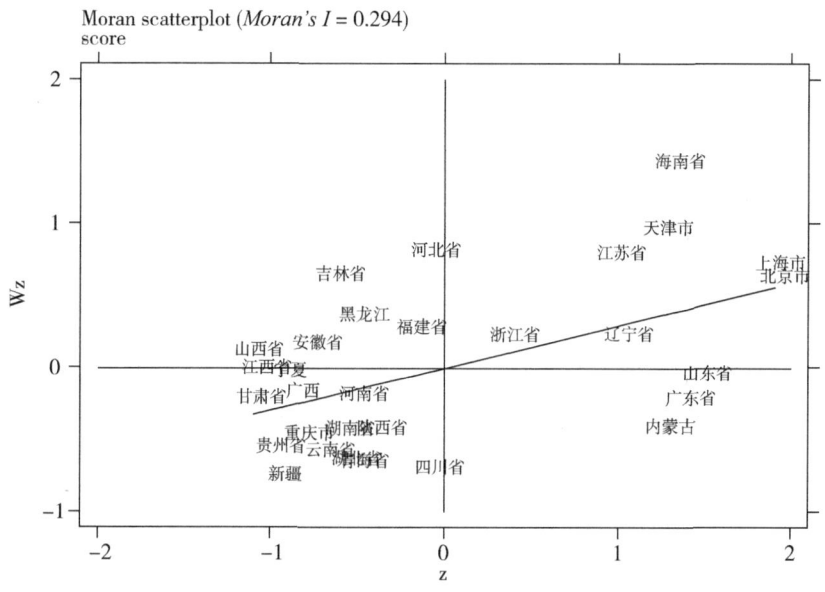

图 3.7 2015 年 Moran's I 指数散点图

省份落在第二、第四象限。2006 年落在第一、第三象限的省份数量有 20 个，第二、第四象限的省份数量有 10 个；2015 年落在第一、第三象限的省份数量有 21 个，第二、第四象限的省份数量有 9 个，Moran's I 散点图结果表示我国工业水资源绿色效率空间集聚现象明显。

通过 2006 年和 2015 年 Moran's I 散点图呈现出的各省份空间关系对比，可以判断全国较多省份的工业水资源绿色效率在地理空间上表现为显著的正空间相关性。工业水资源绿色效率高-高集聚现象主要发生在东部地区，主要是北京、天津、江苏、海南等省份，这些地区的经济发展水平、外资利用水平以及人口素质都比较高，环境保护意识浓厚，因此工业水资源绿色效率水平一直处在高位。工业水资源绿色效率低-低集聚现象主要发生于西部地区，主要是青海、重庆、四川、云南、贵州、陕西、甘肃等省份，这些绝大部分是我国经济欠发达、需要加强开发的地区，其技术水平相对较低，环境管理标准也不够完善，因此工业水资源绿色效率一直处于较低水平。

总的来说，中国省域工业水资源绿色效率存在着正的空间相关性，某个省份的工业水资源绿色效率不仅受到自身的影响，还会受到相邻省份的影响，并且局部相关也显示出工业水资源绿色效率在空间分布上也不是随机分散的，因此研究我国工业水资源绿色效率收敛性引入空间计量模型十分有必要。

2. 工业水资源绿色效率的空间收敛性分析

(1)空间收敛模型

收敛性的概念主要被经济学家用于经济增长理论的研究当中，经济增长理论中生产要素存在边际效用递减规律①，人均资本率低的地区人均资本增长率高且具有更高的经济增长率。从长期来看，欠发达地区或国家在追赶发达地区时出现一种收敛的趋势，即发展水平较低的地区，发展速度会更快。新经济增长理论中同样认为欠发达地区可以通过学习和效仿发达地区的先进技术获得后发优势，并且利用这种优势提高自身的经济增长率，使得各地区的经济产生收敛的态势。基于此，本篇工业水资源绿色效率空间收敛性研究主要是分析各省份和地区之间工业水资源绿色效率差距逐渐缩小的趋势。

目前普遍研究的收敛类型包括 σ 收敛、绝对 β 收敛、条件 β 收敛以及俱乐部收敛。

σ 收敛主要指不同评价单元的评价指标的差异随着时间的推移而趋于减小。σ 收敛主要用来反映评价指标偏离整体平均水平的程度，一般用标准差来衡量。但 σ 收敛的缺点是不能反映出不同评价单元之间相互影响的情况。

绝对 β 收敛主要指当不同评价单元的基础条件一致时，不同评价单元

---

① 边际效用递减规律是指在一定时间内，在其他商品消费数量保持不变的条件下，随着所消费的该商品数量增加，每消费一个单位的该商品所带来效用的增加量有递减的趋势。

的评价指标将随着时间的推移趋于完全相同的稳态水平。

条件 β 收敛主要指当不同评价单元的基础条件不完全一致时,不同评价单元的评价指标将随着时间的推移趋于各自的稳态水平。

俱乐部收敛主要指不同评价单元的初始条件存在差异时,其评价指标会形成不同的俱乐部,俱乐部内部结构特征相似的评价单元的评价指标在长期上会呈现收敛态势。

本篇借助收敛性分析来观察全国及东中西三大区域工业水资源绿色效率随着时间的推移是否趋于一致,是对工业水资源绿色效率差异分解的补充和佐证,同时根据分析结果可以揭示出我国工业水资源绿色效率的演化趋势。通过空间相关性检验可以得出我国省域工业水资源绿色效率存在着明显的空间相关性,接下来将引入空间计量模型来分析我国工业水资源绿色效率是否存在着空间收敛性,即各省份和区域间工业水资源绿色效率差距是否有着缩小的趋势。传统的收敛性分析方法并没有考虑到空间效应对结果的影响,这往往会导致回归结果有偏。因此,本节将在传统计量模型的基础上增加空间效应因素,从而使结果更加准确。

① σ 收敛的模型

σ 收敛表示工业水资源绿色效率的分布分散程度随着时间推移逐渐缩小,考虑到各统计指标的特性,本篇选用标准差来研究工业水资源绿色效率的 σ 收敛性。σ 收敛的公式为:

$$\sigma = \sqrt{\frac{1}{n}\sum_{i=1}^{n}(x_i - u)^2} \qquad (3.18)$$

式(3.18)中 n 为样本总量,x_i 和 μ 分别是样本观测值和样本均值,多个年份出现 $\sigma_{t-1} > \sigma_t$ 就表示随着时间的推移各省份工业水资源绿色效率差距在逐渐减小,即工业水资源绿色效率存在 σ 收敛。

② β 收敛的空间计量模型

考虑到空间效应对我国工业水资源绿色效率的影响,本节将在传统的空间常系数回归模型的基础上分别建立 β 收敛的空间滞后模型(SLM)和 β 收敛的空间误差模型(SEM)。

A 绝对 β 收敛模型

绝对 β 收敛表明其他条件一致情况下,各省份工业水资源绿色效率最终会达到完全相同的稳态水平。绝对 β 收敛的 SLM 模型为:

$$\ln Y_{i,t+1} - \ln Y_{i,t} = \alpha I + \beta \ln Y_{i,t} + \rho W(\ln Y_{i,t+1} - \ln Y_{i,t}) + \varepsilon \quad (3.19)$$

在绝对 β 收敛的空间滞后模型中,$Y_{i,t}$ 为第 i 个省份在 t 时期的工业水资源绿色效率,$\ln Y_{i,t+1} - \ln Y_{i,t}$ 表示第 i 省份工业水资源绿色效率在 t 时期的对数增长量,I 表示空间单位向量,W 表示空间权重矩阵,α、β、ρ 为模型的待估参数,其中 β 是本篇分析所需的核心指标,反映的是工业水资源绿色效率收敛情况,如果 $\beta > 0$ 且通过显著性检验,则表明第 i 个省份工业水资源绿色效率的年平均增长率与该省份基年的工业水资源绿色效率呈正相关,从而空间绝对 β 收敛就不存在;反之,如果 $\beta < 0$,则说明第 i 个省份工业水资源绿色效率的年平均增长率与该省份基年的工业水资源绿色效率呈负相关,从而空间绝对 β 收敛就存在。ρ 衡量相邻省份工业水资源绿色效率的变动对其他省份的影响程度。若假设随机扰动项导致个别省份工业水资源绿色效率的空间相关性,则可建立绝对 β 收敛的空间误差模型(SEM):

$$\begin{aligned}\ln Y_{i,t+1} - \ln Y_{i,t} &= \alpha I + \beta \ln Y_{i,t} + \varepsilon \\ \varepsilon &= \lambda W \varepsilon_0 + \mu\end{aligned} \quad (3.20)$$

在绝对 β 收敛的空间误差模型中,$Y_{i,t}$ 为第 i 个省份在 t 时期的工业水资源绿色效率,$\ln Y_{i,t+1} - \ln Y_{i,t}$ 表示第 i 省份工业水资源绿色效率在 t 时期的对数增长量,I 表示空间单位向量,W 表示空间权重矩阵,ε 为工业水资源绿色效率的随机扰动项,α、β、λ 分别为各自的待估参数,λ 反映其他省份工业水资源绿色效率的随机扰动项对本省份工业水资源绿色效率增长率的影响方向和大小。与 β 收敛的空间滞后模型类似,$\beta < 0$ 说明第 i 个省份工业水资源绿色效率的年平均增长率与该省份基年的工业水资源绿色效率呈负相关,从而空间绝对 β 收敛就存在,反之,$\beta > 0$ 则表示空间绝对 β 收敛不存在。另外当 $\lambda < 0$ 时表示其他省份的随机扰动项会对第 i 个省份的工业水资源绿色效率的增长率产生负面影响,即各省份工业水资源绿色效

率存在负的空间效应；反之，$\lambda > 0$ 则表示各省份工业水资源绿色效率存在正的空间效应。

B 条件 β 收敛模型

条件 β 收敛与绝对 β 收敛不同，它承认各省份之间经济特征和稳态值存在着差异，是指各省份工业水资源绿色效率会趋同于各自的稳态水平，条件 β 收敛的空间计量模型可以在绝对 β 收敛的空间计量模型的基础上得到。式(3.19)、(3.20)中分别加入控制变量 $\mu_{i,t}$ 后，即为条件 β 收敛的 SLM 与 SEM 模型：

$$\ln Y_{i,t+1} - \ln Y_{i,t} = \alpha I + \beta \ln Y_{i,t} + \rho W(\ln Y_{i,t+1} - \ln Y_{i,t}) + \xi \mu_{i,t} + \varepsilon \tag{3.21}$$

$$\ln Y_{i,t+1} - \ln Y_{i,t} = \alpha I + \beta \ln Y_{i,t} + \xi \mu_{i,t} + \varepsilon$$
$$\varepsilon = \lambda W \varepsilon_0 + \mu \tag{3.22}$$

模型中的 $\mu_{i,t}$ 表示所选取的控制变量，ξ 为表示控制变量的系数，用于衡量控制变量对工业水资源绿色效率增长率的影响情况，如果 $\beta < 0$ 且通过了显著性检验，则表示空间条件 β 收敛性存在；如果 $\beta > 0$ 且通过了显著性检验，则表示不存在空间条件 β 收敛性。

(2)实证分析过程与结果

①工业水资源绿色效率的 σ 收敛性分析

本篇衡量 σ 收敛情况的指标采用的是工业水资源绿色效率对数值的标准差。根据上文测算的 2006—2015 年全国各省份工业水资源绿色效率值，分别计算全国和东中西部三大地区 σ 收敛指数并绘制成折线图，如图 3.8 所示。

从图 3.8 可知全国及三大区域的工业水资源绿色效率 σ 收敛特征存在一定的差别。东部和中部工业水资源绿色效率的标准差都呈下降趋势且中部的下降程度高于东部，表明东部和中部工业水资源绿色效率均存在 σ 收敛。具体而言，东部工业水资源绿色效率标准差从 0.488 下降到 0.249，中部工业水资源绿色效率标准差从 0.290 下降到 0.08。而全国和西部工业水资源绿色效率标准差并未呈现下降趋势说明不存在 σ 收敛。

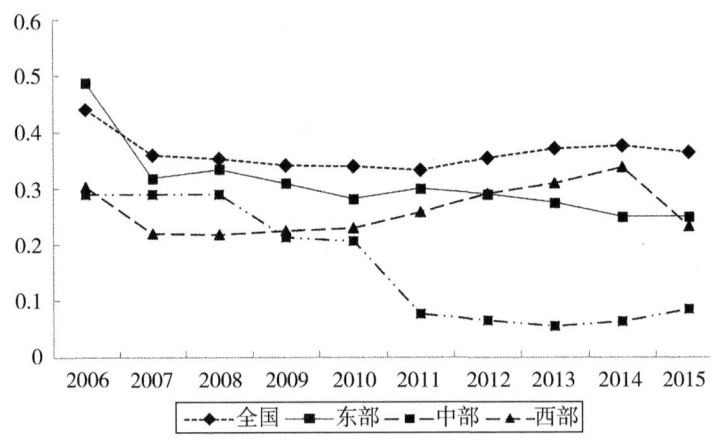

图 3.8　中国及三大区域工业水资源绿色效率的标准差

②工业水资源绿色效率的绝对 β 收敛性分析

虽然空间计量模型将地理区域之间的空间效应引入了模型中，但空间计量模型有很多种，常见的空间计量模型有：空间误差模型（SEM）、空间滞后模型（SLM）、空间杜宾模型（SDM）等，在实证分析中，不同的空间计量模型有着不同的分析效果，因此需要根据所要研究的对象选择最合适的空间计量模型。在本篇中，主要通过 LM 检验来选择合适的空间计量模型，LM 检验主要是通过 LM-lag、LM-error、Robust LM-lag 和 Robust LM-error 这四个统计量来判断的。首先观察 LM-lag、LM-error 这两个统计量是否显著，若这两个统计量都不显著就可以用最小二乘线性回归①来进行分析，如果只有 LM-lag 显著而 LM-error 不显著就用 SLM 来进行分析，反之如果只有 LM-error 显著而 LM-lag 不显著就用 SEM 来进行分析，最后如果 LM-lag、LM-error 这两个统计量均显著就要考虑它们的稳健形式 Robust LM-lag 和 Robust LM-error 这两个统计量，如果 Robust LM-lag 显著而 Robust LM-error 不显著就用 SLM 来进行分析，反之如果 Robust LM-error 显著而 Robust LM-

---

① 最小二乘法是一种数学优化技术。它通过最小化误差的平方和寻找数据的最佳函数匹配。

lag 不显著就用 SEM 来进行分析,如果 Robust LM-lag 和 Robust LM-error 这两个统计量都显著就选择更显著的那个。

绝对 β 收敛表明随着时间的推移各省份工业水资源绿色效率将逐渐收敛到相同的稳态水平,其假定各地区发展条件完全相同。通过固定效应模型进行实证检验,在考虑了空间效应后利用 SEM 或 SLM 模型分析工业水资源绿色效率绝对 β 收敛情况,首先需要采用 LM 检验来判断 SEM 和 SLM 模型的适用性。利用全国各省份工业水资源绿色效率数据进行 LM 检验,得到检验结果如表 3.9 所示。

表 3.9　　　　　　　　拉格朗日乘数检验(LM)结果

检验方法	统计量	P-value
Lagrange multiplier (error)	3.696	0.055
Robust Lagrange multiplier (error)	0.400	0.527
Lagrange multiplier (lag)	4.692	0.030
Robust Lagrange multiplier (lag)	1.396	0.237

结果显示,对全国而言,LM-lag 统计量在 5% 显著性水平下显著,表明 SLM 模型适用于本篇的绝对 β 收敛分析。全国及三大区域的工业水资源绿色效率绝对 β 收敛结果如表 3.10 所示。

表 3.10　　　　中国工业水资源绿色效率绝对 β 收敛结果

	全国		东部		中部		西部	
	SEM	SLM	SEM	SLM	SEM	SLM	SEM	SLM
β	-0.562*** (0.000)	-0.562*** (0.000)	-0.542*** (0.007)	-0.543*** (0.008)	-0.395* (0.069)	-0.395* (0.067)	-0.677*** (0.000)	-0.658*** (0.000)
λ	0.236*** (0.002)		-0.019 (0.820)		0.007 (0.915)		0.267*** (0.001)	

续表

	全国		东部		中部		西部	
	SEM	SLM	SEM	SLM	SEM	SLM	SEM	SLM
ρ		0.200***		-0.017		0.015		0.196**
		(0.006)		(0.729)		(0.809)		(0.014)
LogL	94.294	94.325	60.555	60.557	30.751	30.760	16.409	15.547
R^2	0.034	0.039	0.105	0.115	0.151	0.152	0.116	0.128
v①	0.092	0.092	0.087	0.087	0.056	0.056	0.126	0.119

注：*、**、***依次表示在10%、5%和1%显著性水平下显著，括号里为P值(下同)。

由表3.10可知，全国及三大区域工业水资源绿色效率的β收敛都为负值并且均通过显著性检验，说明全国和三大区域工业水资源绿色效率存在着绝对β收敛，意味在其他条件相同情况下，各省份工业水资源绿色效率会随着时间的演进达到相同的稳态水平。从收敛的速度来看，SLM中全国、东部、中部、西部工业水资源绿色效率的收敛速度分别为0.092、0.087、0.056、0.119，表明工业水资源绿色效率较高的东部收敛速度较慢，而工业水资源绿色效率较低的西部收敛速度较快。

③工业水资源绿色效率的条件β收敛性分析

绝对β收敛假定各地区的经济水平、发展基础和资源禀赋等其他条件完全一致，这不符合实际情况，而条件β收敛是在考虑了各地区的经济水平、发展基础和资源禀赋等其他条件不完全一致时，随时间变化，各个省份的工业水资源绿色效率会收敛到各自的稳态水平。因此在研究工业水资源绿色效率条件β收敛的同时，需选取相关的控制变量，主要指能够影响工业水资源效率的变量，基于已有的研究文献本篇选取的控制变量为：

第一，经济发展水平(x_1)，用人均地区生产总值表示。本篇以人均

---

① 收敛速度$v = \frac{1}{T}\ln(1-|\beta|)$，$T$为样本数据考察期的长度(下同)。

GDP 来衡量一个地区的经济发展水平，取对数 ln(人均 GDP) 以平滑其差异性。经济的发展水平影响一个地区的产业结构和技术水平，从而影响一个地区的工业绿色水资源利用效率。汪克亮等(2017)研究发现地区经济发展水平的提高对促进长江经济带工业水资源绿色效率提升有明显积极作用。

第二，产业结构(x_2)，用工业增加值与地区生产总值的比值表示。产业结构在一定程度上衡量了地区的工业化程度。丁绪辉等(2018)研究认为产业结构能够影响地区的水资源用水效率。

第三，政府重视程度(x_3)，用工业废水治理投资总额占财政支出总额的比重表示。陈磊等(2015)研究得出政府重视度对中国水资源-经济-环境系统整体技术效率起着反向作用。

第四，外贸依存度(x_4)，用进出口总额与地区生产总值的比值表示。外贸依存度主要反映地区的开放程度。钱文婧和贺灿飞(2011)认为进出口需求对水资源效率具有明显的影响。

以上经济发展水平(x_1)、产业结构(x_2)、政府重视程度(x_3)、外贸依存度(x_4)四个控制变量的数据均来源于《国家统计年鉴》。表 3.11 报告了各变量的描述性统计结果。

表 3.11　　　　　　　　各变量描述性统计分析

变量	代称	最小值	最大值	均值	标准差
经济发展水平	x_1	0.7941	10.6905	3.8581	2.1125
产业结构	x_2	0.0002	0.2610	0.0131	0.0254
政府重视程度	x_3	0.0008	0.0361	0.0070	0.0050
外贸依存度	x_4	217.1209	12021.8070	2431.6630	2682.6535

在进行工业水资源绿色效率条件 β 收敛分析之前，首先需要采用 LM 检验来判断 SEM 和 SLM 模型的适用性，同样利用全国各省份工业水资源绿色效率数据进行 LM 检验，全国层面上 LM 的检验结果如表 3.12 所示。

表 3.12　　　　　拉格朗日乘数检验(LM)结果

检验方法	统计量	P-value
Lagrange multiplier (error)	0.513	0.474
Robust Lagrange multiplier (error)	0.020	0.888
Lagrange multiplier (lag)	5.797	0.016
Robust Lagrange multiplier (lag)	5.304	0.021

结果显示 LM-lag 统计量在 5% 显著性水平下显著，表明 SLM 模型更适合用于本篇的条件 β 收敛分析。全国及三大区域的工业水资源绿色效率条件 β 收敛结果如表 3.13 所示。

表 3.13　　　中国工业水资源绿色效率条件 β 收敛结果

	全国		东部		中部		西部	
	SEM	SLM	SEM	SLM	SEM	SLM	SEM	SLM
β	-0.601*** (0.000)	-0.599*** (0.000)	-0.616*** (0.000)	-0.609*** (0.000)	-0.445*** (0.000)	-0.444*** (0.000)	-0.769*** (0.000)	-0.778*** (0.000)
λ	0.228*** (0.006)		-0.067 (0.525)		0.007 (0.954)		0.300** (0.024)	
ρ		0.176*** (0.009)		-0.027 (0.757)		0.021 (0.835)		0.261*** (0.008)
$\ln(x_1)$	-0.270 (0.136)	-0.305* (0.087)	0.546** (0.044)	0.545** (0.047)	-0.009 (0.985)	-0.017 (0.968)	-0.682** (0.015)	-0.707** (0.010)
$\ln(x_2)$	-0.206** (0.013)	-0.218*** (0.009)	0.159 (0.207)	0.157 (0.218)	-0.118 (0.582)	-0.121 (0.540)	-0.406*** (0.001)	-0.421*** (0.001)
$\ln(x_3)$	0.030* (0.086)	0.035** (0.039)	0.022 (0.204)	0.020 (0.239)	0.079* (0.078)	0.080* (0.073)	0.046 (0.215)	0.045 (0.222)
$\ln(x_4)$	-0.111** (0.036)	-0.081* (0.097)	-0.027 (0.780)	-0.031 (0.751)	-0.225** (0.022)	-0.224*** (0.020)	-0.041 (0.646)	0.014 (0.852)
$\text{Log}L$	103.179	103.060	69.196	69.043	34.766	34.786	24.086	25.058
R^2	0.028	0.029	0.095	0.095	0.090	0.091	0.081	0.082
v	0.102	0.102	0.107	0.104	0.065	0.065	0.163	0.167

由表 3.13 可知，在引入经济发展水平、产业结构、政府重视程度和外贸依存度四个控制变量后，全国及三大区域工业水资源绿色效率的 β 收敛都为负值并且均通过显著性检验，说明全国整体及东中西三大区域的工业水资源绿色效率条件 β 收敛，意味着在控制相关变量后，全国和三大区域各省份工业水资源绿色效率会在一定时间内达到各自的稳态水平。

从全国角度看，SLM 模型得出的条件 β 收敛速度为 10.16%，比绝对 β 收敛速度更快，说明考虑了各地区之间的异质性后，工业水资源绿色效率可以以更快的速度收敛到各自的稳态水平。经济发展水平、产业结构、政府重视程度和外贸依存度四个控制变量均通过显著性检验，系数分别为 -0.305、-0.218、0.035、-0.081。这表明经济发展水平、产业结构和外贸依存度对工业水资源绿色效率具有显著的负向作用，而政府重视程度对工业水资源绿色效率具有正向的作用。就经济发展水平而言，经济产出越高意味着工业用水量就越大，尽管技术进步会导致生产效率的提高，但弥补不了要素成本的增加，从而对工业水资源绿色效率收敛产生了负向作用；就产业结构而言，由于工业耗水量和非期望产出均高于服务业，而工业内部结构的高耗水、高污染行业占工业的比重也较高，因此工业占比提高会抑制各省份工业水资源效率收敛。就政府重视程度而言，政府治理工业废水的投入越大，工业水资源的非期望产出会得到有效抑制，从而对各省份工业水资源绿色效率的收敛有较大的促进作用。就外贸依存度而言，作为工业产品出口大国，中国高耗水工业产品的出口增加，生产产品的用水量也会增加，在一定程度上抑制了工业水资源绿色效率的收敛。

从区域角度看，东部、中部及西部工业水资源绿色效率的 β 收敛都为负并且均通过了显著性检验，说明三大区域工业水资源绿色效率均存在 β 收敛，同时三大区域 SLM 模型得出的条件 β 收敛速度均比绝对 β 收敛速度更快，表明考虑了三大区域之间经济水平、发展基础和资源禀赋等条件存在差异后，工业水资源绿色效率会以更快的速度收敛到各自的稳态水平。东部的经济发展水平、中部的政府重视程度和外贸依存度、西部的经济发展水平和产业结构分别都通过了显著性检验，表明了各区域工业水资源绿色效率的驱动因素有所差别,在提高工业水资源绿色效率时需要对不同区域采取不同的措施和政策。

从控制变量看,经济发展水平在全国、东部及西部通过了显著性检验;产业结构在全国和西部均通过显著性检验,表明调整产业结构会促进全国和西部工业水资源绿色效率收敛,但对东部和中部工业水资源绿色效率影响不大;政府重视程度和外贸依存度在全国和中部通过了显著性检验,表明政府重视程度的提高以及外贸依存度的下降对全国和中部工业水资源绿色效率收敛有一定的促进作用。

六、稳健性检验

为了检验研究结果的稳健性,本篇换用各省环保财政支出与国内生产总值的比值来表示政府重视程度,换用出口总额占国内生产总值比重表示外贸依存度。中国工业水资源绿色效率条件 β 收敛稳健性检验结果如表 3.14 所示,两种模型的 β 收敛均为负值,且都通过显著性的检验,说明中国工业水资源绿色效率存在着条件 β 收敛。经济发展水平、产业结构、政府重视程度和外贸依存度四个控制变量也通过了显著性检验,并且对工业水资源绿色效率影响方向并无改变,说明变换控制变量的表达方式不影响回归结果的稳健性。

表 3.14　中国工业水资源绿色效率条件 β 收敛稳健性检验结果

	SEM	SLM
β	-0.588^{***} (0.000)	-0.589^{***} (0.000)
λ	0.253^{***} (0.002)	
ρ		0.186^{***} (0.006)

续表

	SEM	SLM
$\ln(x_1)$	−0.351** (0.045)	−0.415** (0.017)
$\ln(x_2)$	−0.227*** (0.007)	−0.247*** (0.004)
$\ln(x_3)$	0.069* (0.095)	0.064* (0.091)
$\ln(x_4)$	−0.107** (0.020)	−0.076* (0.072)
LogL	102.520	101.659
R^2	0.031	0.029

本节首先通过 Moran's I 指数和 Moran's I 散点图检验出我国工业水资源绿色效率存在着较强的空间相关性,明确了研究我国工业水资源绿色效率收敛性时引入空间计量模型的必要性。其次,参考经济收敛理论和国内外水资源效率收敛研究方法,给出了我国工业水资源绿色效率 σ 收敛、空间绝对 β 收敛和条件 β 收敛的检验模型,并对我国工业水资源绿色效率空间收敛性进行实证分析。

σ 收敛分析表明全国及三大区域工业水资源绿色效率的 σ 收敛特征存在一定的差别,东部和中部工业水资源绿色效率均存在 σ 收敛,而全国和西部工业水资源绿色效率不存在 σ 收敛。空间绝对 β 收敛的结果表明我国工业水资源绿色效率存在着显著的 β 收敛趋势,意味在其他条件相同情况下,各地区工业水资源绿色效率会随着时间的推移达到相同的稳态水平,并且工业水资源绿色效率较高的东部具有较慢的收敛速度,而工业水资源绿色效率较低的西部具有较高的收敛速度;空间条件 β 收敛的结果表明,在控制经济发展水平、产业结构、政府重视程度和外贸依存度四个变量后,全国及三大区域工业水资源绿色效率均存在显著条件 β 收敛,意味着在控制相关变量后,中国各地区工业水资源绿色效率会在一定时间内达到各自的稳态水平。另外经济发展水平、产业结构和外贸依存度越高，工业水资源绿色效率趋于发散，而政府重视程度越高，工业水资源绿色效率趋于收敛。

基于 σ 收敛、空间绝对 β 收敛和条件 β 收敛结果得出了未来我国工业水资源绿色效率区域差异的基本走势，并初步揭示了我国工业水资源绿色效率的演化趋势。

七、结论与对策建议

1. 研究结论

本篇基于 2006—2015 年我国 30 个省份的面板数据，采用考虑非期望产出的 EBM 超效率模型测算出我国各省工业水资源绿色效率，基于各省份工业水资源绿色效率值对地区差异进行分析，并运用空间滞后模型进行收敛性分析，研究分析结果表明：

①中国工业水资源绿色效率区域总体差异呈现出上升的态势。从区域内差异看，西部工业水资源绿色效率差异最大且东部略高于中部；中部工业水资源绿色效率差异下降幅度略高于东部，西部下降幅度最低；中部工业水资源绿色效率差异波动幅度最大，东部与西部基本持平。从区域间差异看，东部与中部、东部与西部工业水资源绿色效率差异在样本期内整体上呈现上升趋势，中部与西部工业水资源绿色效率差异呈现缩小趋势。从差异来源看，我国工业水资源绿色效率总体差异主要源于区域间差异，并且工业水资源绿色效率区域间差异呈现不断上升的态势。

②中国工业水资源绿色效率存在显著的空间正相关性和集聚性。各省份工业水资源绿色效率会影响其他邻近省份的工业水资源绿色效率，表现为工业水资源绿色效率高(低)省份相邻。

③全国及三大区域工业水资源绿色效率 σ 收敛特征存在一定的差异。东部和中部的工业水资源绿色效率存在 σ 收敛，东部的 σ 收敛速度小于中

部。而全国和西部的工业水资源绿色效率不存在 σ 收敛。

④全国及三大区域工业水资源绿色效率绝对 β 收敛显著，西部、东部及中部的收敛速度依次降低。在引入人均 GDP、产业结构、政府重视程度和外贸依存度控制变量后，全国及三大区域工业水资源绿色效率也存在显著的条件 β 收敛，且收敛速度较绝对 β 收敛更快，表明中国工业水资源绿色效率较低地区的增长速度高于发展水平较高地区，各地区的工业水资源绿色效率会收敛到各自的稳态水平。全国及三大区域工业水资源绿色效率对四个控制变量收敛性检验结果有所不同，表明不同地区工业水资源绿色效率的驱动因素和收敛情况各不相同，在制定政策和发展规划时应区别对待。

2. 对策建议

通过对我国 2006—2015 年 30 个省、直辖市、自治区工业水资源绿色效率的研究，可以发现我国整体上工业水资源绿色效率上升空间很大。针对我国工业水资源绿色效率区域差异性和空间收敛的演变趋势，可以通过合理配置资源等方式来进一步加强我国区域工业水资源绿色效率发展的协调性，以缩小各省份工业水资源绿色效率的差距，从总体上提高我国工业水资源绿色效率水平。基于以上研究的结论，本篇提出以下针对工业水资源的相关对策和建议：

第一，需要优化工业布局，加快工业结构的调整。研究发现调整产业结构会促进全国和西部工业水资源绿色效率收敛，因此产业的合理布局是减小我国工业水资源绿色效率区域差异的有利途径。在优化工业布局方面，首先需要充分考虑各地区发展基础、产业结构和资源禀赋等因素，基于地区水环境自身承载力，明确工业企业的发展方向，对工业企业进行分类，并提供技术和管理方面的指导，使得各地区可以将自身的主体功能优势发挥至最大化，从而构建一个集约高效、绿色环保的工业发展新格局。其次，需要引导水资源消耗和环境污染程度大的工业企业集中安置，鼓励并推进耗水量和废水排放量低的绿色产业集聚发展，对重污染企业加以改造，依法取缔长期高耗水重污染且不主动进行改造的顽固企业，对新进入市场的工业企业严格把关，在完成环境审批手续后方可投入生产。优化工业结构方面，一方面要大力发展绿色新兴产业，将更多的生产要素投入到新兴绿色产业发展中，另一方面要充分利用各地区产业结构和地理位置的优势，促进节水环保产业全面有序发展，提升地区的节水减排技术，积极向落后地区推广先进环保的工业用水技术，优化绿色生产要素配置，从而减轻工业生产给水环境造成的压力。

第二，加强各地区间的交流合作。研究表明中国工业水资源绿色效率存在显著的空间正相关性和集聚性，各省份工业水资源绿色效率会影响其他邻近省份的工业水资源绿色效率，呈现出明显的空间集聚现象。这种集聚现象一方面说明我国各地区工业水资源绿色效率与其周边地区工业水资源绿色效率密切相关；另一方面反映出工业水资源绿色效率高的地区集聚会促进高值地区工业水资源绿色效率的提升，主要是由于工业水资源绿色效率高的地区可以发挥空间溢出效应带动其邻近地区工业水资源绿色效率的进一步提高，同样工业水资源绿色效率低的地区空间集聚会进一步降低低值地区工业水资源绿色效率。因此，必须加强各地区间的交流合作，积极发挥工业水资源绿色效率高值地区的溢出效应和带动作用。

具体而言，各地区之间应打破行政壁垒与地方保护主义，中部与西部欠发达地区需要增强同东部发达地区的交流与合作，充分发挥区域政策协同效应和先进地区示范带头作用，积极主动地承接先进地区的产业转移项目并且加强环境管制，从而提升本地区工业水资源绿色效率，同时也要减弱邻近欠发达省份对本地区的负向影响。此外，各地区工业企业间要积极构建一种常态化、全方位、多领域的交流合作机制，通过交流合作的方式实现我国各地区之间工业水资源绿色效率的协同发展。工业水资源绿色效率低的地区要积极向东部工业水资源绿色效率高值地区学习，一方面学习工业水资源绿色效率高值地区先进的用水节水技术和管理经验，另一方面引进工业水资源绿色效率高值地区的相关人才，积极借鉴高值地区的发展经验，探索提升工业水资源绿色效率的方法和途径。工业水资源绿色效率较高的地区应该主动和工业水资源绿色效率较低的地区合作,积极发挥自身的溢出效应和示范效应。

第三,推动技术创新,加大工业废污水治理力度。通过结论可以发现政府重视程度对工业水资源绿色效率具有正向的作用,因此,政府采取工业用水方面的有利措施能够一定程度上提高工业水资源绿色效率。一方面,政府应该增加工业企业科研经费的投入,鼓励企业引进先进设备和自主研发新型节水工艺技术,并且要大力提倡工业企业淘汰水资源消耗大以及环境污染程度大的生产设备。同时,增强工业水资源绿色效率低值地区与科研机构及各大院校的合作,促进最新科研成果在工业排污方面的利用,鼓励人才、技术、成果向工业水资源绿色效率低值地区转移。另一方面,完善工业节水用水的法律法规体系,加强政府部门对工业企业用水监管力度,依法取缔那些长期耗水量大且污染严重的企业。各级政府应该根据各地区水资源量以及工业经济发展阶段,制定工业企业优惠政策以及适当奖惩规则促使工业企业降低废水和污水排放,并且鼎力扶持节水环保型企业,做到"六高①、两低②、两合理③",促进我国整体以及各地区水资源供给与需求的平衡。

3. 研究展望

随着水污染日益严重,提高水资源使用效率,促进环境改善和经济发展成为我国乃至世界范围内的首要问题,虽然本篇对中国工业水资源绿色效率进行了核算并对各省份和区域间的工业水资源绿色效率差异进行了分析,并基于此进一步研究了中国工业水资源绿色效率的空间收敛性,但是基于数据和方法的局限性,以下三个方面还需进一步深入研究和完善。

---

① 指提高全民节水意识,适时、适地、适度地提高水价,提高用水的重复率(包括中水回用),提高用水的生态效益率,提高节水工作的技术含量,提高用水的传输效率。
② 指降低用水造成的污染率,降低用水造成的水资源蜕化率。
③ 指制订合理的行业万元国内生产总值用水定额,建立地区与行业合理用水结构以保证全国水资源供需平衡。

第一，工业水资源绿色效率测度方法的改进。目前对于效率的测度方法有很多，但是都存在一定的不足，考虑到理论与现实情况的差异，本篇采用的中国各省工业水资源绿色效率值的测度方法并不能将其完全精准测度出，与真实的工业水资源绿色效率可能有一定的偏差。

第二，实证模型中相关变量的选取有待精确化。一方面，在测度中国各省工业水资源绿色效率和研究中国工业水资源绿色效率的空间收敛性时，基于数据的可获得性，本篇选取了六个投入产出变量和四个影响工业水资源绿色效率的控制变量，但是实际工业生产涉及很多投入和产出且影响水资源效率的因素也有很多，因此，若相关数据容易获得，理论上测算中国工业水资源绿色效率时需要包括整个工业生产系统中的投入和产出要素，同时研究空间收敛性时影响因素的选取应该更加全面。另一方面，本篇在获取我国 30 个省份的多项面板数据时存在极少部分数据的缺失，并且几个重要数据只能获取到截至 2015 年的数据无法更新到 2018 年，使得文章内容时效性不够。

第三，工业企业水资源绿色效率将成为后续研究的课题。本篇对于工业水资源绿色效率的研究还局限于区域层面，工业企业才是水资源问题的关键点，但因目前企业数据的不可获得性，对微观企业工业水资源绿色效率的研究仍为空白。

第四篇　长江经济带工业水资源效率的区域差异与分布动态演进

十九大报告指出,以共抓大保护、不搞大开发为导向推动长江经济带发展。长江经济带因水而生、依水而兴,涉及长江沿线九省二市,在国民经济中占据举足轻重的地位。但是,由于长期的粗放型经济增长方式和环境污染问题,水资源可持续发展不足成为制约长江经济带绿色发展的主要因素之一。工业是长江经济带经济发展的主要产业,耗水量大、水资源效率不高。因此,在深入实施长江经济带国家发展战略以及环境约束、生态治理背景下,研究长江经济带工业水资源效率的区域差异与分布演进规律,对于促进水资源的合理开发和利用,确保长江经济带高质量发展具有重要意义。

一、研究现状

关于对水资源效率测度的研究,数据包络分析法(DEA)是当前最常用的方法(Azad,2015;Worthington,2014)。部分文献选择传统径向 DEA 模型(赵晨等,2013;廖虎昌和董毅明,2013),买亚宗等(2014)在全要素生产框架下,以资本、劳动力和水资源使用量为投入指标,以经济产出和环境影响为产出指标,基于 DEA 方法测算了 2000—2012 年中国各省市工业水资源效率。部分文献选择改进后的非径向 DEA 模型,如 SBM 模型(赵良仕，2014），丁绪辉等（2018）以资本、劳动力以及用水量作为投入指标，以 GDP 与废水排放总量作为期望与非期望产出，运用 SBM 模型测算了 2003—2015 年中国各省市水资源效率，并采用 Tobit 模型探究了水资源效率影响因素。虽然 SBM 模型能够避免传统 DEA 模型可能高估评价决策单元效率的缺陷，但仍然不能处理投入和产出变量同时具有径向和非径向特征的情况。Tone 和 Tsutsui（2010）提出了一种同时考虑径向与非径向两类特征的 EBM 模型，在一定程度上弥补了传统 DEA 模型和 SBM 模型的缺陷（汪峰，2017）。除了 DEA 模型之外，有学者运用随机前沿方法（SFA）测算水资源效率，陈关聚和白永秀（2013）运用 SFA 测算了 2003—2010 年中国各省市工业全要素水资源效率，研究发现我国工业水资源效率在区域分布上呈现从东部向西部逐渐下降的格局；孙爱军和方先明（2010）运用 SFA 测算了 2002—2007 我国各省市用水技术效率，并通过建立虑水资源因子的生产函数模型，测算了各省市的全要素生产率。两种方法相比较，前者对无效率项和随机误差进行了有效分离，而后者忽略了随机误差对个体的影响（马大来等，2017），因此 DEA 方法仍然是当前测算工业水资源效率的主要方法。

关于对水资源效率区域差异的分析，大部分研究发现我国水资源效率区域差异明显，东部高于中西部地区（董战峰等，2012；钱文婧和贺灿飞，2011），采用的方法以定性比较和描述性统计分析为主。部分学者将收敛理论应用于水资源效率的研究，孙才志等（2018）对 2000—2014 年全国及东、中、西部地区水资源绿色效率的收敛性进行了实证分析，研究发现全国及东、中、西部地区均存在显著的绝对 β 收敛和条件 β 收敛，表明全国及各地区水资源绿色效率差异会随着时间的推移收敛到各自的稳定状态。张峰等（2018）对中国省域工业水资源效率的收敛性进行了研究，发现东部与中部地区内各省份工业水资源效率差异正在逐步缩小，而西部地区收敛趋势并不明显。上述文献对我国水资源效率的地区差异及其分布动态演变进行了有益探索，取得了一定价值的研究成果，但可能存在以下不足：第一,在衡量水资源效率区域差异时,采用差异指标进行定量分析较为少见。第二,由于传统收敛模型没有考虑空间因素的影响,无法充分揭示水资源效率分布的动态演变过程,而核密度估计是当前研究分布动态演进的常用方法,该方法克服了传统收敛模型的弊端,能够对研究对象的动态分布演进特征进行较为清晰的刻画和分析(李占风和张建,2018)。第三,当前文献对水资源效率的研究主要从全国层面进行了探讨,尚缺乏对长江经济带及上游、中游、下游的专门研究。汪克亮等(2017)采用描述性统计分析了长江经济带绿色水资源效率空间分布特征,但对分布演变规律未能进行深入刻画。

综上所述,本篇的可能贡献在于:首先,采用 EBM 模型测度样本期内长江经济带工业水资源效率,克服了传统 DEA 与 SBM 模型的若干局限。其次,采取对数离差均值、泰尔指数、基尼系数差异指标对长江经济带工业水资源效率区域差异程度与来源进行了定量分析。另外,采取核密度估计方法分别就长江经济带总体及上游、中游、下游地区工业水资源效率分布动态进行分析,从而实现对长江经济带工业水资源效率时空演变规律的综合考察。

二、方法与数据

1. 研究方法

(1) EBM 超效率模型

首先,建立 EBM 模型:

假设有 $K(k=1, 2, \cdots, K)$ 个决策单元,每个决策单元有 $N(n=1, 2, \cdots, N)$ 种投入,$M(m=1, 2\cdots, M)$ 种期望产出,$J(j=1, 2\cdots, J)$ 种非期望产出,投入和期望产出矩阵分别表示为 $X = \{x_{nk}\} \in R^{N \times K}$,$Y = \{y_{mk}\} \in R^{M \times K}$ 且 $X > 0$,$Y > 0$,非期望产出矩阵为:

$$B = \{b_{jk}\} \in R^{J \times K}$$

$$\delta^* = \min(\theta - \varepsilon \sum_{n=1}^{N} \frac{\omega_n^- s_n^-}{x_{n0}})$$

$$\text{s.t.} \quad \sum_{k=1}^{K} \lambda_k x_{nk} + s_n^- = \theta x_{n0} (n = 1, 2, \cdots, N)$$

$$\sum_{k=1}^{K} \lambda_k y_{mk} \geq y_{m0} (m = 1, 2, \cdots, M) \quad (4.1)$$

$$\sum_{k=1}^{K} \lambda_k b_{jk} = b_{j0} (j = 1, 2, \cdots, J)$$

$$\lambda_k \geq 0, s_n^- \geq 0, \sum_{1}^{K} \lambda_k = 1$$

在式(1)中，δ^*为考虑非期望产出的经济效益，λ为权重向量，下标0表示被评价决策单元，θ是径向模型计算的效率值，s_n^-表示投入要素的非径向松弛变量，ε是结合径向θ和非径向松弛的关键参数，ω_n^-表示第n个投入的权重。一般情况下，δ^*在0到1之间取值，δ^*越接近1，表示效率越高。

接着，在EBM模型基础上建立超效率模型：

$$\text{s.t.} \begin{cases} \min \theta \\ \sum_{k=1, k \neq q}^{k} X_k \lambda_k \leq \theta X_q \\ \sum_{k=1, k \neq q}^{k} Y_k \lambda_k \leq \theta Y_q \\ \lambda_k \geq 0, \sum_{1}^{K} \lambda_k = 1, k = 1, 2, \cdots, K \end{cases} \quad (4.2)$$

(2)核密度估计方法

核密度估计方法在概率论中用来估计未知的密度函数，1962年由Parzen提出，属于一种非参数估计方法。和参数估计不同，非参数估计不加入任何先验信息，而是根据数据本身的特点、性质来拟合分布，这样能得到比参数方法更好的模型。核密度估计主要基于核函数对随机变量密度进行平滑估计得到随机变量的分布形态，对模型的依赖程度较低，测算结果比较稳健，是当前研究空间分部动态变化的常用方法。该方法假定随机变量 X 的密度函数为：

$$f_h(x) = \frac{1}{nh}\sum_{nh}^{n} K\left(\frac{x-X_i}{h}\right) \quad (4.3)$$

其中 $f(x)$ 定义为密度函数，h 为带宽，n 为观测值个数，x 为均值，X_i 为独立同分布的观测值，$K(\cdot)$ 定义为核函数，可以是任意的光滑函数。但是为了保证密度函数的合理性，既要求密度函数为非负的，也要求密度函数的积分为 1，这可以通过使用适当的核函数来保证。核函数需要满足以下条件：

$$\begin{cases} K(x) \geq 0; \\ \int_{-\infty}^{+\infty} K(x)dx = 1 \\ \int_{-\infty}^{+\infty} K^2(x)dx < +\infty \\ \sup K(x) < +\infty \\ \lim_{x \to +\infty} K(x) \cdot x = 0 \end{cases} \quad (4.4)$$

本篇采用常用的高斯核函数对长江经济带工业水资源效率的分布动态进行估计。核密度估计能够反映变量分布位置、形态和延展性等信息。就本篇而言，分布位置反映各省份工业水资源效率水平高低；分布形态用来分析工业水资源效率的空间差异大小和极化程度，其中波峰的高度和宽度反映差异大小，波峰数量反映极化程度；分布延展性用来刻画工业水资源效率水平最高的省份与其他省份的空间差异大小，如果拖尾越长，则差异越大。

2. 变量与数据

基于数据的可获得性，本篇选择的样本时间跨度为 2006—2015 年，样本地区为我国长江经济带九省二市。在变量选择上，本篇将工业用水量、工业从业人员平均数、工业全社会固定资产投资作为投入指标。产出指标分为两类，一类为期望产出指标，用工业增加值表示；另一类是非期望产出指标，包括工业化学需氧量和工业氨氮排放量。上述变量的数据来源于《中国统计年鉴》《中国工业统计年鉴》《中国环境统计年鉴》。

三、长江经济带工业水资源效率测度

1. 测度结果

基于非期望产出的 EBM 超效率模型，利用 MaxDEA Ultra 7.0 软件测算出我国长江经济带各省份工业水资源效率值，如表 4.1 所示。

表 4.1　　2006—2015 年长江经济带各省份工业水资源效率值

年份	2006	2007	2008	2009	2010	2011	2012	2013	2014	2015
上海	1.2504	1.2283	1.2474	1.1753	1.4114	2.7614	2.996	3.3307	3.8623	3.6634
江苏	1.1199	1.0734	1.078	1.0703	1.0607	1.0603	1.0635	1.0674	1.0672	1.0686
浙江	1.0918	1.0983	1.0909	1.0938	1.0824	1.0684	1.0515	1.0469	1.0421	1.0729
安徽	0.7153	0.5908	0.5986	0.6126	0.6126	0.6682	0.7027	0.728	0.7127	0.7013
江西	0.6493	0.6908	0.64	0.6814	0.6783	0.6774	0.6915	0.7223	0.6696	0.6415
湖北	0.7796	0.6472	0.6505	0.661	1.0025	1.0165	1.0133	0.7393	0.7136	1.0039
湖南	1.141	0.6336	0.6611	1.0044	1.0028	0.8056	0.8763	0.7668	1.0011	1.0032
重庆	0.6816	0.7923	0.7722	0.7974	1.0006	1.057	1.0915	1.0283	1.0283	1.0527
四川	0.6306	0.68	0.7317	1.0052	1.0171	1.0159	1.0306	1.0458	1.0467	1.0187
贵州	1.1016	2.4663	2.8107	2.8181	4.7411	1.2788	1.2399	1.3518	1.2711	1.28
云南	1.5679	1.134	1.1588	1.1549	1.1227	1.0981	1.0983	1.0536	1.0596	1.0556
总体	0.9754	1.0032	1.04	1.0977	1.3393	1.1371	1.1686	1.171	1.2249	1.2329

2. 测度结果分析

依据上文测算出的长江经济带各省份工业绿色水资源效率值，按地理位置将长江经济带划分为上游、中游和下游三个区域①,可得到各区域工业水资源效率统计特征值,具体结果如表4.2所示。

表4.2　　2006—2015年长江经济带工业水资源效率统计特征

地区	平均数	中位数	标准差	最小值	最大值
总体	1.139	1.1529	0.1072	0.9754	1.3393
中游	0.7955	0.814	0.0836	0.6505	0.8945
下游	1.2759	1.217	0.2716	0.988	1.6711

从时间演进看,2006—2010年长江经济带工业水资源效率逐年上升,2010年达到顶峰,之后的2011年出现下降,随后又呈现上升趋势。考虑到2010年是"十一五"规划的收官之年,各地区需要完成节约型社会建设的目标考核要求,同时也得益于国家对水资源保护、开发、利用的政策措施以及新技术的广泛应用,因此2010年工业水资源效率出现较大幅度的上升。

从空间格局看,2006—2015年长江经济带工业水资源效率均值达1.1390,处于较高水平,但存在明显的区域差异。下游和上游地区的工业水资源效率高于长江经济带总体水平,中游地区低于总体水平。下游、上游、中游工业水资源效率依次递减,下游和上游的差距不大。下游工业水资源效率为1.2759,是上游(1.2597)的1.0129倍,中游(0.7955)的1.6039倍。这说明工业水资源效率与地区经济发展水平和生态环境密切相关。由于下游地区经济发展程度和科技水平较高,节水治污技术应用较广,高新技术产业和先进制造业占工业的比重较大,因此工业水资源效率较高;上游地区虽然经济发展程度和技术水平不如中、下游地区,但是污染排放较少,在考虑非期望产出情形下,工业水资源效率也较中游高。

---

① 上游地区包括重庆、四川、贵州、云南;中游地区包括江西、湖北、湖南;下游地区包括上海、浙江、江苏、安徽。

四、中国工业水资源效率的区域差异分析

1. 省际差异分析

本篇采用基尼系数、对数离差均值和泰尔指数三个差异指标来度量长江经济带工业水资源效率的区域差异。根据上文测算的各省份工业水资源效率值，分别计算基尼系数、对数离差均值和泰尔指数三个差异指标，计算结果如表4.3所示。在样本期内，基尼系数的最大值为0.2982，最小值为0.1627，平均值为0.2334；对数离差均值的最大值为0.1345，最小值为0.0439，平均值为0.1042；泰尔指数的最大值为0.2239，最小值为0.0434，平均值为0.1257。表明长江经济带各省份工业水资源效率存在明显的区域差异。

表4.3 2006—2015年长江经济带工业水资源效率差异指标的变化情况

年份	Gini	GE_0	GE_1	Gini 增长率(%)	GE_0 增长率(%)	GE_1 增长率(%)
2006	0.1627	0.0439	0.0434	—	—	—
2007	0.2379	0.0948	0.1071	0.462	1.1582	1.4663
2008	0.2578	0.1129	0.1315	0.0839	0.1911	0.228
2009	0.2283	0.0937	0.1089	−0.1143	−0.1701	−0.1716
2010	0.2982	0.174	0.2239	0.3058	0.8578	1.0556
2011	0.202	0.0776	0.0905	−0.3224	−0.5538	−0.5957
2012	0.2055	0.0836	0.1006	0.0170	0.0764	0.1114
2013	0.2416	0.1096	0.1348	0.1757	0.3119	0.3402
2014	0.2617	0.1345	0.1700	0.0834	0.2264	0.2609
2015	0.2386	0.1171	0.1462	−0.0882	−0.1288	−0.1399

进一步分析三个差异指标的变化情况,发现样本期内三个指标变化趋势基本一致,如图4.1所示。在样本期内,2006—2008年,三个差异指标均呈现上升趋势,2009年有所下降,但在2010年均出现了较大上升,并达到最大值,在2011年下降后,2012年即企稳上升。长江经济带工业水资源效率在2010年区域差异最大,而也正是在这一年工业水资源效率达到最高。另外,三个差异指标变化方向完全相同。2009年、2011年、2015年三个差异指标增长率均为负值,其他年份均为正值。但是,三个差异指标的变化幅度不尽相同,在大部分年份中,泰尔指数的变化幅度较大,而对数离差均值和基尼系数的变化较小,如在2010年,对数离差均值和基尼系数相对于2009年分别上升了85.78%和30.58%,而泰尔指数则相对于2009年上升了105.56%,这说明在2010年,工业水资源效率位于上层水平的省份变化幅度最大,然后是位于下层水平的省份,位于中间水平的省份变化幅度最小。

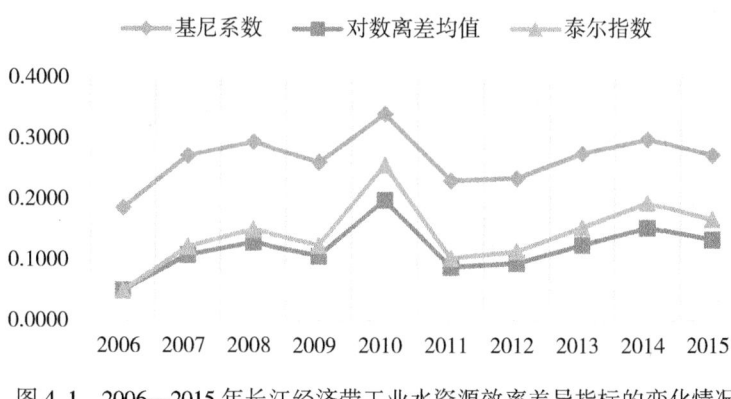

图4.1 2006—2015年长江经济带工业水资源效率差异指标的变化情况

2. 区域间差异分析

进一步基于对数离差均值和泰尔指数分解,分析三大区域间的工业水资源效率差异,测算结果如表4.4、表4.5所示。

表 4.4　2006—2015 年基于对数离差均值分解的三大区域工业水资源效率差异

年份	上游省份	中游省份	下游省份	区域间差异	区域内差异	总差异	区域间差异占比
2006	0.0699	0.0282	0.021	0.0031	0.1595	0.1627	0.0193
2007	0.1351	0.0007	0.0367	0.0706	0.1673	0.2379	0.2966
2008	0.1611	0.0001	0.0362	0.0837	0.1741	0.2578	0.3248
2009	0.1276	0.0188	0.0307	0.0618	0.1666	0.2283	0.2705
2010	0.2558	0.0162	0.0428	0.0977	0.2004	0.2982	0.3277
2011	0.0039	0.0139	0.1447	0.0481	0.1539	0.202	0.2381
2012	0.0023	0.0122	0.1599	0.0491	0.1563	0.2055	0.2391
2013	0.0066	0.0003	0.1847	0.0814	0.1602	0.2416	0.3368
2014	0.0038	0.0161	0.2338	0.083	0.1787	0.2617	0.3172
2015	0.0042	0.021	0.2164	0.0616	0.1771	0.2386	0.258
均值	0.0770	0.0128	0.1107	0.064	0.1694	0.2334	0.2628

表 4.5　2006—2015 年基于泰尔指数分解的三大区域工业水资源效率差异

年份	上游省份	中游省份	下游省份	区域间差异	区域内差异	总差异	区域间差异占比
2006	0.0698	0.0287	0.0194	0.0031	0.0403	0.0434	0.0708
2007	0.1414	0.0007	0.0325	0.0302	0.0769	0.1071	0.2819
2008	0.1701	0.0001	0.0323	0.0388	0.0927	0.1315	0.295
2009	0.1366	0.0194	0.0274	0.0308	0.0781	0.1089	0.2832
2010	0.2767	0.0153	0.0393	0.062	0.1619	0.2239	0.2768
2011	0.004	0.014	0.151	0.0192	0.0713	0.0905	0.2121
2012	0.0023	0.0119	0.1693	0.0209	0.0797	0.1006	0.2073
2013	0.0069	0.0003	0.1969	0.038	0.0968	0.1348	0.282
2014	0.0039	0.0165	0.248	0.0428	0.1272	0.17	0.2516
2015	0.0043	0.0197	0.2289	0.0312	0.115	0.1462	0.2132

由表 4.4 和表 4.5 可知,在样本期内,上游、中游、下游三个区域的对数离差均值的平均值分别为 0.0770、0.0128 和 0.1107(见图 4.2),三个区域的泰尔指数的平均值分别为 0.0816、0.0127 和 0.1145(见图 4.3),从整体上来看,工业水资源效率差异最大的是下游区域,其次是上游区域,中游区域的差异最小。另外从变化趋势来看,中游和下游的变化趋势较为相似,都是在 2010 年达到最大值后小幅下降趋于稳定,总体略有上升;而上游则在 2010 年达到最大值之后出现了较大幅度下降。

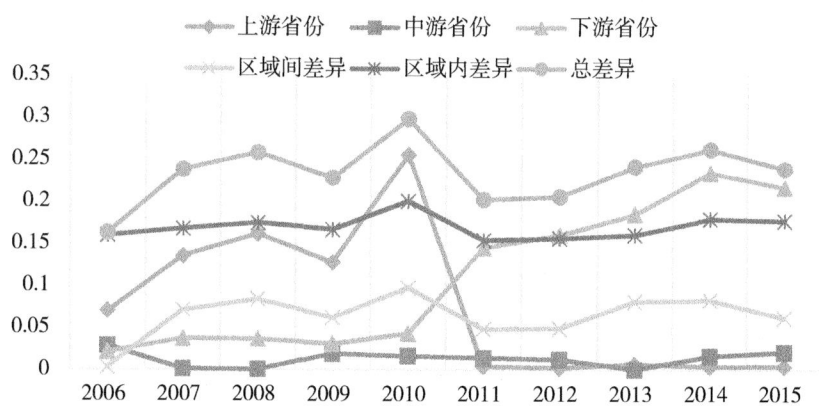

图 4.2 基于对数离差均值的三大区域工业水资源效率差异分解

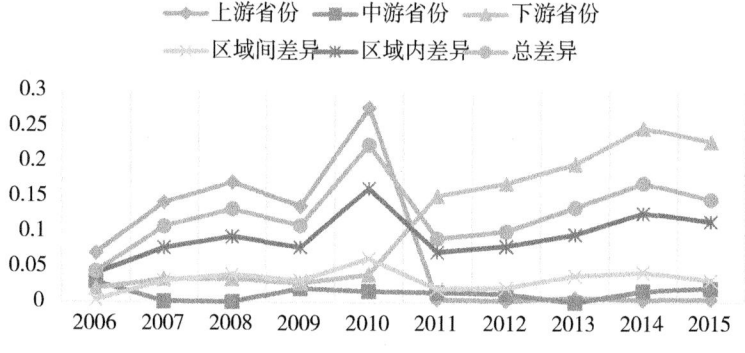

图 4.3 基于泰尔指数的三大区域工业水资源效率差异分解

对于上游、中游、下游三大区域间的工业水资源效率差异，2006—2015年对数离差均值的平均值为0.0317，占总差异的比例为26.28%；泰尔指数的均值为0.0317，占总差异的比例为23.74%。分时段看，2006—2010年，三大区域间的工业水资源效率差异的对数离差均值的平均值为0.0634，占总差异的比例为26.74%，泰尔指数平均值为0.0330，占总差异的比例为26.82%；2011—2015年，三大区域的工业水资源效率差异的对数离差均值的平均值为0.0646，占总差异的比例为28.12%，泰尔指数的平均值为0.0304，占总差异的比例为23.69%。基于此，我们可以得到如下结论：

第一，从总体上看，上游、中游和下游地区的工业水资源效率差异有着明显的阶段性特征。在2006—2010年，无论是基于对数离差均值还是泰尔指数，上游地区的工业水资源效率差异较大，而下游地区的则较小；但在2011—2015年则正好相反，上游地区的工业水资源效率差异较大幅度下降，而下游地区差异较大幅度上升。中游地区的工业水资源效率差异相对波动较小。

第二，从区域间差异和区域内差异占总差异的比重来看，上游、中游和下游三大区域工业水资源效率的区域间差异均占比较小。基于对数离差均值分解的工业水资源效率区域间差异在2008年、2010年、2013年和2014年四年占总差异的比重稍高于30%，其他年份区域间差异占总差异的比重均低于30%，而基于泰尔指数分解的工业水资源效率区域间差异占总差异的比重均低于30%，这表明上游、中游和下游的区域内差异对总差异的贡献度一直占据主体地位。

五、长江经济带工业水资源效率的分布动态演进

为了更加直观地描述长江经济带工业水资源效率的分布特征及动态演

进过程，本篇采用高斯核密度估计方法来分析工业水资源效率的密度分布形态，并从时间维度研究其分布的动态演变。选取 2006 年、2009 年、2012 年和 2015 年为样本观察期。长江经济带及上游、中游、下游地区的核密度曲线二维图如图 4.4 所示。

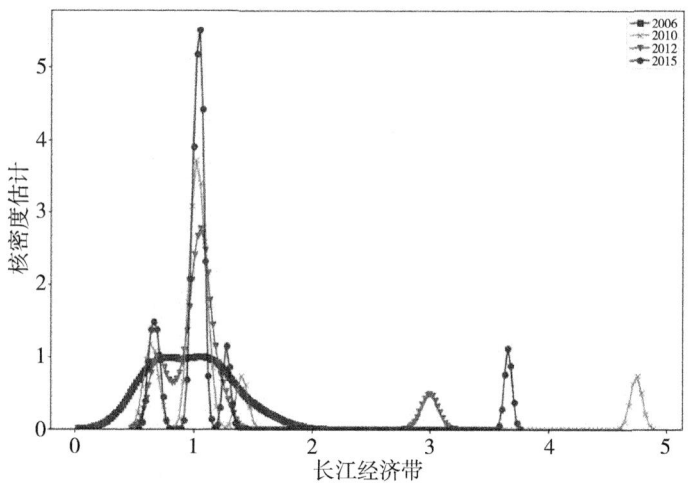

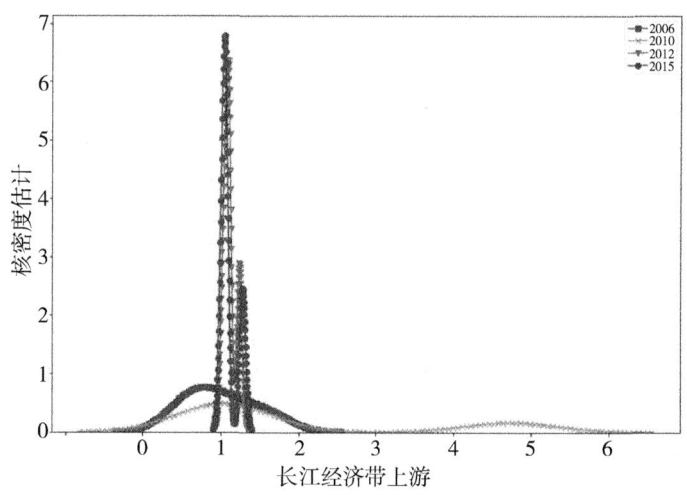

141

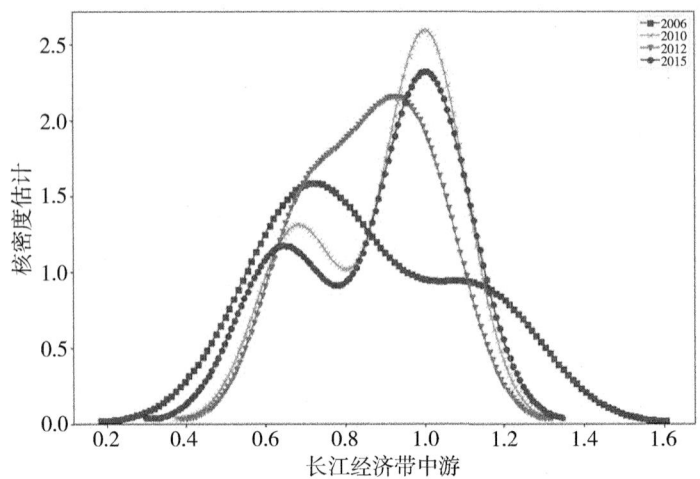

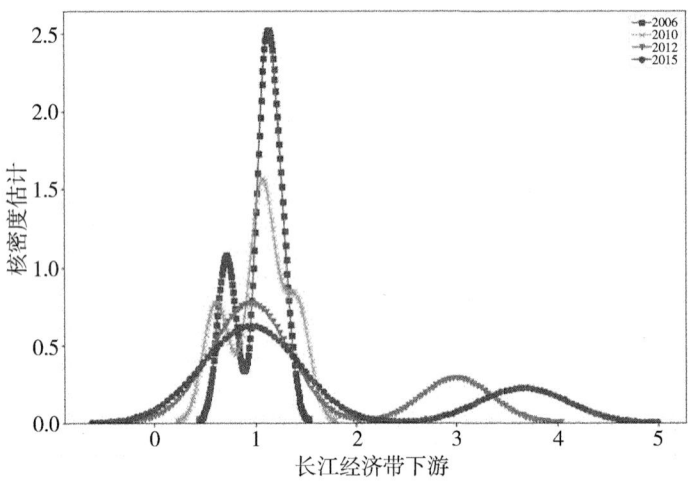

图 4.4　长江经济带及三大区域的核密度曲线二维图

从图 4.4 可以看出，2006 年长江经济带核密度曲线呈现渐近无偏的单峰分布，2010 年、2012 年、2015 年均呈现偏右的多峰分布。这意味着长江经济带工业水资源效率具有一定的梯度效应，并呈现多极化趋势，表现出一种"俱乐部趋同"的特征。随着时间的推移，一些省份的工业水资源效率向较高水平集中，一些省份的工业水资源效率并没有得到明显提高。从核密度估计的延展性看，长江经济带工业水资源效率的绝对差距呈先增大后减小的趋势。长江经济带峰值所在位置逐年右移，表明长江经济带工业水资源效率总体呈现上升趋势。

长江经济带上游地区在2006年呈现偏右的单峰分布，2010年、2012年和2015年呈现偏右的双峰分布态势，而且侧峰整体上呈现上升趋势，说明工业水资源效率的两级分化趋势越来越严重，一些省份的工业水资源效率随着时间的推移向较高水平发展，一些省份的工业水资源效率逐渐向较低水平靠拢，存在着"俱乐部趋同"的效应。主峰的宽度先增加后减小，高度先下降后上升，表明工业水资源效率的绝对差异存在先增大后减小的趋势。另外，主峰所在的位置向右移动的，表明长江经济带上游的工业水资源效率总体呈现上升趋势。

长江经济带中游地区在2006年呈现偏右的单峰分布，在2010年、2012年以及2015年均存在左偏分布，且逐渐出现双峰分布态势。表明随着时间的推移，长江经济带中游的工业水资源呈现两级分化特征。核密度分布的主峰峰值呈现向右移动的趋势，表明长江经济带中游工业水资源效率总体呈上升趋势。

长江经济带下游地区工业水资源效率在2006年和2010年均呈现偏左的双峰分布，在2012年和2015年演变为偏右的双峰分布，且主峰峰值与侧峰峰值差距越来越大。表明随着时间的推移，一些省份的工业水资源效率提高较快，"俱乐部趋同效应"越来越明显。一些省份的工业水资源效率呈现上升趋势，而另一些省份的工业水资源效率却呈现下降趋势，出现"强者恒强，弱者恒弱"的现象。长江经济带下游的工业水资源效率分布的主峰峰值在向左移动，表明长江经济带下游工业水资源效率总体呈现下降趋势。而且随着时间的推移，核密度估计的主峰宽度呈现增大趋势，高度呈现下降趋势，表明长江经济带下游工业水资源效率的绝对差异不断增大。

综上所述，长江经济带和中游、下游地区的工业水资源效率均呈现上升趋势，但下游地区的工业水资源效率呈现下降趋势。从延展性上来看，长江经济带以及上游地区的工业水资源效率绝对差异均存在先增大后减小的趋势，长江经济带中游工业水资源效率绝对差异在减小，而长江经济带下游的工业水资源效率的绝对差异在增大。从峰值个数看，长江经济带及三大区域均存在不同程度的两极分化趋势甚至是多级分化趋势，"俱乐部趋同效应"明显。

六、研究结论

本篇基于2006—2015年长江经济带各省份的面板数据，建立考虑非期望产出的EBM超效率模型，测算我国长江经济带各省份工业水资源效率，并在此基础上通过泰尔指数、基尼系数、对数离差均值和核密度估计进行区域差异和发布动态演进分析，研究结果表明：

第一，长江经济带工业水资源效率在样本期内总体呈现上升趋势。工业水资源效率在2010年上升至最高点，2011年下降后，但在2012年企稳后稳步上升。

第二，长江经济带工业水资源效率区域差异明显，下游、上游、中游地区依次递减，区域内差异对总差异的贡献度占据主体地位。2006—2015年长江经济带及上游地区差异呈现出先上升后下降趋势，在2010年达到最大；下游地区差异总体呈现出逐年上升的趋势；中游地区差异变化相对波动较小。

第三，长江经济带工业水资源效率的核密度曲线表现出峰值不断上升且向右移动的趋势，呈现出由宽峰形态向尖峰形态演变的特征，表明工业水资源效率在不断提高的同时，表现出"俱乐部趋同"特征。上、中、下游地区也普遍存在两极甚至多极分化趋势，不协调问题比较突出。

空间统计模型在城市群发展中的应用研究

第五篇 中国城市群基础设施水平的区域差异与分布动态演进

引 言

基础设施作为国民经济各项事业发展的基础,对社会经济活动具有重要的推动作用(刘生龙和胡鞍钢,2010;陈银娥和孙琼,2016)。随着中国基础设施建设不断加快(钟学思,2018),基础设施平衡发展指数稳步上升,区域发展不平衡问题有所缓解(许宪春等,2019)。改革开放以来,城市群的出现和发展是中国经济社会发展的一个重要成就(种照辉等,2018),未来城镇化的发展方向是以城市群为主体,构建不同规模城市的协调发展格局(张琦和熊曦,2020)。城市群竞争力的决定和影响因素主要包括基础设施建设水平,基础设施的发展水平不仅能够推动中国的经济发展(Donaldson,2018),缩小区域间经济差距,对于满足居民对公共服务的需求也有重要意义(张军等,2007)。

从当前文献看,国内诸多学者已对中国基础设施水平的空间分布特征、空间差异进行了多方面研究。多数文献的一般做法是先通过构建评价指标体系,然后采取层次分析法(徐晓敏,2008;刘成奎和王朝才,2011)、熵权法(李拓等,2016)、主成分分析法(张博文,2018)、因子分析法(唐娟莉,2016)等方法进行综合测度和评价,继而采用描述性统计方法,通过对比不同地区基础设施水平,分析中国基础设施水平的空间分布特征与空间差异。多数研究结果表明，随着时间推移，中国基础设施水平不断提升，但空间发展的不均衡性较为突出，总体表现为"东高西低"的梯度特征，各省域间的不均衡现象比较严重（杨光，2015）。陈银娥和孙琼（2016）基于30个省份的面板数据对我国基础设施发展水平进行测算和评价，选取了水资源和供排水、能源动力、道路交通、邮电通讯、生态环境五个一级指标，22个二级指标，采用熵权法对这些指标赋予权重，之后利用系统广义法分析影响基础设施发展水平的因素，将30个省份划分为东中西三个区域进行研究，结果表明我国基础设施发展水平总体不高但呈上升趋势，并且呈现出由东部向中西部递减的非均衡的特征。许秀娟（2018）利用突变级数法对基础设施水平进行评价，结果表明我国基础设施水平呈较好的发展态势，空间差异较为显著，但各地区间的总体差距呈现出逐渐缩小的趋势，地区内部发展不均衡，有明显的"短板效应"。部分文献在运用描述性统计方法对基础设施水平区域差异进行客观分析的基础上，引入空间计量模型以揭示其演化特征。刘秉镰和杨晨（2016）构建了城市基础设施与规模分布的模型，研究结果表明各地区城市规模分布之间存在空间相关性，此外交通和信息基础设施会加强城市之间的联系，促进城市体系网络化发展。尹向来和黄彩虹（2018）采用耦合协调度模型、地理探测器和空间自相关分析等方法，选取了基础设施和城市化两个一级指标，交通、邮电通讯、环保、供排水和能源五个二级基础设施指标，人口、社会、经济和空间四个二级城市化指标以及31个三级指标，研究结果表明，地级市基础设施与城市化水平总体上呈现较低水平，地市间差异显著，并且这种差异主要受经济、政策和交通的影响。唐晓灵和张青（2019）运用熵权法和Zipf等级规模法研究了陕西省城市基础设施空间配置合理性以及效率评价，结果表明陕西省10个地级市基础设施存在明显的空间分异特征，整体呈中向外围扩散的模式。曾福生等（2014）运用传统的α收敛、β收敛模型对农业基础设施投资效率的收敛性进行了研究。早期的文献大多忽略基础设施的空间溢出效应（Moreno et al.，2004；王任飞和王进杰，2007），可能会导致基础设施对经济增长的效应估计出现误差（Cohen and Paul，2004；

Cohen,2009)。张学良(2012)通过构建交通基础设施对区域经济增长的空间溢出模型,研究发现交通基础设施对区域经济增长有非常显著的空间溢出效应。李晓栋(2018)利用空间面板模型分析了交通基础设施对物流产业的空间溢出效应,研究发现相邻省份基础设施水平的提高会在一定程度上改善本省物流产业效率。

以上研究成果丰富,但可能还有进一步改进空间:第一,在研究视角上,以省域、城市为研究对象的文献较多,缺乏对城市群基础设施水平空间差异和空间演化的专门探讨。第二,在对基础设施水平评价方法的选择上,以层次分析法、熵权法以及因子分析、主成分分析等多元统计方法为主,这些传统的评价方法各有特点,但是也存在易受主观影响,或难以处理指标之间的非线性关系等问题。第三,描述性统计分析方法难以定量刻画基础设施水平的差异程度与来源,对基础设施水平的时空演变特征也缺乏深度分析。

相比于已有文献,本篇的可能贡献在于:第一,建立 BP 神经网络评价模型,测度十大城市群基础设施水平,可以有效减小确定指标权重的主观性以及缺乏动态性的弊端,也可以处理指标之间的非线性问题(王华等,2020)。第二,采用 Dagum 基尼系数进行子群分解,分析十大城市群基础设施建设的区域差异程度及其来源,量化区域内和区域间差异对总体差异的贡献率。第三,采用 kernal 密度估计的方法,刻画十大城市群基础设施建设的整体分布态势,通过对不同时期的比较分析,深入研究十大城市群基础设施建设分布延展性与极化现象的动态演进规律。第四,运用空间马尔科夫链分析十大城市群的基础设施建设的时空演变规律,描述在时间、空间滞后作用下城市群基础设施建设的动态转移特征,进而为城市群基础设施建设差异提供空间解释。

一、研究设计

1. 评价指标体系的构建

由于当前政府提供的基础设施种类繁多、形式多元化,因而对于城市基础设施水平大小的考量不能通过某单一化的指标来反映,需要构建评价指标体系并借助评价方法对其进行评估。为了科学地评估城市基础设施水平,本篇依据全面性、综合性、差异性、可比性以及可操作性的原则,构建城市群基础设施水平评价指标体系。在借鉴相关文献的基础上,选取了道路交通设施、水利设施、能源供应设施、邮电设施、生态环境设施 5 个一级指标,17 个二级指标构建基础设施水平评价指标体系,如表 5.1 所示。

表 5.1　　　　十大城市群基础设施水平评价指标体系

一级指标	二级指标(单位)	权重
道路交通设施	人均道路面积(m^2)	0.062
	路网密度(Km/Km^2)	0.052
	全年公共汽(电)车客运总量(万人次)	0.008
水利设施	供水管道密度(km/km^2)	0.082
	排水管道密度(km/km^2)	0.008
	年供水总量(万吨)	0.019
	用水普及率(%)	0.038
能源供应设施	年供气总量(万 m^3)	0.117
	年用电总量(亿 kwh)	0.042
	管道燃气普及率(%)	0.087
邮电设施	电话用户数(万户)	0.072
	互联网用户数(万户)	0.150
	年邮政业务收入(万元)	0.084
	年电信业务收入(万元)	0.073
生态环境设施	人均公园绿地面积(m^2)	0.031
	建成区绿化覆盖率(%)	0.059
	污水日处理能力(万 m^3)	0.017

2. 研究方法

(1) BP 神经网络和线性组合法

首先采用 BP 神经网络来确定评价指标权重。BP 神经网络具有较强的非线性映射能力、自学习和自适应能力、泛化能力以及容错能力(孙会君和王新华,2001;WANG J et al,2017)。BP 神经网络计算综合评价指数影响基础设施水平指标的结构包括输入层、隐含层、输出层以及各层之间的连接关系。输入层包括 D 个节点(对应训练样本的 D 个评价指标),其输入向量为 $x = [x_1, x_2, \cdots, x_i, \cdots, x_D]^T$;隐含层包括 M 个节点,其输出向量为 $h = [h_1, h_2, \cdots, h_j, \cdots, h_M]^T$;输出层只包括一个节点 y,第 l 个样本特征输入对应的期望输出为 y_l。输入层到隐含层之间的连接权(表示输入特征对于各隐含节点的影响程度)用矩阵 W 表示,$W = (w_{ij})_{D \times M}$,其中元素 w_{ij} 表示输入层第 i 个节点与隐含层第 j 个节点间的连接权;隐含层到输出层之间的连接权向量 $V = [v_1, v_2, \cdots, v_i, \cdots, v_M]$,其中 v_j 表示输出层与隐含层第 j 个节点间的连接权。

为消除各指标间的不同量纲,用式(5.1)进行无量纲化处理,得到无量纲化矩阵 X,$X = (x_{ij})_{n \times m}$,

$$x_{ij} = \frac{x'_{ij} - \min\limits_{i=1}^{n} x'_{ij}}{\max\limits_{i=1}^{n} x'_{ij} - \min\limits_{i=1}^{n} x'_{ij}}, \quad i = 1, 2, \cdots, n; j = 1, 2, \cdots, m \quad (5.1)$$

建立神经网络学习算法的目的是确定评价指标的权重,而通过 BP 神经网络训练得到的是神经元之间的关系参数,要想得到输入因素对输出因素的决策权重,还需要对各神经元之间的权重加以分析处理,因此借用以下公式来描述输入因素和输出因素之间的关系。

① 相关显著性系数:

$$\begin{cases} r_i = \sum\limits_{j=1}^{M} w_{ij}(1 - e^{-x})/(1 + e^{-x}) \\ x = v_j \end{cases} \quad (5.2)$$

②相关指数：

$$R_i = |(1 - e^{r_i})/(1 + e^{r_i})| \quad (5.3)$$

③绝对影响系数：

$$S_i = R_i / \sum_{i=1}^{D} R_i \quad (5.4)$$

由于本算法输出层只有一个节点，所以只考虑输入层神经元 x_i 对输出层节点的影响即可，r_i 表示输入层单元 i 与输出层节点 y 的相关显著性系数；R_i 为输入层单元 i 与输出层节点 y 的相关指数，绝对影响系数 S_i 就是我们所要求的权重。

线性组合法是利用权重信息构造一个合成单一指数的测算公式。两种方法的利用经过无量纲化处理的数据，采用线性组合法求出每个城市群每年基础设施水平测度的结果，如式(5.5)所示，其中 n 为每个城市群包含的城市个数，m 为指标个数。

$$P = \frac{1}{n} \sum_{j=1}^{n} \sum_{i=1}^{m} x_{ji} s_i \quad (5.5)$$

（2）Dagum 基尼系数及其分解方法

Dagum(1997)提出了基尼系数的一种新的解释，将总体的基尼系数分解为区域内差异、区域间净值差异和超变密度。Dagum 提出的这种基尼系数的算法克服了传统基尼系数以及泰尔指数的缺点，能够更好地考虑各个样本的区域差异，以及各个区域差异的来源问题。

根据 Dagum 提出的基尼系数及其按子群分解的方法，其定义如式(5.7)所示。其中，$y_{ji}(y_{hr})$ 是 $j(h)$ 城市群内任意一个城市的基础设施水平测度，$\overline{y}$ 是十大城市群总体城市的基础设施水平测度的均值，n 是城市个数，k 是城市群个数，$n_j(n_h)$ 是 $j(h)$ 城市群内城市的个数。

$$G = G_w + G_{nb} + G_t \quad (5.6)$$

$$G = \frac{\sum_{j=1}^{k} \sum_{h=1}^{k} \sum_{i=1}^{n_j} \sum_{r=1}^{n_h} |y_{ji} - y_{hr}|}{2n^2 \overline{y}} \quad (5.7)$$

$$\overline{Y_h} \leq \cdots \leq \overline{Y_j} \leq \cdots \leq \overline{Y_k} \quad (5.8)$$

在进行基尼分解时，首先根据各个城市群内基础设施水平测度对城市群进行排序，如式(5.8)所示。其中，式(5.9)表示 j 城市群区域内基尼系数 G_{jj}，式(5.10)表示各个城市群区域内差异的贡献 G_w；式(5.11)表示 j、h 城市群区域间基尼系数 G_{jh}，式(5.12)表示城市群区域间差异的贡献 G_{nb}；式(5.13)表示超变密度的贡献 G_t。式(5.11)中，$p_j = n_j/n$，$s_j = n_j \overline{Y_j}/n\overline{Y}$，$D_{jh}$ 为城市 j、h 群间基础设施水平测度的相对影响，其定义如式(5.14)所示，其中 d_{jh}、p_{jh} 的计算公式分别如式(5.15)、式(5.16)所示。j、h 城市群的累积密度分布函数分别是 F_j、F_h。d_{jp} 为 j、h 城市群中所有 $y_{ji} - y_{hr} > 0$ 的样本值加总的数学期望，表示城市群间基础设施水平测度的差值，p_{jh} 为 j、h 城市群中所有 $y_{hr} - y_{ji} > 0$ 样本值加总的数学期望，表示超变一阶矩。

$$G_{jj} = \frac{\frac{1}{2\overline{Y}} \sum_{i=1}^{n_j} \sum_{r=1}^{n_j} |y_{ji} - y_{jr}|}{n_j^2} \tag{5.9}$$

$$G_w = \sum_{j=1}^{k} G_{jj} p_j s_j \tag{5.10}$$

$$G_{jh} = \sum_{i=1}^{n_j} \sum_{r=1}^{n_h} |y_{ji} - y_{hr}|/n_j n_h (\overline{Y_j} + \overline{Y_h}) \tag{5.11}$$

$$G_{nb} = \sum_{j=2}^{k} \sum_{h=1}^{j-1} G_{jh}(p_j s_h + p_h s_j) D_{jh} \tag{5.12}$$

$$G_t = \sum_{j=2}^{k} \sum_{h=1}^{j-1} G_{jh}(p_j s_h + p_h s_j)(1 - D_{jh}) \tag{5.13}$$

$$D_{jh} = \frac{d_{jh} - p_{jh}}{d_{jh} + p_{jh}} \tag{5.14}$$

$$d_{jh} = \int_0^{\infty} dF_j(y) \int_0^{y} (y - x) dF_h(x) \tag{5.15}$$

$$p_{jh} = \int_0^{\infty} dF_h(y) \int_0^{y} (y - x) dF_j(y) \tag{5.16}$$

(3) Kernel 密度估计

核密度估计法(Kernel Density Estimation)是当下一种十分流行的非参数

估计方法，它比较稳健，不太依赖于模型本身，因而对于研究不均衡分布而言非常重要。该方法运用连续的密度曲线描述随机变量的分布形态来对随机变量的概率密度进行估计。假设随机变量 X 的密度函数为 $f(X)$，在点 X 处的概率密度由式（5.17）进行估计。式（5.17）中，N 是观测值的个数，$K(\cdot)$ 是核函数，X_i 为独立同分布的观测值，$\bar{X}$ 为均值；h 为带宽，带宽越小，估计的密度函数曲线越不光滑，估计精度越高，应尽可能选择较小的带宽。本篇选择高斯核对城市群基础设施水平测度的分布动态演变进行估计，如式（5.18）所示。通过对核密度估计曲线图进行比较分析，可以得到变量分布的位置、形态和延展性三个方面的信息。

$$f(x) = \frac{1}{Nh}\sum_{i=1}^{N} K\left(\frac{x_i - x}{h}\right) \tag{5.17}$$

$$K(x) = \frac{1}{\sqrt{2\pi}}\exp\left(-\frac{x^2}{2}\right) \tag{5.18}$$

（4）空间 Markov 链分析

Markov 链通过构建马尔科夫转移概率矩阵，研究各城市群在不同的基础设施建设情况分布的动态演进特征。Markov 链是一个随机过程，即 $\{X_t, x \in T\}$，它的取值是一个有限的集合 M，所包含元素为随机过程的状态，因此集合 M 也称为状态空间，指数集合 T 对应各个时期。令随机变量 $X_t = j$，即在时期的系统状态为 j，该系统的马尔科夫性满足式（5.19）。由此可以看出 Markov 链是一类特殊的随机过程，其动态行为的特征是状态 X_t 的条件分布仅依赖于状态 X_{t-1}。假设 P_{ij} 为某一地区基础设施水平测度从 t 年的 i 类型转移到 $t+1$ 年的 j 类型的转移概率，可以利用极大似然估计法，求得 $p_{ij} = n_{ij}/n_i$。其中，n_{ij} 是指在样本考察期内由 t 年属于 i 类型转移到 $t+1$ 年属于 j 类型的城市数量，n_i 是指在样本考察期内属于 i 类型的城市数量。

$$P\{X_t = j | X_{t-1} = i_{t-1}, X_{t-2} = i_{t-2}, \cdots, X_{t-0} = i_{t-0}\} = P\{X_n = j | X_{n-1} = i\} = P_{ij} \tag{5.19}$$

为了通过 Markov 链的转移概率矩阵来研究城市群基础设施水平分布

的动态演进过程,需要构造转移概率矩阵,因而需要根据基础设施水平测度数值的大小,将基础设施建设程度分为 N 种类型,从而构造出转移概率矩阵 $N×N$。对于空间 Markov 链而言,它引入了空间滞后的概念来揭示空间效应对区域基础设施水平情况的差异演变的影响,通过将原始的 $N×N$ 转移概率矩阵转化为 $N×N×N$ 的转移概率矩阵,其中 P_{ij} 代表在某区域 t 年空间滞后类型为 N_i 的情况下,从 t 年的 i 类型转移到 $t+1$ 年的 j 类型的概率。其中的空间滞后值是城市周边区域基础设施水平情况的空间加权,本篇利用公共边界原则来确定空间权重矩阵,即城市相邻为 1,否则为 0。

3. 研究对象与数据来源

(1) 研究对象

本篇的研究对象为长三角、京津冀、珠三角、中原、长江中游、成渝、关中平原、呼包鄂榆、兰西和哈长十大城市群。各城市群的区域范围主要参考《长江三角洲城市群发展规划(2015—2030)》《京津冀都市圈区域规划》《珠江三角洲地区改革发展规划纲要(2008—2020 年)》《中原城市群总体发展规划纲要》《长江中游城市群发展规划》《成渝城市群发展规划》《关中平原城市群发展规划》《呼包鄂榆城市群发展规划》《兰西城市群发展规划》和《哈长城市群发展规划》等文件。

(2) 数据来源

数据来源于《中国城市统计年鉴》《中国城市建设统计年鉴》以及部分市的统计年鉴。

二、典型事实

利用 BP 神经网络和线性组合法测算十大城市群基础设施水平,结果如表 5.2 所示。

表 5.2　　　　　样本期十大城市群基础设施水平测度结果

年份	长三角	京津冀	珠三角	中原	长江中游	成渝	关中平原	呼包鄂榆	兰西	哈长	均值
2008	0.231	0.220	0.234	0.159	0.186	0.159	0.170	0.152	0.143	0.178	0.183
2009	0.232	0.229	0.247	0.168	0.197	0.168	0.173	0.172	0.149	0.178	0.191
2010	0.246	0.242	0.258	0.174	0.199	0.178	0.180	0.175	0.156	0.185	0.199
2011	0.241	0.243	0.250	0.181	0.206	0.185	0.177	0.186	0.164	0.192	0.203
2012	0.248	0.247	0.268	0.185	0.208	0.187	0.184	0.196	0.169	0.197	0.209
2013	0.254	0.250	0.282	0.192	0.211	0.192	0.188	0.202	0.181	0.203	0.216
2014	0.259	0.246	0.288	0.197	0.213	0.194	0.188	0.222	0.188	0.208	0.220
2015	0.262	0.255	0.282	0.199	0.215	0.204	0.190	0.221	0.188	0.208	0.222
2016	0.268	0.259	0.286	0.205	0.220	0.211	0.189	0.212	0.190	0.211	0.225
2017	0.273	0.262	0.288	0.216	0.223	0.215	0.197	0.223	0.201	0.214	0.231

由表 5.2 可以看出，珠三角城市群的基础设施水平测度每年都高于十大城市群的基础设施水平测度的总体均值，而中原、长江中游、成渝、关中平原、呼包鄂榆、兰西以及哈长七大城市群的基础设施水平测度每年都低于十大城市群的基础设施水平测度的总体均值，长三角、京津冀城市群自 2010 年起，基础设施水平测度每年都高于十大城市群的基础设施水平测度的总体均值，表明在十大城市群中，珠三角、长三角、京津冀三大城市群的基础设施水平较完善，其他城市群的基础设施水平有待加强。在样本期间内，珠三角城市群的基础设施水平测度的均值为 0.268，在十大城市群中最高；而兰西城市群的基础设施水平测度的均值为 0.173，在十大城市群中最低。

从变化趋势上看，在样本期间内，十大城市群总体、各城市群内部基础设施水平测度均大体保持上升趋势，但增幅不同。十大城市群总体基础设施水平测度从 2008 年的 0.183 持续增长到 2017 年的 0.231，年均增长 2.621%；呼包鄂榆、兰西、中原以及成渝城市群基础设施水平测度的增幅较大，分别从 2008 年的 0.152、0.143、0.159、0.159 增长到 2017 年的 0.223、0.201、0.216、0.215，年均分别增长 4.36%、3.82%、3.49%、

3.41%；其次是珠三角、哈长、长江中游、京津冀以及长三角城市群，分别从 2008 年的 0.234、0.178、0.186、0.220、0.231 增长到 2017 年的 0.288、0.214、0.223、0.262、0.273，年均分别增长 2.32%、2.04%、2.03%、2.00%、1.91%；而关中平原城市群的增幅相对较小，从 2008 年的 0.170 增长到 2017 年的 0.197，年均仅增长 1.65%。上述分析表明呼包鄂榆、兰西、中原以及成渝城市群基础设施水平的增长速度较快，而珠三角、哈长、长江中游、京津冀、长三角以及关中平原城市群的基础设施水平的增长速度相对较慢。

三、十大城市群基础设施水平区域差异及其来源

为了研究十大城市群基础设施水平的区域差异及其来源，本篇采用 Dagum 基尼系数及其分解方法，分别测算了 2008—2017 年十大城市群基础设施水平测度的基尼系数，结果如表 5.3、图 5.1 所示。

表 5.3　样本期十大城市群基础设施水平测度的基尼系数测算结果

	年份	2008	2009	2010	2011	2012	2013	2014	2015	2016	2017
	总体	0.134	0.126	0.132	0.115	0.116	0.114	0.117	0.116	0.119	0.110
区域内差异	长三角	0.105	0.101	0.130	0.090	0.085	0.084	0.086	0.086	0.091	0.093
	京津冀	0.103	0.105	0.098	0.089	0.098	0.106	0.130	0.127	0.132	0.129
	珠三角	0.111	0.108	0.114	0.109	0.119	0.132	0.149	0.156	0.167	0.165
	中原	0.116	0.113	0.097	0.082	0.079	0.068	0.062	0.072	0.061	0.041
	长江中游	0.060	0.058	0.061	0.057	0.058	0.055	0.061	0.055	0.056	0.044
	成渝	0.129	0.122	0.133	0.121	0.116	0.121	0.127	0.116	0.117	0.128
	关中平原	0.105	0.102	0.099	0.113	0.114	0.106	0.134	0.119	0.127	0.105
	呼包鄂榆	0.056	0.037	0.052	0.036	0.057	0.064	0.053	0.050	0.089	0.101
	兰西	0.152	0.124	0.108	0.091	0.081	0.058	0.044	0.047	0.059	0.071
	哈长	0.077	0.066	0.077	0.081	0.063	0.050	0.054	0.057	0.065	0.050

续表

	年份	2008	2009	2010	2011	2012	2013	2014	2015	2016	2017
区域间差异	2与1	0.107	0.104	0.115	0.090	0.093	0.098	0.115	0.115	0.122	0.118
	3与1	0.114	0.111	0.127	0.107	0.110	0.120	0.130	0.136	0.144	0.142
	3与2	0.116	0.115	0.113	0.106	0.117	0.133	0.156	0.155	0.171	0.156
	4与1	0.187	0.167	0.178	0.148	0.149	0.140	0.137	0.139	0.136	0.121
	4与2	0.170	0.162	0.167	0.149	0.147	0.134	0.130	0.133	0.126	0.113
	4与3	0.198	0.193	0.197	0.163	0.184	0.191	0.190	0.182	0.189	0.157
	5与1	0.116	0.101	0.123	0.097	0.101	0.103	0.109	0.109	0.112	0.108
	5与2	0.104	0.099	0.109	0.097	0.101	0.101	0.111	0.109	0.109	0.106
	5与3	0.130	0.123	0.137	0.112	0.136	0.153	0.163	0.155	0.169	0.148
	5与4	0.107	0.104	0.095	0.086	0.082	0.071	0.067	0.069	0.063	0.044
	6与1	0.198	0.183	0.191	0.165	0.165	0.168	0.171	0.161	0.160	0.165
	6与2	0.182	0.178	0.182	0.168	0.166	0.166	0.167	0.159	0.156	0.158
	6与3	0.207	0.207	0.206	0.180	0.198	0.212	0.218	0.194	0.201	0.192
	6与4	0.129	0.125	0.122	0.109	0.103	0.102	0.103	0.101	0.097	0.097
	6与5	0.126	0.124	0.122	0.117	0.109	0.110	0.112	0.101	0.099	0.103
	7与1	0.160	0.161	0.169	0.165	0.163	0.166	0.175	0.176	0.188	0.173
	7与2	0.145	0.156	0.158	0.168	0.163	0.162	0.170	0.173	0.181	0.163
	7与3	0.171	0.186	0.187	0.183	0.197	0.212	0.224	0.214	0.230	0.205
	7与4	0.116	0.112	0.100	0.101	0.100	0.094	0.104	0.103	0.106	0.089
	7与5	0.095	0.102	0.094	0.109	0.106	0.102	0.112	0.107	0.115	0.097
	7与6	0.123	0.115	0.121	0.121	0.118	0.117	0.133	0.123	0.129	0.122
	8与1	0.206	0.150	0.170	0.130	0.120	0.121	0.098	0.098	0.128	0.126
	8与2	0.185	0.143	0.160	0.132	0.120	0.120	0.106	0.103	0.130	0.130
	8与3	0.215	0.179	0.192	0.146	0.156	0.172	0.149	0.148	0.184	0.170
	8与4	0.101	0.084	0.080	0.064	0.073	0.071	0.073	0.073	0.082	0.083
	8与5	0.112	0.077	0.081	0.065	0.064	0.068	0.062	0.056	0.079	0.082
	8与6	0.102	0.092	0.102	0.093	0.098	0.104	0.119	0.105	0.115	0.128

续表

	年份	2008	2009	2010	2011	2012	2013	2014	2015	2016	2017
区域间差异	8与7	0.101	0.080	0.080	0.085	0.096	0.098	0.118	0.113	0.126	0.119
	9与1	0.238	0.218	0.224	0.192	0.189	0.168	0.158	0.164	0.171	0.154
	9与2	0.220	0.212	0.215	0.195	0.186	0.160	0.145	0.153	0.154	0.143
	9与3	0.247	0.246	0.245	0.209	0.225	0.218	0.209	0.201	0.216	0.187
	9与4	0.154	0.131	0.114	0.098	0.090	0.071	0.059	0.069	0.069	0.065
	9与5	0.160	0.146	0.132	0.123	0.111	0.086	0.074	0.075	0.081	0.070
	9与6	0.160	0.136	0.134	0.119	0.110	0.098	0.095	0.091	0.100	0.114
	9与7	0.154	0.130	0.119	0.110	0.107	0.088	0.098	0.090	0.102	0.100
	9与8	0.133	0.106	0.097	0.085	0.094	0.081	0.082	0.083	0.093	0.101
	10与1	0.137	0.138	0.150	0.123	0.120	0.115	0.113	0.116	0.124	0.124
	10与2	0.122	0.133	0.138	0.124	0.119	0.111	0.113	0.115	0.121	0.117
	10与3	0.148	0.164	0.167	0.138	0.156	0.165	0.168	0.163	0.180	0.161
	10与4	0.107	0.094	0.092	0.089	0.077	0.063	0.064	0.069	0.067	0.049
	10与5	0.075	0.075	0.075	0.074	0.066	0.055	0.060	0.059	0.064	0.052
	10与6	0.120	0.108	0.120	0.117	0.104	0.100	0.107	0.101	0.100	0.098
	10与7	0.096	0.092	0.094	0.110	0.099	0.093	0.108	0.105	0.111	0.089
	10与8	0.097	0.059	0.076	0.072	0.063	0.062	0.064	0.061	0.082	0.087
	10与9	0.155	0.123	0.120	0.116	0.100	0.074	0.068	0.072	0.078	0.072

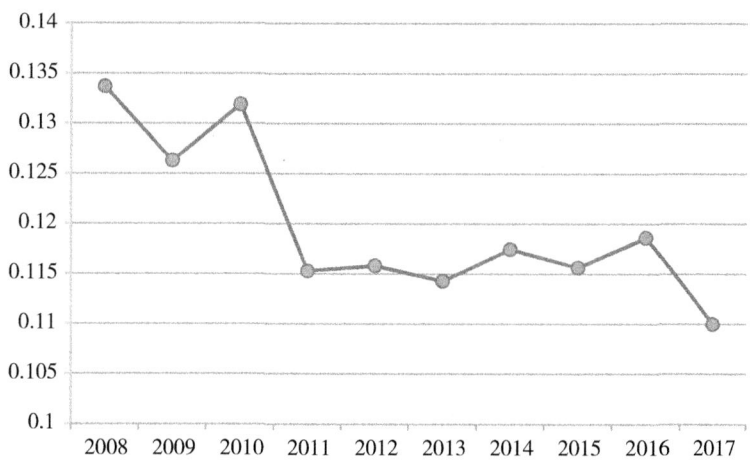

图5.1 样本期十大城市群基础设施水平测度总体基尼系数

(1)十大城市群基础设施水平的总体区域差异。由表5.3可知,十大城市群基础设施水平测度的总体基尼系数均值为0.120。在样本期间内,基础设施水平测度在波动中呈下降趋势,由2008年样本期间内的最大值0.134下降到2017年样本期间内的最小值0.11,下降了2.37个百分点。总体而言,基尼系数波动范围不大,年均下降率为1.52%,表明十大城市群基础设施水平的总体差异有所减小。

(2)十大城市群基础设施水平区域内差异。由表5.3可知,从整体来看,十大城市群基础设施水平区域内差异分别处于不同的水平,且呈现出不同的波动趋势。在样本期间内,珠三角城市群区域内差异最大,为0.133;其次为成渝、关中平原、京津冀、长三角、兰西、中原、哈长以及呼包鄂榆城市群,区域内差异分别为0.123、0.112、0.112、0.095、0.084、0.079、0.064、0.059,长江中游城市群的区域内差异最小,为0.057。由图5.2可以看出十大城市群基础设施水平的区域内差异的演变趋势。从演变趋势来看,长三角、中原、兰西以及哈长城市群基础设施水平的区域内差异在波动中呈下降趋势,京津冀、珠三角、关中平原、呼包鄂榆城市群基础设施水平的区域内差异在波动中呈上升趋势,长江中游和成渝城市群基础设施水平的区域内差异在样本期间内的波动幅度较为平缓。具体来看,长三角城市群基础设施水平的区域内差异的变化呈现上升-下降的趋势,从2008年的0.105上升到2010年的0.130,上升了2.5个百分点,在2010年达到样本期间内的最大值,之后开始缓慢下降,年均下降率为0.91%;中原城市群基础设施水平的区域内差异的变化呈现出持续下降的趋势,从2008年的0.116下降到2017年的0.041,下降了7.5个百分点,年均下降率为10.74%;兰西城市群基础设施水平的区域内差异的变化呈现出下降-上升的趋势,从2008年的0.152持续下降到2014年的0.044,达到样本期间内的最小值,之后缓慢上升,年均下降率为6%;哈长城市群基础设施水平的区域内差异的变化呈现出上升-下降的趋势,年均下降率为3.17%。京津冀城市群基础设施水平的区域内差异的变化呈现出下降-上升的趋势，在 2011 年达到样本期间内的最小值 0.089 之后迅速上升到 2014 年的 0.130，2014 年之后波动较为平缓，年均上升率为 2.39%；珠三角城市群基础设施水平的区域内差异的变化呈现出上升的波动趋势，2008—2011 年的波动较为平缓，2011 年之后开始持续上升，年均上升率为 4.86%；关中平原城市群基础设施水平的区域内差异的变化呈现出上升-下降的趋势，在 2014 年达到样本期间的最大值 0.134 之后开始波动下降，在 2008—2017 年的年均上升率为 4.16%，但由于之后开始呈现下降趋势，导致样本期间内的年均上升率仅为 0.31%；呼包鄂榆城市群基础设施水平的区域内差异的变化呈现出下降-上升的循环波动趋势，年均上升率在十大城市群中最大，为 11.84%。长江中游城市群基础设施水平的区域内差异的变化幅度较为平缓，2008—2016 年基尼系数一直保持在 0.06 左右，基尼系数仅在 2017 年出现下降，从 2016 年的 0.056 下降到 2017 年的 0.044，以 2008 年为基期，年均下降率为 3.17%；成渝城市群基础设施水平的区域内差异的变化呈现出下降-上升的循环波动趋势，但波动幅度较小，年均上升率仅为 0.56%。

(3) 十大城市群基础设施水平的区域间差异。由表 5.3 可知，十大城市群基础设施水平的区域间差异的均值为 0.128。具体来看，珠三角与京津冀城市群区域间差异的均值，中原与长三角、京津冀、珠三角城市群区域间差异的均值，长江中游与珠三角城市群区域间差异的均值，成渝与长三角、京津冀、珠三角城市群区域间差异的均值，关中平原与长三角、京津冀、珠三角城市群区域间差异的均值，呼包鄂榆与长三角、京津冀、珠三角城市群区域间差异的均值，兰西与长三角、京津冀、珠三角城市群区域间差异的均值，哈长与珠三角城市群区域间差异的均值，均高于十大城市群总体区域差异的平均水平；而其他城市群区域间差异的均值都低于十大城市群总体区域差异的平均水平。其中，兰西与珠三角城市群区域间差异的均值最高，为 0.220；哈长与长江中游城市群区域间差异的均值最低，为 0.065。分阶段来看，在 2008—2013 年，兰西与珠三角城市群区域间差

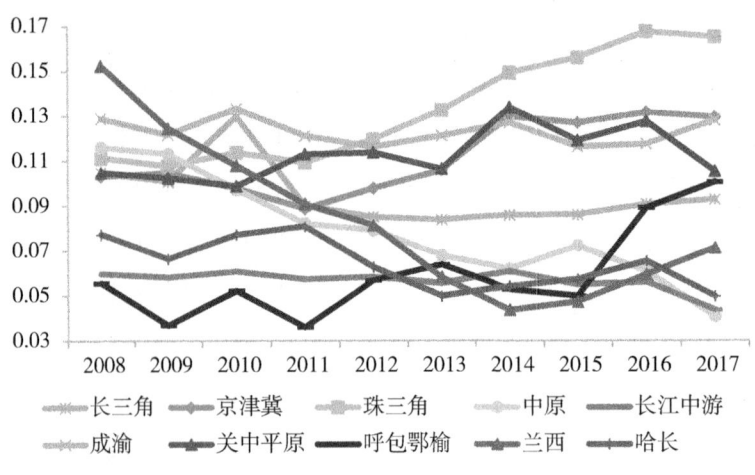

图 5.2　样本期十大城市群基础设施水平测度基尼系数

异最大，差异介于 0.208~0.248；而在 2014—2017 年，关中平原与珠三角城市群区域间差异最大，差异介于 0.205~0.231。在 2016—2017 年，长江中游与中原城市群区域间差异最小，差异介于 0.044~0.063，在 2008 年、2010 年和 2013 年，哈长与长江中游城市群区域间差异最小，差异介于 0.055~0.075，在 2009 年和 2012 年，哈长与呼包鄂榆城市群区域间差异最小，差异介于 0.059~0.063。

（4）十大城市群基础设施水平的区域差异来源及其贡献。表 5.4 描述了十大城市群基础设施水平的区域差异来源及其贡献率的大小。区域间差异、超变密度及区域内差异的来源与贡献率变化规律基本一致。从差异来源的大小来看，区域间差异来源在 0.063~0.089 变化，是主要来源；超变密度差异来源在 0.028~0.037 变化，是次要来源；而区域内差异来源在 0.010~0.015 变化，是最小的来源。从差异贡献率的大小来看，在样本期间内，区域内差异贡献均值为 10.09%，区域间差异贡献率均值为 63%，超密度贡献率均值为 26.91%，因此区域间差异是十大城市群基础设施水平总体差异产生的主要来源。

表5.4 样本期十大城市群基础设施水平的区域差异来源及其贡献率

年份	区域内		区域间		超变密度	
	来源	贡献率	来源	贡献率	来源	贡献率
2008	0.014	10.26%	0.089	66.54%	0.031	23.21%
2009	0.013	10.49%	0.082	64.85%	0.031	24.66%
2010	0.014	10.72%	0.085	64.43%	0.033	24.85%
2011	0.012	10.16%	0.073	63.22%	0.031	26.62%
2012	0.011	9.93%	0.075	65.17%	0.029	24.91%
2013	0.011	9.73%	0.074	65.04%	0.029	25.23%
2014	0.012	9.92%	0.074	62.66%	0.032	27.42%
2015	0.012	10.08%	0.071	60.98%	0.033	28.94%
2016	0.012	9.89%	0.070	59.21%	0.037	30.90%
2017	0.011	9.71%	0.064	57.89%	0.036	32.40%

图5.3描绘了十大城市群基础设施水平的区域差异来源及其贡献率的演变趋势。具体来看，区域间差异贡献率呈现出下降-上升-下降的波动趋势，从2008年的66.54%下降到2011年的63.22%，下降了3.32个百分点，之后又从2012年的65.17%持续迅速下降到2017年的57.89%，下降了7.28个百分点，以2008年为基期，年均下降率为1.53%；区域内差异贡献率的波动幅度较小，贡献率始终保持在9.71%~10.72%，但总体呈小幅下降趋势，年均下降率为0.60%；超变密度差异贡献率揭示了十大城市群子群间因交叉项的统计对总体基础设施水平差异产生的影响，反映区域间差异与区域内差异的交互作用对总体基础设施水平差异的贡献，超变密度贡献率在波动中呈上升趋势，年均上升率为3.78%，表明区域间差异与区域内差异的交互作用增强。

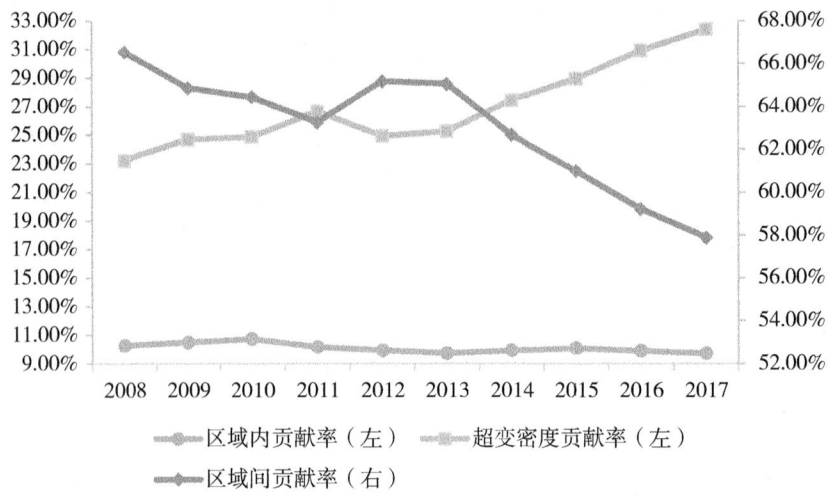

图 5.3 样本期十大城市群基础设施水平的区域差异来源及分解

四、十大城市群基础设施水平的时空分布演进

基尼系数刻画的是十大城市群基础设施水平的相对区域差异,未能反映基础设施水平的绝对差异及其动态演进。因而,本篇选取 2008 年、2013 年和 2017 年为测度时间点,运用 Kernel 密度估计做出基础设施水平测度分布的二维图,分别考察十大城市群总体以及各城市群基础设施水平测度分布的整体态势及其动态演进。除此之外,本篇还采用 Markov 链分析方法,描述城市群基础设施水平测度在时间、空间滞后作用下的动态转移特征,判断其转移平稳性及转移路径。

1. 十大城市群基础设施水平测度分布的时间动态演进

(1) 十大城市群基础设施水平测度分布动态的演变特征

运用 Kernel 密度估计做出十大城市群总体、各城市群基础设施水平测度分布的二维图(图 5.4),现将其分布动态的演变特征总结如下:

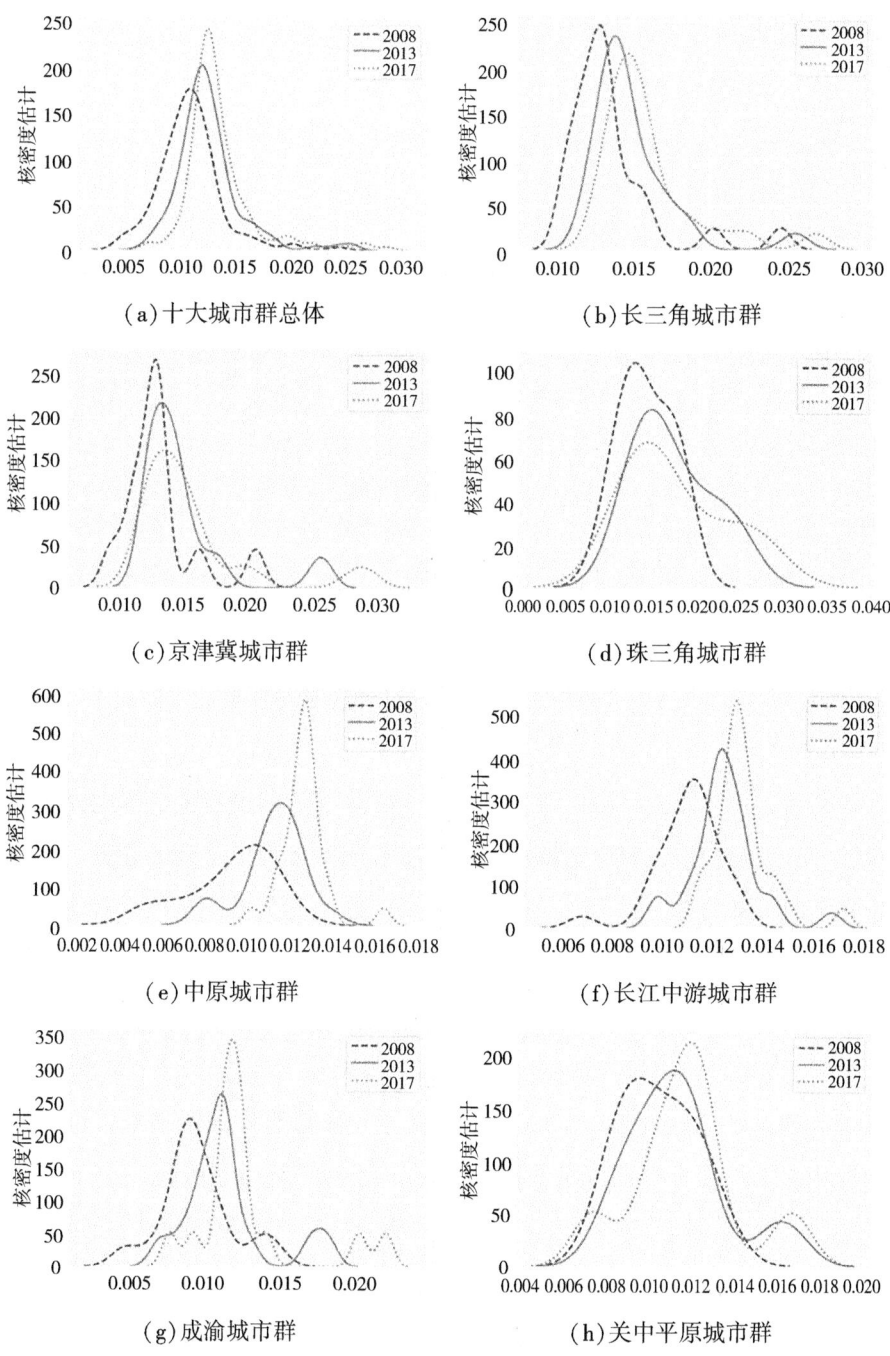

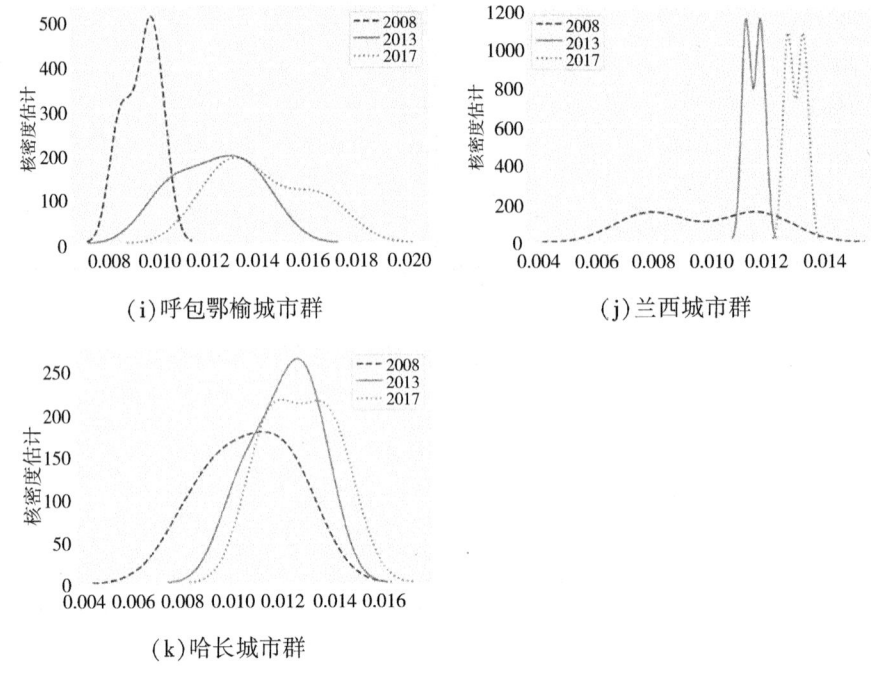

图 5.4　样本期十大城市群基础设施水平测度分布的时间动态演进

第一，在选取的年份期间，十大城市群总体基础设施水平测度分布曲线的中心逐渐右移，表明整体基础设施水平测度呈现出上升的趋势。而对于各个城市群而言，除了珠三角和哈长城市群的变化不明显外，其他城市群分布曲线的中心均右移，表明大部分城市群的基础设施水平测度呈现上升趋势，这一特征与前面的整体描述一致。

第二，十大城市群总体、中原、长江中游、成渝、关中平原城市群基础设施水平测度分布曲线的主峰峰值呈上升的趋势，珠三角城市群基础设施水平测度分布曲线的主峰峰值呈下降的趋势，主峰宽度呈缩小的趋势，表明这些城市群基础设施水平测度的绝对差异呈现缩小的趋势；长三角、京津冀、呼包鄂榆城市群基础设施水平测度分布曲线的主峰峰值呈下降的趋势，主峰宽度呈增大的趋势，表明这些城市群基础设施水平测度的绝对差异呈现增大的趋势；兰西和哈长城市群基础设施水平测度分布曲线的主峰峰值呈"上升-下降"的趋势,主峰宽度呈"缩小-增大"的趋势,表明这些城市群基础设施水平测度的绝对差异呈现"缩小-扩大"的趋势。

第三,十大城市群总体、长三角、京津冀、珠三角、长江中游、成渝、关中平原和呼包鄂榆城市群基础设施水平测度分布曲线存在向右的拖尾现象,表明其地区差异在不断增加;中原和哈长城市群基础设施水平测度分布曲线存在向左的拖尾现象,表明其地区差异在不断减少;而兰西城市群基础设施水平测度分布曲线几乎不存在拖尾现象,表明其地区差异几乎没有发生变化。

第四,十大城市群总体、长三角、京津冀、中原、长江中游以及成渝城市群的基础设施水平测度分布始终呈单峰状态,单极化现象一直存在,其中十大城市群总体、中原、长江中游以及成渝城市群峰值呈逐年阶梯状上升的趋势,表明随着时间推移,其极化现象并未得到缓解与控制,且在不断加剧;而长三角和京津冀城市群峰值呈逐年阶梯状下降的趋势,表明随着时间推移,长江中游以及成渝城市群的极化现象得到了缓解与控制。珠三角、关中平原、呼包鄂榆以及兰西城市群的基础设施水平测度分布始终呈双峰状态,主峰峰值较高,侧峰峰值较低,表明这些城市群内城市的基础设施水平测度存在一定梯度,呈现微弱的两极分化现象。其中珠三角和呼包鄂榆城市群的峰值呈逐年阶梯状下降的趋势,表明珠三角和呼包鄂榆城市群两极分化现象逐渐缓解;关中平原城市群的峰值呈逐年阶梯状上升的趋势,表明关中平原城市群的两极分化现象未得到缓解,反而越来越严重;兰西城市群的峰值呈"上升-下降"的趋势,表明兰西城市群两极分化现象在一段时间得到加剧,之后又渐渐缓解。哈长城市群基础设施水平测度的分布逐步单峰演变成双峰,再两极分化阶段,双峰的峰值几乎一致,但其峰值呈"上升-下降"的趋势,表明哈长城市群两极分化现象在一段时间得到加剧,之后又渐渐缓解;在单极化阶段,哈长城市群基础设施水平测度分布曲线呈现单峰,峰值上升,表明其基础设施水平测度由单极化转化为两极化,极化现象出现。

(2)十大城市群总体基础上设施水平测度状态转移的时间特征

运用 Markov 链分析方法,计算样本期间两阶段十大城市群总体基础设施水平的传统 Markov 链转移概率矩阵(见表 5.5),探究城市群基础设施水平的转移规律,为区域间基础设施水平差异、极化现象提供科学解释。以基础设施水平测度为划分依据,将各城市群基础设施水平测度划分为四个水平。由表 5.5 可知,在时间效应下,城市群基础设施水平测度的转移平稳性和转移路径具有明显规律:

表5.5 样本期十大城市群基础设施水平的空间传统 Markov 链转移概率矩阵

年份期间	$t/t+1$	n	I	II	III	IV
2008—2017	I	344	0.767	0.218	0.015	0
	II	324	0.053	0.710	0.228	0.009
	III	302	0.003	0.043	0.788	0.166
	IV	299	0.003	0.007	0.040	0.950
2008—2012	I	150	0.780	0.193	0.027	0
	II	153	0.059	0.647	0.275	0.020
	III	133	0	0.068	0.714	0.218
	IV	128	0	0	0.055	0.945
2013—2017	I	155	0.781	0.194	0.026	0
	II	146	0.055	0.685	0.260	0
	III	128	0.008	0.070	0.781	0.141
	IV	135	0.007	0.007	0.044	0.941

注:"I""II""III""IV"分别代表低、中低、中高、高水平状态。

第一,在样本期间,矩阵对角线上的转移概率均大于非对角线上的转移概率,其中对角线上转移概率最大的为 0.950,最小的为 0.710,表明城市群基础设施水平测度保持不变的概率至少为 0.710。同时,在四个状态中,各个水平保持稳定的概率均大于其转移的概率,这表明城市群的基础设施水平测度受到之前年度的影响,呈现路径依赖性,容易形成自我固化。

第二,不同基础设施水平测度水平之间发生转移的概率相对较小(非对角线概率值),且基本分布在对角线两侧,最大为0.228,为对角线最小概率的32%;与对角线不相邻的概率值均较小,这意味着在2个连续的年份之间,低水平基础设施水平城市群有可能向高水平的城市群转变,但跃迁的可能性较低。这一结果反映了城市群基础设施水平是一个持续发展的过程,不会在短期内实现跨级类型的跃升或衰退。

第三,通过2008—2012年和2013—2017年两期对比,城市群基础设施水平的转移特征存在一定的差异。当基础设施水平初始状态为高水平时,2008—2012年城市群保持稳定状态的相对水平较高,而2013—2017年在基础设施水平初始状态为低、中低和中高水平时,城市群保持稳定状态水平较高,表明在2013—2017年,基础设施水平初始状态为低、中低和中高水平的城市群趋同现象较为显著;与2008—2012年相比,2013—2017年从基础设施水平初始状态为中低、中高水平向中高、高水平状态转移的概率相对较低,表明在2013—2017年,十大城市群基础设施水平向高层次转移的可能性下降。

2. 十大城市群基础设施水平的空间动态演进区域间基础设施水平的空间动态演进

由于基础设施水平存在地理相关性,因此建立空间Markov链概率转移矩阵,探究邻域基础设施水平对基础设施水平转移特征的影响。由表5.6和表5.7可知,在时间与空间效应下,十大城市群基础设施水平的转移具有以下特征:

表5.6 样本期十大城市群基础设施水平的空间Markov链转移概率矩阵

空间滞后	t/t+1	n	Ⅰ	Ⅱ	Ⅲ	Ⅳ
Ⅰ	Ⅰ	159	0.818	0.176	0.006	0
	Ⅱ	85	0.082	0.741	0.165	0.012
	Ⅲ	33	0	0.091	0.788	0.121
	Ⅳ	24	0	0	0.042	0.958
Ⅱ	Ⅰ	119	0.756	0.235	0.008	0
	Ⅱ	102	0.069	0.677	0.245	0.010
	Ⅲ	75	0.013	0	0.840	0.147
	Ⅳ	30	0.033	0	0.033	0.933
Ⅲ	Ⅰ	46	0.717	0.283	0	0
	Ⅱ	88	0.011	0.739	0.239	0.011
	Ⅲ	105	0	0.067	0.838	0.095
	Ⅳ	54	0	0.019	0.093	0.889
Ⅳ	Ⅰ	20	0.550	0.300	0.150	0
	Ⅱ	49	0.041	0.674	0.286	0
	Ⅲ	89	0	0.034	0.685	0.281
	Ⅳ	191	0	0.005	0.026	0.969

注：同表5.5。

表5.7 样本期十大城市群基础设施水平的空间Markov链转移概率矩阵

空间滞后	t/t+1	2008—2012年					2013—2017年				
		n	Ⅰ	Ⅱ	Ⅲ	Ⅳ	n	Ⅰ	Ⅱ	Ⅲ	Ⅳ
Ⅰ	Ⅰ	74	0.757	0.230	0.014	0	63	0.841	0.159	0	0
	Ⅱ	48	0.104	0.688	0.188	0.021	34	0.029	0.706	0.265	0
	Ⅲ	20	0	0.150	0.750	0.100	7	0	0.143	0.571	0.286
	Ⅳ	10	0	0	0.100	0.900	12	0	0	0	1

续表

空间滞后	$t/t+1$	2008—2012 年					2013—2017 年				
		n	Ⅰ	Ⅱ	Ⅲ	Ⅳ	n	Ⅰ	Ⅱ	Ⅲ	Ⅳ
Ⅱ	Ⅰ	45	0.844	0.133	0.022	0	44	0.773	0.205	0.023	0
	Ⅱ	53	0.057	0.642	0.264	0.038	44	0.046	0.591	0.364	0
	Ⅲ	29	0	0.138	0.759	0.103	36	0.028	0.083	0.861	0.028
	Ⅳ	12	0	0	0.083	0.917	18	0.056	0	0.056	0.889
Ⅲ	Ⅰ	26	0.769	0.192	0.039	0	38	0.737	0.211	0.053	0
	Ⅱ	37	0	0.703	0.297	0	54	0.037	0.741	0.222	0
	Ⅲ	44	0	0.023	0.727	0.250	40	0	0.100	0.725	0.175
	Ⅳ	28	0	0	0.071	0.929	18	0	0	0.222	0.778
Ⅳ	Ⅰ	5	0.600	0.200	0.200	0	10	0.600	0.300	0.100	0
	Ⅱ	15	0.067	0.400	0.533	0	14	0.214	0.714	0.071	0
	Ⅲ	40	0	0.025	0.650	0.325	45	0	0.022	0.800	0.178
	Ⅳ	78	0	0	0.039	0.917	87	0	0.012	0.012	0.977

注：同表 5.5。

第一，十大城市群中城市基础设施水平的转移，在地理空间效应的作用下，表现出一定的空间依赖性。表 5.6 中的四个条件转移概率矩阵并不相同，表明在不同水平邻域基础设施水平环境的影响下，基础设施水平发生转移的概率各不相同。邻域基础设施水平处于中低状态的城市向上转移的概率大于邻域基础设施水平处于中高状态的城市向下转移的概率，如 P34/2 大于 P34/3。

第二，十大城市群中不同水平的邻域基础设施水平环境对基础设施水平转移的作用有所差别。水平较高的邻域基础设施水平环境对周边城市基础设施水平的发展起到一定的积极作用。如 P23/4 大于 P23，P34/4 大于 P34，表明十大城市群内高水平城市对邻近区域的基础设施水平发展起到辐射带动的作用，而水平较低的邻域基础设施水平环境对周边城市基础设施水平的发展起到一定的消极作用，如 P21/1 大于 P21，表明十大城市群内低水平城市对邻近区域的基础设施水平发展可能产生抑制作用。

第三,十大城市群中相邻城市基础设施水平的差异对城市基础设施水平转移概率的影响不同步,即两者是不成比例的。例如当邻域基础设施水平为低、中低水平时,初始状态处于中低水平的城市向上转移的概率分别为 0.165、0.2451;而当邻域基础设施水平为中高水平时,初始状态处于中低水平的城市群向上转移的概率不升反降,为 0.239。究其原因,当相邻城市基础设施水平差异较小时,城市之间基础设施水平发展有一定的辐射带动作用;而当相邻城市基础设施水平差异较大时,基础设施水平处于低位的城市并未对处于高位的城市产生积极影响,并且可获得的高水平邻域环境的辐射带动效应有限,进而沦为高水平基础设施水平区域的边缘城市,城市群基础设施水平的空间差异增大,极化现象产生。

第四,十大城市群在基础设施水平发展的不同阶段,邻域基础设施水平环境对城市基础设施水平发展水平产生差异化影响。例如,当邻域基础设施水平处于低水平时,初始状态处于中低水平的城市在 2008—2012 年仍然保持平稳的概率为 0.688(见表 5.7),大于相应期间不考虑邻域基础设施水平环境时的概率,为 0.647(见表 5.5);初始状态处于中低水平的城市在 2013—2017 年仍然保持平稳的概率为 0.591(见表 5.7),小于相应期间不考虑邻域基础设施水平环境时的概率 0.685(见表 5.5),表明 2013—2017 年中低基础设施水平城市受低水平城市基础设施水平环境的影响较小。

五、结论与建议

本篇对十大城市群基础设施水平的区域差异及其分布动态演进进行了实证研究。主要研究结论包括以下方面:

第一,十大城市群总体、各城市群内部基础设施水平测度均大体保持上升趋势,但增幅不同。珠三角城市群的基础设施水平测度每年都高于十大城市群的基础设施水平测度的均值总体均值,而中原、长江中游、成渝、关中平原、呼包鄂榆、兰西以及哈长七大城市群的基础设施水平测度每年都低于十大城市群的基础设施水平测度的总体均值,长三角、京津冀城市群自 2010 年起,基础设施水平测度每年都高于十大城市群的基础设施水平测度的总体均值,表明在十大城市群中,珠三角、长三角、京津冀三大城市群的基础设施水平较完善,其他城市群的基础设施水平有待加强。在样本期间内,珠三角城市群的基础设施水平测度的均值在十大城市群中最高;而兰西城市群的基础设施水平测度的均值在十大城市群中最低。

第二,十大城市群基础设施水平测度的总体差异在波动中呈下降趋势,由 2008 年样本期间内的最大值 0.134 下降到 2017 年样本期间内的最小值 0.11。十大城市群基础设施水平测度的平均基尼系数较小,表明十大城市群基础设施水平的总体差异不大。区域间差异是十大城市群基础设施水平总体差异的主要来源,样本区域间贡献率在 57.89%~66.54%波动。

第三,从十大城市群基础设施水平测度的时间动态演进来看,在样本期间内,十大城市群总体基础设施水平测度分布曲线的中心逐渐右移,表明整体基础设施水平测度呈现出上升的趋势。十大城市群总体、中原、长江中游、成渝、关中平原城市群基础设施水平测度分布曲线的主峰峰值呈上升的趋势,珠三角城市群基础设施水平测度分布曲线的主峰峰值呈下降的趋势,主峰宽度呈缩小的趋势,表明这些城市群基础设施水平测度的绝对差异呈现缩小的趋势;十大城市群总体、长三角、京津冀、中原、长江中游以及成渝城市群的基础设施水平测度分布始终呈单峰状态,单极化现象一直存在;珠三角、关中平原、呼包鄂榆以及兰西城市群的基础设施水平测度分布始终呈双峰状态,主峰峰值较高,侧峰峰值较低,表明这些城市群内城市的基础设施水平测度存在一定梯度,呈现微弱的两极分化现象。

第四,从十大城市群基础设施水平测度分布的时间演变来看,十大城市群的基础设施水平测度受到之前年度的影响,呈现路径依赖性,容易形成自我固化。十大城市群基础设施水平演变是一个持续发展的过程,在短期内不会实现跨级类型的跃升或衰退。同时通过对 2008—2012 年和

2013—2017年两期对比发现，城市群基础设施水平的转移特征存在一定的差异。

第五，从十大城市群基础设施水平分布的空间动态演变来看，在地理空间效应作用下，十大城市群基础设施水平转移表现出一定的空间依赖性。区域内城市所处的邻域基础设施水平环境有所差别，并呈集聚格局。

根据上述研究结论，提出以下对策建议。首先，加大基础设施水平的发展力度，不断缩小城市群区域内差异。珠三角、成渝、关中平原、京津冀、长三角、兰西、中原、哈长以及呼包鄂榆城市群的区域内差异较大，对于这些城市群中基础设施水平发展较为薄弱的城市，要加大发展力度；对于基础设施水平发展较好的城市，应加快探索城市群内促进基础设施水平发展的因素，增强其对基础设施水平薄弱城市的辐射和带动作用，从而逐渐缩小城市群内部城市间基础设施水平差异。其次，提升基础设施水平薄弱的城市群发展水平，逐渐降低城市群区域间基础设施水平差异。区域间差异是基础设施水平总体差异的主要来源，因此缩小区域间差异对于促进我国城市群基础设施水平的发展具有十分重要的意义。对于中原、成渝、关中平原、兰西等基础设施水平较为薄弱的城市群，要进一步加大发展投入，采取有力措施促进基础设施水平的发展；对于基础设施水平发展较好的城市群，要加大监管力度。最后，适时建立城市群基础设施水平发展的区域协调机制，打破省域、城市分割，加强城市群之间的基础设施水平的交流合作和经验分享，充分发挥地理邻近与溢出效应，促进城市群基础设施水平的协同发展。

第六篇　中国城市群雾霾污染的区域差异与分布动态演进

引　言

党的十九大报告指出,要"持续实施大气污染防治行动,打赢蓝天保卫战"。近年来,我国重要经济区域雾霾天气频发,对发展环境、生产安全以及人民健康都造成了较大影响(曹彩虹和韩立岩,2015)。由于雾霾污染可以跨越行政边界进行快速传播和扩散,在城市之间存在显著的空间关联性,并且随着区域一体化进程的推进呈不断上升态势(刘华军和杜广杰,2018),因此雾霾治理应该采取区域联防联控的策略(马丽梅和张晓,2014)。城市群作为我国经济增长的重要引擎,在全国高质量发展和全方位开放中具有战略地位,是区域一体化的重要组成部分(王青和金春,2018)。研究城市群雾霾污染区域差异和分布动态演进问题,有助于进一步加强对我国区域雾霾污染空间分布特征的了解和认识,也可为城市群开展雾霾污染协同防治提供若干理论支持和现实经验。

关于对我国雾霾污染区域差异的研究,大多数文献采用描述性统计方法,基于PM2.5或者PM10浓度等指标,比较分析各地区雾霾污染的变化情况,并认为我国雾霾污染存在明显的区域差异(徐盈之和刘琦,2018;孙红霞和李森,2018)。部分文献采用基尼系数、泰尔指数等相对差异指标分析了雾霾污染的区域差异,并对雾霾污染的空间分布特征及演变规律进行了实证研究。刘华军和杜广杰(2018)基于2014—2015年我国161个城市数据,采用基尼系数相对差异指标定量分析了雾霾污染的区域差异,并运用Kernel密度估计方法分析了东北、北部沿海、东部沿海等八个地区雾霾污染的分布特征和演变规律,但未能进一步揭示在时间、空间滞后作用下的动态转移特征。蔡海亚等(2017)采用泰尔指数对2001—2014年省际雾霾污染强度的区域差异进行了测算和分解,运用 α 收敛、β 收敛以及俱乐部收敛对全国及东中西部地区雾霾污染强度的趋同性进行了分析,结果发现雾霾污染区域差异呈下降趋势,全国及三大区域雾霾污染存在显著的收敛特征。部分文献关注了京津冀(任毅等,2019;祝丽云等,2018;王一辰和沈映春,2017)、长三角(李廉水等,2018)城市群雾霾污染问题,但对城市群雾霾污染之间的空间差异与关联特征缺乏深入刻画。上述文献对我国雾霾污染的区域差异以及分布动态演进的研究取得了较有价值的研究成果,但可能还存在以下不足:首先,当前文献主要以省际、城市或单个城市群作为研究对象(Wu K等,2017;曾浩和申俊,2019;林楚海,2018;严雅雪和齐绍洲,2017;张生玲等,2017),缺乏对各大城市群之间雾霾污染空间差异及关联性的专门研究。其次,描述性统计方法无法定量刻画雾霾污染的差异程度与来源;泰尔指数及分解虽然能够将雾霾污染总体差异分解为区域间和区域内差异,但无法揭示区域间差异中每个区域对总体的贡献程度,也未能将子样本分布状况考虑在内(杨明海等,2017)。再次,关于区域雾霾污染趋同性的研究,传统的收敛方法缺乏对空间效应的考虑,也不能很好地刻画分布动态演变规律(Elhorst,2012;刘亦文等,2016;向堃和宋德勇,2015)。

  为了克服上述问题,本篇从研究对象和研究方法两方面进行拓展研究,运用Dagum提出的基尼系数的方法,采用Kernel密度估计以及空间马尔科夫链,探究十大城市群雾霾污染的差异程度和来源,以及分布动态演进。首先,基于2006—2015年的城市PM2.5浓度数据,就十大城市群雾霾污染进行具体描述。其次,采用Dagum基尼系数方法进行子群分解,分析十大城市群PM2.5浓度的区域差异程度及其来源,量化区域内和区域间差异对总体差异的贡献率。再次,采用 Kernel 密度方法,刻画十大城市群 PM2.5 浓度的整体分布状态,通过对不同时期的比较分析,深入研究十大城市群 PM2.5 浓度分布延展性与极化现象的动态演进规律;运用空间马尔科夫链分析十大城市群雾霾污染的时空演变规律,描述在时间、空间滞后作用下城市群雾霾污染水平的动态转移特征,进而为城市群雾霾污染差异提供空间解释。最后,在前文分析的基础上得出结论,并基于城市群雾霾污染治理提出相应的对策建议。

一、方法与数据

1. 方法

(1) Dagum 基尼系数及其分解方法。Dagum(1997) 提出了基尼系数的一种新的解释,将总体的基尼系数分解为区域内差异、区域间净值差异和超变密度。Dagum 提出的这种基尼系数的算法克服了传统基尼系数以及泰尔指数的缺点,能够更好地考虑各个样本的区域差异,以及各个区域差异的来源问题。

根据 Dagum 提出的基尼系数及其按子群分解的方法,其定义如式 (6.2) 所示。其中,$y_{ji}(y_{hr})$ 是 $j(h)$ 城市群内任意一个城市群的 PM2.5 浓度均值,$\bar{y}$ 是十大城市群总体城市的 PM2.5 浓度均值,n 是城市个数,k 是城市群个数,$n_j(n_h)$ 是 $j(h)$ 城市群内城市的个数。

$$G = G_w + G_{nb} + G_t \tag{6.1}$$

$$G = \frac{\sum_{j=1}^{k} \sum_{h=1}^{k} \sum_{i=1}^{n_j} \sum_{r=1}^{n_h} |y_{ji} - y_{hr}|}{2n^2 \bar{y}} \tag{6.2}$$

$$\overline{Y_h} \leqslant \cdots \leqslant \overline{Y_j} \leqslant \cdots \leqslant \overline{Y_k} \tag{6.3}$$

在进行基尼分解时,首先根据各个城市群内 PM2.5 浓度均值对城市群进行排序,如式(6.3)所示。其中,式(6.4)表示 j 城市群区域内基尼系数

G_{jj},式(6.5)表示各个城市群区域内差异的贡献G_w;式(6.6)表示j、h城市群区域间基尼系数G_{jh},式(6.7)表示城市群区域间差异的贡献G_{nb};式(6.8)表示超变密度的贡献G_t。式(6.8)中,$p_j = n_j/n$,$s_j = n_j\overline{Y_j}/n\overline{Y}$,$D_{jh}$为城市$j$、$h$群间PM2.5浓度的相对影响,其定义如式(6.9)所示,其中d_{jh}、p_{jh}的计算公式分别如式(6.10)、式(6.11)所示。j、h城市群的累积密度分布函数分别是F_j、F_h。d_{jp}为j、h城市群中所有$y_{ji} - y_{hr} > 0$的样本值加总的数学期望,表示城市群间PM2.5浓度的差值,p_{jh}为j、h城市群中所有$y_{hr} - y_{ji} > 0$样本值加总的数学期望,表示超变一阶矩。

$$G_{jj} = \frac{\frac{1}{2\overline{Y}}\sum_{i=1}^{n_j}\sum_{r=1}^{n_j}|y_{ji} - y_{jr}|}{n_j^2} \tag{6.4}$$

$$G_w = \sum_{j=1}^{k} G_{jj} p_j s_j \tag{6.5}$$

$$G_{jh} = \sum_{i=1}^{n_j}\sum_{r=1}^{n_h}|y_{ji} - y_{hr}|/n_j n_h(\overline{Y_j} + \overline{Y_h}) \tag{6.6}$$

$$G_{nb} = \sum_{j=2}^{k}\sum_{h=1}^{j-1} G_{jh}(p_j s_h + p_h s_j) D_{jh} \tag{6.7}$$

$$G_t = \sum_{j=2}^{k}\sum_{h=1}^{j-1} G_{jh}(p_j s_h + p_h s_j)(1 - D_{jh}) \tag{6.8}$$

$$D_{jh} = \frac{d_{jh} - p_{jh}}{d_{jh} + p_{jh}} \tag{6.9}$$

$$d_{jh} = \int_0^\infty dF_j(y)\int_0^y (y - x) dF_h(x) \tag{6.10}$$

$$p_{jh} = \int_0^\infty dF_h(y)\int_0^y (y - x) dF_j(y) \tag{6.11}$$

(2)Kernel 密度估计。核密度估计法(Kernel Density Estimation)是当下一种十分流行的非参数估计方法,它比较稳健,不太依赖于模型本身,因而对于研究不均衡分布而言非常重要。该方法运用连续的密度曲线描述随机变量的分布形态来对随机变量的概率密度进行估计。假设随机变量X的密度函数为$f(X)$,在点X处的概率密度由式(6.12)进行估计。式(6.12)

中，N是观测值的个数，$K(\cdot)$是核函数，X_i为独立同分布的观测值，X为均值；h为带宽，带宽越小，估计的密度函数曲线越不光滑，估计精度越高，应尽可能选择较小的带宽。本篇选择高斯核对城市群PM2.5浓度的分布动态演变进行估计，如式(6.13)所示。通过对核密度估计曲线图进行比较分析，可以得到变量分布的位置、形态和延展性三个方面的信息。

$$f(x) = \frac{1}{Nh}\sum_{i=1}^{N}K\left(\frac{x_i - x}{h}\right) \quad (6.12)$$

$$K(x) = \frac{1}{\sqrt{2\pi}}\exp\left(-\frac{x^2}{2}\right) \quad (6.13)$$

(3)空间Markov链分析。Markov链通过构建马尔科夫转移概率矩阵，研究各城市群在不同的时期雾霾污染情况分布的动态演进特征。Markov链是一个随机过程，即$\{X_t, x \in T\}$，它的取值是一个有限的集合M，所包含元素为随机过程的状态，因此集合M也称为状态空间，指数集合T对应各个时期。令随机变量$X_t = j$，即在时期的系统状态为j，该系统的马尔科夫性满足式(6.14)。由此可以看出Markov链是一类特殊的随机过程，其动态行为的特征是状态X_t的条件分布仅依赖于状态X_{t-1}。假设P_{ij}为某一地区PM2.5浓度从t年的i类型转移到$t+1$年的j类型的转移概率，可以利用极大似然估计法，求得$p_{ij} = n_{ij}/n_i$。其中，n_{ij}是指在样本考察期内由t年属于i类型转移到$t+1$年属于j类型的城市数量，n_i是指在样本考察期内属于i类型的城市数量。

$$P\{X_t = j | X_{t-1} = i_{t-1}, X_{t-2} = i_{t-2}, \cdots, X_{t-0} = i_{t-0}\} = P\{X_n = j | X_{n-1} = i\} = P_{ij}$$
$$(6.14)$$

为了通过Markov链的转移概率矩阵来研究城市群雾霾污染分布的动态演进过程，需要构造转移概率矩阵，因而需要根据PM2.5浓度数值的大小，将雾霾污染程度分为N种类型，从而构造出$N \times N$的转移概率矩阵。对于空间Markov链而言，它引入了空间滞后的概念来揭示空间效应对区域雾霾污染情况的差异演变的影响，通过将原始的$N \times N$的转移概率矩阵转化为$N \times N \times N$的转移概率矩阵，其中P_{ij}代表在某区域t年空间滞后类型

为 N_i 的情况下，从 t 年的 i 类型转移到 $t+1$ 年的 j 类型的概率。其中的空间滞后值是城市周边区域雾霾污染情况的空间加权，本篇利用公共边界原则来确定空间权重矩阵，即城市相邻为 1，否则为 0。

2. 研究对象与数据来源

（1）研究对象。本篇的研究对象为长三角、京津冀、珠三角、中原、长江中游、成渝、关中平原、呼包鄂榆、兰西和哈长城市群。各城市群的区域范围主要参考《全国主体功能区规划》《京津冀都市圈区域规划》《长江三角洲城市群发展规划（2015—2030）》《珠江三角洲地区改革发展规划纲要（2008—2020 年）》《长江中游城市群发展规划》《成渝城市群发展规划》《中原城市群总体发展规划纲要》《关中平原城市群发展规划》《呼包鄂榆城市群发展规划》《兰西城市群发展规划》和《哈长城市群发展规划》等文件。

（2）数据来源。由于 PM2.5 是雾霾污染的主要污染物（王晓红和冯严超，2019），本篇采用 PM2.5 浓度来表示雾霾污染程度，数据来源于哥伦比亚大学社会经济数据和应用中心发布的全球 PM2.5 浓度卫星栅格数据（Van Donkelaar 等，2015）。

二、十大城市群雾霾污染区域差异及其来源

1. 十大城市群雾霾污染程度的总体描述

表 6.1 报告了十大城市群在 2006—2015 年的 PM2.5 浓度年均值。通过观察分析可以发现，长三角、京津冀、长江中游以及中原四大城市群 PM2.5 浓度均值每年都高于十大城市群 PM2.5 浓度总体均值，而关中、呼包鄂榆和兰西 PM2.5 浓度均值每年都低于十大城市群 PM2.5 浓度总体均值。表明长三角、京津冀、长江中游以及中原四大城市群雾霾污染水平较高。在样本期间内，京津冀城市群 PM2.5 浓度均值为 56.64 微克/立方米，在十大城市群中最高；呼包鄂榆城市群 PM2.5 浓度均值为 15.09 微克/立

方米，在十大城市群中最低。

从变化趋势上看，十大城市群总体 PM2.5 浓度年均值在波动中呈现下降趋势。其中，京津冀、珠三角、长江中游、成渝、中原、关中、兰西城市群 PM2.5 浓度年均值总体呈下降趋势，成渝和中原城市群下降幅度较大，年均下降率分别为 5.301% 和 3.403%；长江中游城市群下降幅度最小，年均下降率为 0.218%。长三角 PM2.5 浓度年均值略有上升，年均上升率为 1.108%；哈长城市群 PM2.5 浓度年均值虽总体处于较低水平，但年均上升率为 6.570%，上升趋势明显，特别在 2015 年受哈尔滨、长春等主要城市影响，PM2.5 浓度年均值上升幅度较大。呼包鄂榆城市群 PM2.5 浓度年均值较低，且波动不大。表明我国雾霾防治工作取得了积极成效，大部分城市群雾霾污染有所改善，少数城市群雾霾污染仍呈上升趋势，有进一步改进的空间。

表 6.1　样本期十大城市群 PM2.5 浓度年均值　　（单位：微克/立方米）

年份	长三角	京津冀	珠三角	长江中游	成渝	中原	关中	呼包鄂榆	兰西	哈长	均值
2006	48.45	63.62	33.19	45.33	45.03	59.57	35.14	15.57	20.11	29.02	39.50
2007	52.53	61.15	37.18	49.37	35.71	53.86	35.17	18.26	22.36	29.51	39.51
2008	52.91	53.07	37.96	48.14	35.67	45.49	27.73	15.23	19.88	32.20	36.83
2009	50.78	57.99	37.03	45.80	33.73	44.64	29.70	15.55	17.10	34.26	36.66
2010	48.33	53.40	33.36	46.90	41.47	49.79	30.06	15.62	19.03	33.12	37.11
2011	47.87	54.18	31.04	42.93	35.53	45.43	30.48	13.25	16.95	29.44	34.71
2012	43.59	50.29	30.80	40.86	35.31	43.26	28.23	12.73	15.36	26.53	32.70
2013	50.50	62.22	30.77	43.95	37.30	51.50	35.61	15.86	20.53	34.52	38.28
2014	49.57	54.19	36.60	47.16	34.17	45.09	28.65	13.20	18.25	34.01	36.09
2015	53.50	56.29	28.27	44.45	27.58	43.62	28.26	15.66	13.38	51.44	36.25

2. 十大城市群雾霾污染的区域差异及其分解

为了研究十大城市群雾霾污染的区域差异及其来源，本篇采用 Dagum 基尼系数及其分解方法，分别测算了 2006—2015 年十大城市群 PM2.5 浓度的基尼系数，结果如表 6.2 所示。

（1）十大城市群 PM2.5 浓度总体区域差异由表 6.2 可知，十大城市群 PM2.5 浓度的总体基尼系数均值为 0.207。在样本期间内，PM2.5 浓度均值总体差异呈现先下降后上升的趋势，2006—2012 年基尼系数呈下降趋势，由 2006 年的 0.210 下降到 2012 年的 0.194，下降了 1.6 个百分点，在 2012 年达到了样本期间的最小值。随后在 2013—2015 年，基尼系数呈上升趋势，在 2015 年达到了样本期间的最大值。总体而言，基尼系数波动范围不大，从 2006 年的 0.210 上升到 2015 年的 0.236，年均上升率为 1.29%，表明十大城市群 PM2.5 浓度总体差异有所增大。

表 6.2 　　样本期十大城市群 PM2.5 浓度基尼系数测算结果

	年份	2006	2007	2008	2009	2010	2011	2012	2013	2014	2015
	总体	0.210	0.214	0.200	0.201	0.198	0.204	0.194	0.214	0.202	0.236
区域内差距	长三角	0.144	0.117	0.108	0.130	0.125	0.136	0.109	0.125	0.122	0.146
	京津冀	0.181	0.172	0.206	0.166	0.162	0.160	0.162	0.178	0.174	0.163
	珠三角	0.079	0.095	0.082	0.080	0.087	0.082	0.086	0.075	0.099	0.077
	长江中游	0.092	0.097	0.100	0.103	0.125	0.116	0.088	0.118	0.124	0.131
	成渝	0.132	0.114	0.105	0.086	0.105	0.105	0.092	0.121	0.101	0.098
	中原	0.111	0.128	0.134	0.130	0.121	0.102	0.114	0.123	0.128	0.136
	关中	0.115	0.104	0.102	0.094	0.101	0.084	0.087	0.105	0.093	0.103
	呼包鄂榆	0.153	0.189	0.126	0.131	0.144	0.164	0.117	0.133	0.143	0.118
	兰西	0.240	0.278	0.239	0.209	0.163	0.227	0.212	0.223	0.207	0.238
	哈长	0.147	0.158	0.172	0.159	0.153	0.179	0.164	0.155	0.132	0.146

续表

	年份	2006	2007	2008	2009	2010	2011	2012	2013	2014	2015
区域间差距	2与1	0.216	0.175	0.172	0.168	0.160	0.164	0.164	0.191	0.163	0.163
	3与1	0.207	0.194	0.181	0.186	0.198	0.231	0.190	0.250	0.181	0.316
	3与2	0.346	0.287	0.249	0.262	0.272	0.303	0.280	0.358	0.247	0.351
	4与1	0.132	0.116	0.116	0.133	0.130	0.142	0.108	0.142	0.130	0.171
	4与2	0.233	0.191	0.185	0.187	0.168	0.191	0.180	0.233	0.177	0.195
	4与3	0.160	0.154	0.139	0.132	0.181	0.170	0.151	0.182	0.153	0.225
	5与1	0.144	0.211	0.208	0.219	0.138	0.187	0.144	0.186	0.205	0.327
	5与2	0.239	0.303	0.270	0.298	0.194	0.254	0.229	0.289	0.273	0.361
	5与3	0.175	0.106	0.098	0.091	0.138	0.113	0.108	0.134	0.106	0.090
	5与4	0.118	0.172	0.165	0.165	0.126	0.134	0.108	0.136	0.177	0.237
	6与1	0.151	0.159	0.124	0.131	0.139	0.122	0.120	0.146	0.128	0.142
	6与2	0.161	0.153	0.183	0.165	0.147	0.141	0.147	0.159	0.160	0.157
	6与3	0.285	0.278	0.188	0.191	0.258	0.254	0.230	0.324	0.203	0.312
	6与4	0.158	0.173	0.128	0.133	0.149	0.141	0.131	0.186	0.140	0.163
	6与5	0.169	0.295	0.212	0.224	0.181	0.201	0.179	0.247	0.227	0.324
	7与1	0.196	0.216	0.314	0.270	0.242	0.240	0.225	0.199	0.274	0.319
	7与2	0.325	0.308	0.352	0.345	0.311	0.310	0.312	0.305	0.337	0.352
	7与3	0.106	0.107	0.167	0.131	0.108	0.092	0.100	0.108	0.146	0.098
	7与4	0.147	0.180	0.270	0.219	0.226	0.181	0.189	0.142	0.248	0.230
	7与5	0.168	0.119	0.153	0.110	0.178	0.120	0.137	0.118	0.124	0.107
	7与6	0.262	0.302	0.307	0.275	0.300	0.262	0.266	0.265	0.294	0.315
	8与1	0.513	0.484	0.553	0.531	0.512	0.566	0.548	0.522	0.579	0.547
	8与2	0.607	0.545	0.554	0.577	0.549	0.607	0.596	0.594	0.608	0.565
	8与3	0.361	0.343	0.427	0.408	0.362	0.402	0.415	0.320	0.470	0.287
	8与4	0.489	0.460	0.519	0.493	0.500	0.528	0.525	0.470	0.563	0.479
	8与5	0.486	0.333	0.402	0.369	0.453	0.457	0.470	0.403	0.443	0.276
	8与6	0.585	0.561	0.543	0.534	0.557	0.590	0.581	0.582	0.593	0.546

续表

	年份	2006	2007	2008	2009	2010	2011	2012	2013	2014	2015
区域间差距	8与7	0.386	0.316	0.291	0.313	0.316	0.394	0.378	0.384	0.369	0.287
	9与1	0.416	0.408	0.454	0.496	0.435	0.477	0.479	0.423	0.462	0.600
	9与2	0.529	0.481	0.475	0.546	0.482	0.528	0.535	0.510	0.505	0.616
	9与3	0.255	0.272	0.316	0.368	0.275	0.297	0.336	0.216	0.337	0.357
	9与4	0.385	0.378	0.416	0.456	0.423	0.434	0.453	0.363	0.442	0.537
	9与5	0.387	0.268	0.295	0.328	0.371	0.355	0.394	0.299	0.305	0.348
	9与6	0.495	0.488	0.445	0.500	0.485	0.504	0.516	0.491	0.478	0.599
	9与7	0.284	0.261	0.213	0.272	0.228	0.285	0.295	0.272	0.230	0.357
	9与8	0.252	0.273	0.245	0.198	0.191	0.243	0.220	0.243	0.248	0.197
	10与1	0.265	0.290	0.256	0.225	0.213	0.263	0.257	0.218	0.212	0.151
	10与2	0.398	0.375	0.307	0.294	0.277	0.328	0.339	0.320	0.275	0.164
	10与3	0.125	0.155	0.145	0.129	0.129	0.143	0.140	0.148	0.121	0.296
	10与4	0.222	0.255	0.214	0.175	0.196	0.208	0.221	0.164	0.183	0.161
	10与5	0.233	0.157	0.148	0.135	0.158	0.159	0.173	0.146	0.123	0.307
	10与6	0.345	0.376	0.257	0.230	0.267	0.283	0.297	0.281	0.233	0.144
	10与7	0.153	0.150	0.168	0.159	0.150	0.148	0.135	0.140	0.148	0.300
	10与8	0.312	0.269	0.361	0.376	0.362	0.388	0.355	0.371	0.441	0.533
	10与9	0.245	0.245	0.286	0.347	0.292	0.312	0.301	0.292	0.315	0.587

注:"1""2""3""4""5""6""7""8""9""10"分别代表长三角、京津冀、珠三角、长江中游、成渝、中原、关中、呼包鄂榆、兰西、哈长城市群。

(2)十大城市群PM2.5浓度区域内差异

由表6.2可知,从整体来看十大城市群PM2.5浓度区域内差异分别处于不同的水平,且呈现出不同的波动趋势。在样本期间内,兰西城市群区域内的差异最大,为0.224;其次为京津冀、哈长、呼包鄂榆、长三角、中原、长江中游、成渝以及关中城市群,区域内差异分别为0.172、0.157、0.142、0.126、0.123、0.109、0.106、0.089;珠三角城市群的区域内差异最小，为0.084。由图6.1可以看出十大城市群PM2.5浓度总体基尼系数，图6.2可以看出十大城市群PM2.5浓度区域内差异的演变趋势。从演变过程来看，京津冀、成渝、关中、兰西、呼包鄂榆城市群PM2.5浓度的区域内差异在波动中呈下降趋势，长江中游和中原城市群PM2.5浓度的区域内差异在波动中呈上升趋势，珠三角、哈长、长三角城市群PM2.5浓度的区域内差异在样本期间内的波动幅度较为平缓。具体来看，京津冀城市群PM2.5浓度区域内差异的变化呈现上升-下降-上升的态势，年均下降率为1.18%。成渝城市群PM2.5浓度区域内差异的变化呈现下降-上升-下降的趋势，年均下降率为3.21%。关中城市群PM2.5浓度区域内差异的变化呈现下降-上升的变化趋势，年均下降率为1.16%。兰西城市群PM2.5浓度区域内差异的变化呈现上升-下降-上升的波动趋势，2011—2013年基尼系数一直保持在0.22左右，以2006年为基年，年均下降率为0.08%，兰西城市群基尼系数从2006年的0.240上升到2007年的0.278，之后迅速下降到2010年的0.163，2007—2010年的年均下降率达到19.477%，但之后又开始缓慢上升。呼包鄂榆城市群区域内差异的变化呈现上升-下降-上升的波动趋势，年均下降率为2.82%。长江中游城市群PM2.5浓度区域内差异的变化呈现上升-下降-上升的变化趋势，从2006年的0.092持续缓慢上升到2010年的0.125，上升了3.3个百分点，然后又下降到2012年的0.088，下降了3.7个百分点，之后又持续上升到2015年的0.131，以2006年为基期，年均上升率为4.04%。中原城市群PM2.5浓度区域内差异的变化呈现上升-下降-上升的变化趋势，在2011年下降到最小值0.102，之后又持续上升，年均上升率为2.29%。珠三角城市群PM2.5浓度区域内差异的变化呈现上升-下降-上升-下降的波动态势，在2008—2011年基尼系数一直保持在0.08左右，之后从2012年的0.086下降到2015年的0.077，下降了0.9个百分点，以2006年为基期，年均下降率为0.198%，珠三角城市群PM2.5浓度区域内差异在样本期间内虽然有波动，但波动幅度较为平缓。哈长城市群PM2.5浓度区域内差异的变化呈现上升-下降的趋势，哈长城市群PM2.5浓度区域内差异虽波动次数较多，但是整体的波动幅度是很小的，年均下降率仅有 0.06%。长三角城市群 PM2.5 浓度区域内差异的变化呈现下降-上升-下降-上升的趋势，长三角城市群的基尼系数虽然波动幅度较大，但年均上升率仅有 0.09%。

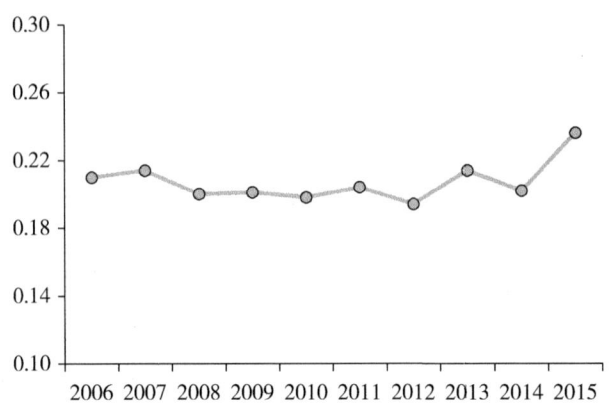

图 6.1　样本期十大城市群 PM2.5 浓度总体基尼系数

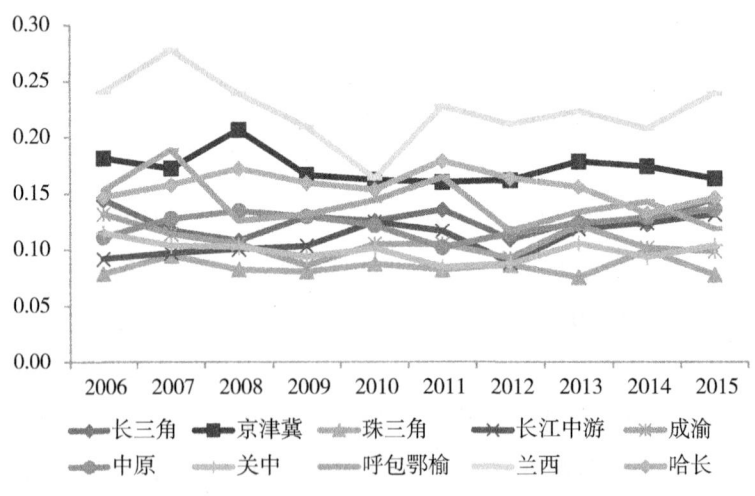

图 6.2　样本期十大城市群 PM2.5 浓度基尼系数

(3) 十大城市群 PM2.5 浓度区域间差异

由表 6.2 可知，十大城市群 PM2.5 浓度区域间差异的均值为 0.283。具体来看，珠三角与京津冀区域间差异的均值，关中与中原区域间差异的均值，呼包鄂榆与长三角、京津冀、珠三角、长江中游、成渝、中原、关中城市群区域间差异的均值，兰西与长三角、京津冀、珠三角、长江中游、成渝、中原城市群区域间差异的均值，以及哈长与京津冀、呼包鄂榆和兰西城市群区域间差异的均值，均高于十大城市群总体区域差异的平均水平；而其他城市群区域间差异的均值都低于十大城市群总体区域差异的平均水平。其中，京津冀与呼包鄂榆城市群区域间差异的均值最高，为 0.580；珠三角与成渝城市群区域间差异的均值最低，为 0.116。分阶段来看，在 2006、2008—2009、2011—2014 年，京津冀与呼包鄂榆城市群区域间差异最大，差异介于 0.540~0.610；而在 2007 年和 2010 年，中原与呼包鄂榆城市群区域间差异最大，差异介于 0.557~0.561，在 2015 年京津冀与兰西城市群区域间差异最大，为 0.616。在 2007—2009 年以及 2014—2015 年，珠三角与成渝城市群区域间差异最小，差异介于 0.090~0.106，在样本期间的其他年份珠三角与关中城市群区域间差异最小，差异介于 0.092~0.108。因此，当前应该重点降低京津冀、呼包鄂榆、中原城市群之间 PM2.5 浓度的差异。

(4) 十大城市群 PM2.5 浓度区域差异来源及其贡献。表 6.3 描述了十大城市群 PM2.5 浓度区域差异来源及其贡献率的大小。区域间差异、超变密度及区域内差异的来源与贡献率变化规律基本一致。从差异来源的大小来看，区域间差异来源在 0.134 到 0.167 之间变化，是主要来源；超变密度差异来源在 0.035 到 0.050 之间变化，是次要来源；而区域内差异来源在 0.016~0.019 之间变化，是最小的来源。从差异贡献率的大小来看，在样本期间内，区域内差异贡献率均值为 8.08%，区域间差异贡献率均值为 71.34%，超密度贡献率均值为 20.38%，因此区域间差异是十大城市群 PM2.5 浓度总体差异产生的主要来源。

表 6.3　样本期十大城市群 PM2.5 浓度区域差异来源及其贡献率

年份	区域内		区域间		超变密度	
	来源	贡献率	来源	贡献率	来源	贡献率
2006	0.0164	7.81%	0.1552	73.91%	0.0384	18.29%
2007	0.0166	7.77%	0.1624	75.97%	0.0348	16.28%
2008	0.0166	8.28%	0.1336	66.66%	0.0502	25.00%
2009	0.0165	8.21%	0.1416	70.42%	0.0429	21.34%
2010	0.0171	8.65%	0.1343	67.97%	0.0462	23.38%
2011	0.0164	8.03%	0.1450	70.99%	0.0393	19.24%
2012	0.0148	7.63%	0.1435	73.99%	0.0356	18.36%
2013	0.0172	8.05%	0.1606	75.15%	0.0359	16.80%
2014	0.0174	8.62%	0.1359	67.35%	0.0485	24.04%
2015	0.0186	7.90%	0.1673	71.02%	0.0496	21.05%

图 6.3 描绘了十大城市群 PM2.5 浓度区域差异来源及其贡献率的演变趋势。具体来看，区域间差异贡献率从 2007 年的 75.97% 下降到 2008 年的 66.66%，下降了 9.31 个百分点，之后又从 2010 年的 67.97% 上升到 2013 年的 75.15%，上升了 7.18 个百分点，以 2006 年为基期，年均下降率为 0.442%。区域内差异贡献率的波动幅度较小，贡献率始终保持在 7.63%～

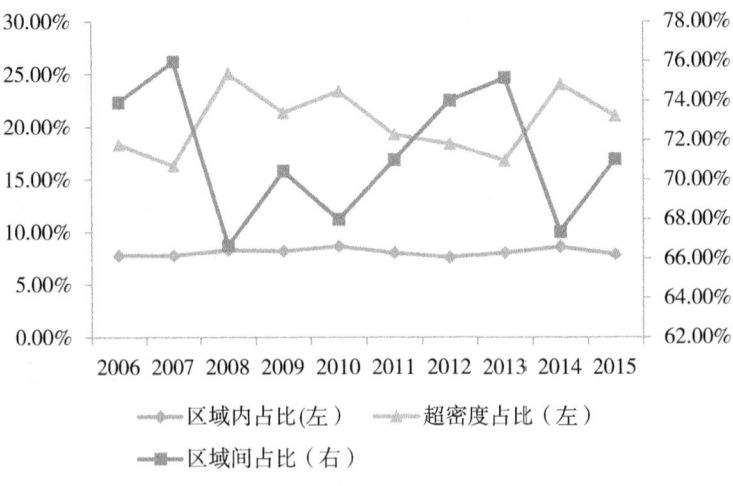

图 6.3　样本期十大城市群 PM2.5 浓度区域差异来源及分解

8.65%，但总体上呈小幅上升趋势，年均上升率为 0.127%。超变密度差异贡献率揭示了十大城市群子群间因交叉项的统计对总体 PM2.5 浓度差异产生的影响，反映区域间差异与区域内差异的交互作用对总体 PM2.5 浓度差异的贡献，超变密度贡献率从 2007 年的 16.28% 上升到 2008 年的 25%，上升了 8.72 个百分点，之后又缓慢下降到 2013 年的 16.80%，下降了 8.2 个百分点，以 2006 年为基期，年均上升率为 1.574%，表明区域间差异与区域内差异的交互作用增强。

三、十大城市群雾霾污染的时空分布演进

基尼系数刻画的是十大城市群 PM2.5 浓度均值的相对区域差异，未能反映 PM2.5 浓度的绝对差异及其动态演进。因而，本篇选取 2006 年、2011 年和 2015 年为测度时间点，运用 Kernel 密度估计做出 PM2.5 浓度分布的二维图，分别考察十大城市群总体以及各城市群 PM2.5 浓度分布的整体态势及其动态演进。除此之外，本篇还采用 Markov 链分析方法，描述城市群 PM2.5 浓度在时间、空间滞后作用下的动态转移特征，判断其转移平稳性及转移路径。

1. 十大城市群 PM2.5 浓度分布的时间动态演进

（1）十大城市群 PM2.5 浓度分布动态的演变特征

运用 Kernel 密度估计做出十大城市群总体、各城市群 PM2.5 浓度分布的二维图（见图 6.4），现将其分布动态的演变特征总结如下：

第一，在选取的年份期间，十大城市群总体 PM2.5 浓度分布曲线的中心逐渐左移，表明整体 PM2.5 浓度呈现出下降的趋势。而对于各个城市群而言，除了长三角、哈长右移以及呼包鄂榆变化不明显外，其他城市群分布曲线的中心均左移，表明大部分城市群的 PM2.5 浓度呈现下降趋势，这一特征与前面的整体描述一致。

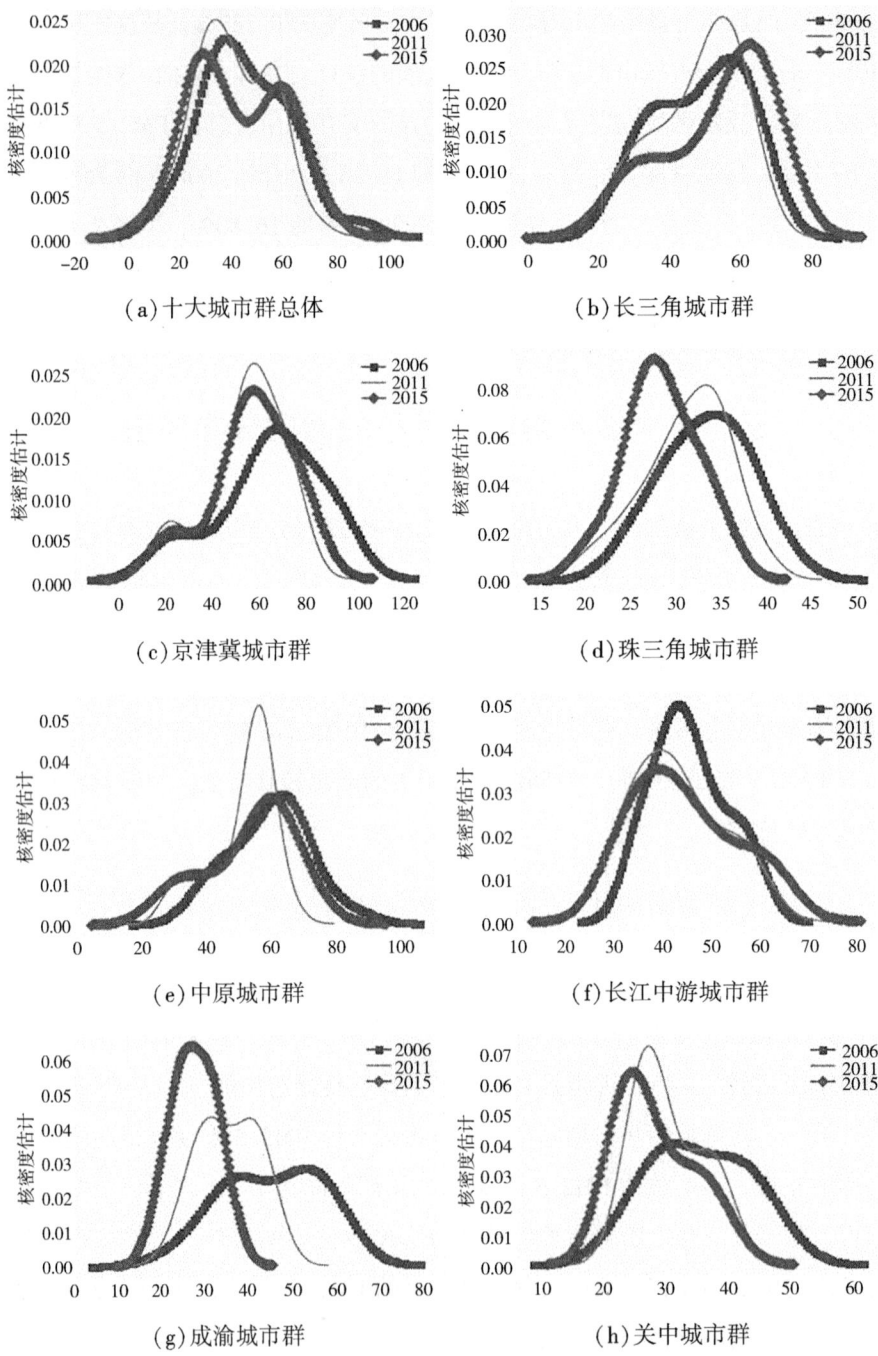

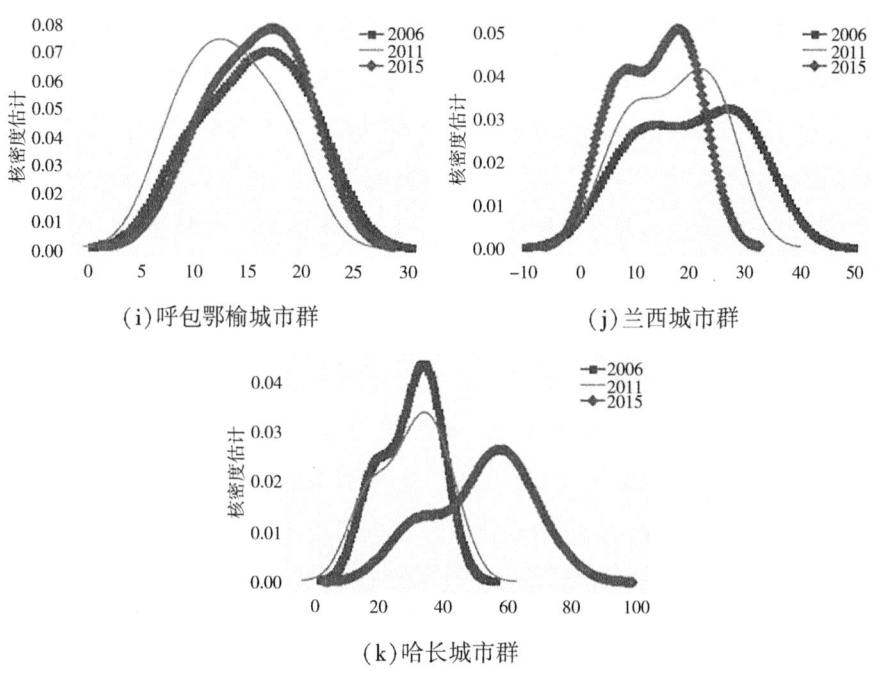

图 6.4 样本期十大城市群 PM2.5 浓度分布的时间动态演进

第二，十大城市群总体、长三角、京津冀、中原、关中 PM2.5 浓度分布曲线的主峰峰值呈"上升-下降"的趋势，主峰宽度呈"缩小-增大"的趋势，表明这些城市群 PM2.5 浓度的绝对差异呈现"缩小-扩大"的波动趋势。珠三角、成渝、呼包鄂榆以及兰西城市群 PM2.5 浓度分布曲线的主峰峰值呈现上升趋势，主峰宽度呈逐年缩小的趋势，表明其 PM2.5 浓度的绝对差异呈现缩小的趋势。长江中游和哈长城市群 PM2.5 浓度分布曲线的主峰峰值呈现下降趋势，主峰宽度呈逐年增大的趋势，表明这两个城市群 PM2.5 浓度的绝对差异呈现扩大的趋势。

第三，十大城市群总体、长三角、京津冀、珠三角、成渝、中原、呼包鄂榆、兰西以及哈长城市群 PM2.5 浓度分布曲线存在向左的拖尾现象，表明其地区差异在不断减少；而长江中游和关中城市群存在向右的拖尾现象，表明这两个城市群的地区差异在不断增加。

第四，十大城市群总体 PM2.5 浓度分布曲线逐步由一个主峰演变成一个主峰和一个侧峰。在两极分化阶段，主峰峰值较高，侧峰峰值较低，但其峰值呈逐年阶梯状下降，表明城市群总体内城市 PM2.5 浓度存在一定梯度，呈现微弱的两极分化现象且逐年得到缓解；在单极化阶段，城市群总体 PM2.5 浓度呈现单峰，峰值上升，表明其 PM2.5 浓度由单极化转化为两极化，极化现象出现。京津冀、兰西和哈长城市群的 PM2.5 浓度分布始终呈双峰状态，主峰峰值较高，侧峰峰值较低，表明这些城市群内城市的 PM2.5 浓度存在一定梯度，呈现微弱的两极分化现象。其中，京津冀城市群的峰值呈"上升-下降"的趋势，表明京津冀城市群两极分化现象在一段时间得到加剧，之后又渐渐缓解；兰西城市群的峰值呈现逐年阶梯状上升，表明两极化现象未得到有效缓解，反而越来越严重；哈长城市群的峰值呈阶梯状下降趋势，表明两极化现象得到了缓解。珠三角、长江中游和呼包鄂榆城市群的雾霾浓度分布始终呈单峰状态，单极化现象一直存在，其中珠三角和呼包鄂榆城市群峰值呈逐年阶梯状上升的趋势，表明随着时间推移，其极化现象并未得到缓解与控制，且在不断加剧；而长江中游城市群的峰值呈现逐年阶梯状下降，表明随着时间推移，长江中游的极化现象得到了缓解与控制。成渝城市群分布两极分化现象逐渐消失，并最终呈单极化现象，其峰值呈现阶梯状上升的趋势，在两极化阶段，主峰峰值较高，侧峰峰值较低，但其峰值逐年阶梯状上升，表明上述城市群内城市的 PM2.5 浓度存在一定梯度，呈现微弱的两极分化现象但并未得到有效缓解；在单极化阶段，PM2.5 浓度分布呈现单峰，峰值继续上升，表明两极分化现象未得到控制，单极化现象也没有得到缓解。中原和关中城市群由单峰变为了双峰，且峰值呈现"上升-下降"的趋势，其中，在两极化阶段，主峰峰值较高，侧峰峰值较低，但其峰值逐年阶梯状下降，表明上述城市群内城市的 PM2.5 浓度存在一定梯度，呈现微弱的两极分化现象且得到有效缓解；在单极化阶段，上述城市群 PM2.5 浓度分布呈现单峰，峰值继续上升，表明两极分化现象未得到控制，单极化现象也没有得到缓解。长三角城市群分布首先由两峰变为单峰后又变为两峰，峰值也是呈现"上升-下降"的趋势，表明两极化现象得到有效缓解。

(2)十大城市群总体 PM2.5 浓度状态转移的时间特征

运用 Markov 链分析方法,计算样本期间两阶段十大城市群总体 PM2.5 浓度的传统 Markov 链转移概率矩阵(见表 6.4),探究城市群 PM2.5 浓度的转移规律,为区域间 PM2.5 浓度差异、极化现象提供科学解释。以 PM2.5 年均值为划分依据,将各城市群 PM2.5 浓度的均值划分为六个水平:优(0~10 微克/立方米)、良(10~15 微克/立方米)、轻度(15~35 微克/立方米)、中度(35~45 微克/立方米)、重度(45~55 微克/立方米)、严重(55 微克/立方米以上)。由表 6.4 可知,在时间效应下,城市群 PM2.5 浓度的转移平稳性和转移路径具有明显规律:

第一,在样本期间,矩阵对角线上的转移概率均大于非对角线上的转移概率,其中对角线上转移概率最大的为 0.873,最小的为 0.476,表明城市群 PM2.5 浓度保持不变的概率至少为 0.476。同时,在 6 个状态中,各个水平保持稳定的概率均大于其转移的概率,这表明城市群的 PM2.5 浓度受到之前年度的影响,呈现路径依赖性,容易形成自我固化。

第二,不同雾霾污染水平之间发生转移的概率相对较小(非对角线概率值),最大为 0.286,为对角线最小概率的 60%;与对角线不相邻的概率值均小于 0.2,这意味着在 2 个连续的年份之间,轻度雾霾污染城市群向重度及以上的城市群转变概率较低,反之亦然。轻度以及中度雾霾污染城市群几乎无法向两边发生转变。这一结果反映了城市群雾霾污染是个持续发展的过程,不会在短期内实现跨级类型的跃升或衰退。

第三,通过 2006—2010 年和 2011—2015 年两期对比,城市群 PM2.5 浓度的转移特征存在一定的差异。当雾霾污染初始状态为优等时,2011—2015 年城市群保持稳定状态的相对水平较高,而 2006—2010 年在雾霾污染初始状态为良好、轻度、中度、重度以及严重水平时,城市群保持稳定状态水平较高,表明在 2006—2010 年,雾霾污染初始状态为良好、轻度、中度、重度以及严重水平的城市群趋同现象较为显著;与 2006—2010 年相比,2011—2015 年从雾霾污染初始状态为良好、轻度、中度、重度向轻度、中度、重度以及严重水平转移的概率相对较高,表明在 2011—2015

年，十大城市群雾霾污染加重的概率增大。

表6.4　样本期十大城市群 PM2.5 浓度的空间传统 Markov 链转移概率矩阵

年份期间	t/t+1	n	1	2	3	4	5	6
2006—2015	1	28	0.750	0.250	0	0	0	0
	2	21	0.286	0.476	0.238	0	0	0
	3	442	0	0.016	0.873	0.106	0.002	0.002
	4	350	0	0	0.206	0.623	0.154	0.017
	5	251	0	0	0.004	0.243	0.482	0.271
	6	366	0	0	0.003	0.011	0.175	0.811
2006—2010	1	12	0.583	0.417	0	0	0	0
	2	7	0.286	0.571	0.143	0	0	0
	3	174	0	0.006	0.879	0.109	0	0.006
	4	163	0	0	0.147	0.706	0.141	0.006
	5	107	0	0	0	0.215	0.626	0.159
	6	185	0	0	0.005	0.022	0.097	0.876
2011—2015	1	15	0.868	0.133	0	0	0	0
	2	10	0.100	0.500	0.400	0	0	0
	3	222	0	0.018	0.860	0.117	0.005	0
	4	148	0	0	0.209	0.561	0.196	0.034
	5	114	0	0	0.009	0.202	0.377	0.412
	6	139	0	0	0	0	0.273	0.727

注："1""2""3""4""5""6"分别代表优、良、轻度、中度、重度、严重。

2. 十大城市群 PM2.5 浓度的空间动态演进

由于 PM2.5 浓度存在地理相关性，因此本篇建立空间 Markov 链概率转移矩阵，探究邻域 PM2.5 浓度对雾霾污染转移特征的影响。由表6.5 和表6.6 可知，在时间与空间效应下，十大城市群雾霾污染水平的转移具有以下特征：

表6.5 样本期十大城市群 PM2.5 浓度的空间 Markov 链转移概率矩阵

空间滞后	t/t+1	n	1	2	3	4	5	6
1	1	0	0	0	0	0	0	0
	2	1	0	0	1	0	0	0
	3	1	0	0	1	0	0	0
	4	0	0	0	0	0	0	0
	5	0	0	0	0	0	0	0
	6	0	0	0	0	0	0	0
2	1	18	0.778	0.222	0	0	0	0
	2	3	0.333	0.333	0.333	0	0	0
	3	31	0	0.129	0.871	0	0	0
	4	0	0	0	0	0	0	0
	5	0	0	0	0	0	0	0
	6	0	0	0	0	0	0	0
3	1	10	0.700	0.300	0	0	0	0
	2	17	0.294	0.529	0.177	0	0	0
	3	247	0	0.012	0.875	0.109	0.004	0
	4	76	0	0	0.197	0.605	0.171	0.026
	5	0	0	0	0	0	0	0
	6	0	0	0	0	0	0	0
4	1	0	0	0	0	0	0	0
	2	0	0	0	0	0	0	0
	3	131	0	0	0.847	0.153	0	0
	4	210	0	0	0.229	0.633	0.124	0.014
	5	66	0	0	0.015	0.439	0.455	0.091
	6	3	0	0	0	0.333	0	0.667
5	1	0	0	0	0	0	0	0
	2	0	0	0	0	0	0	0
	3	15	0	0	1	0	0	0
	4	58	0	0	0.155	0.603	0.224	0.017
	5	145	0	0	0	0.179	0.490	0.331
	6	70	0	0	0	0.029	0.314	0.657
6	1	0	0	0	0	0	0	0
	2	0	0	0	0	0	0	0
	3	17	0	0	0.941	0	0	0.059
	4	6	0	0	0	0.667	0.330	0
	5	40	0	0	0	0.150	0.500	0.350
	6	293	0	0	0.003	0.003	0.143	0.850

注：同表6.3。

第一，十大城市群中城市雾霾污染水平的转移，在地理空间效应的作用下，表现出一定的空间依赖性。表 6.5 中的六个条件转移概率矩阵并不相同，表明在不同水平邻域污染环境的影响下，雾霾污染水平发生转移的概率各不相同。邻域雾霾污染水平处于严重状态的城市群向下转移的概率小于雾霾污染水平处于重度水平的城市群向下转移的概率，如 $P_{65/6}$ 小于 $P_{65/5}$；邻域雾霾污染水平处于轻度状态的城市群向上转移的概率小于雾霾污染水平处于中度水平的城市群向下转移的概率，如 $P_{34/3}$ 小于 $P_{34/4}$。

第二，十大城市群中不同水平的邻域雾霾污染环境对污染水平转移的作用有所差别。水平较高的邻域雾霾污染环境对周边城市雾霾污染具有加剧作用，如 P45/6 大于 P45，P36/6 大于 P36，表明高雾霾污染地区加剧了邻近城市雾霾污染，这是由于雾霾污染传播特征所致；而水平较低的邻域雾霾污染环境对周边城市雾霾污染具有减缓作用，如 P34/2 小于 P34，表明低雾霾污染地区抑制了邻近城市雾霾污染。

第三，十大城市群中相邻城市群 PM2.5 浓度的差异对城市群雾霾污染水平转移概率的影响不同步，即两者是不成比例的。例如当邻域雾霾污染水平处于轻度水平、中度水平时，初始状态处于轻度水平的城市群向上转移的概率分别为 0.109、0.153；而当邻域雾霾污染为重度水平时，初始状态处于轻度水平的城市群其向上转移的概率不升反降，为 0。究其原因，当相邻城市雾霾污染水平差异较小时，城市之间雾霾影响因子相互扩散；而当相邻城市雾霾污染水平差异较大时，雾霾污染处于低位的城市群并未对处于高位的城市群产生积极影响，城市群雾霾污染的空间差异增大，极化现象产生。

第四，十大城市群在雾霾污染情况的不同阶段，邻域污染环境对城市雾霾污染水平产生差异化影响。例如，当邻域雾霾污染水平处于轻度水平时，初始状态处于中度水平的城市在 2006—2010 年仍然保持平稳的概率为 0.765(见表 6.6)，大于相应期间不考虑邻域雾霾污染环境时的概率，为 0.706(见表 6.4)；初始状态处于中度水平的城市在 2011—2015 年仍然保持平稳的概率为 0.5(见表 6.6)，小于相应期间不考虑邻域雾霾污染环境时的概率 0.561(见表 6.4)，表明 2011—2015 年中度雾霾污染城市受轻度及以下城市群环境的影响较小。

表 6.6 样本期十大城市群 PM2.5 浓度的空间 Markov 链转移概率矩阵

空间滞后	t/t+1	2006—2010							2011—2015						
		n	1	2	3	4	5	6	n	1	2	3	4	5	6
1	1	0	0	0	0	0	0	0	0	0	0	0	0	0	0
	2	0	0	0	0	0	0	0	1	0	0	1	0	0	0
	3	0	0	0	0	0	0	0	1	0	0	1	0	0	0
	4	0	0	0	0	0	0	0	0	0	0	0	0	0	0
	5	0	0	0	0	0	0	0	0	0	0	0	0	0	0
	6	0	0	0	0	0	0	0	0	0	0	0	0	0	0
2	1	9	0.667	0.333	0	0	0	0	9	0.889	0.111	0	0	0	0
	2	0	0	0	0	0	0	0	3	0.333	0.333	0.333	0	0	0
	3	15	0	0	1	0	0	0	12	0	0.167	0.833	0	0	0
	4	0	0	0	0	0	0	0	0	0	0	0	0	0	0
	5	0	0	0	0	0	0	0	0	0	0	0	0	0	0
	6	0	0	0	0	0	0	0	0	0	0	0	0	0	0
3	1	3	0.333	0.667	0	0	0	0	6	0.833	0.167	0	0	0	0
	2	7	0.286	0.571	0.143	0	0	0	6	0	0.667	0.333	0	0	0
	3	93	0	0.011	0.871	0.118	0	0	132	0	0.015	0.864	0.114	0.008	0
	4	34	0	0	0.059	0.765	0.176	0	36	0	0	0.250	0.500	0.194	0.056
	5	0	0	0	0	0	0	0	0	0	0	0	0	0	0
	6	0	0	0	0	0	0	0	0	0	0	0	0	0	0

续表

空间滞后	t/t+1	n	2006—2010						n	2011—2015					
			1	2	3	4	5	6		1	2	3	4	5	6
4	1	0	0	0	0	0	0	0	0	0	0	0	0	0	0
	2	0	0	0	0	0	0	0	0	0	0	0	0	0	0
	3	51	0	0	0.843	0.157	0	0	64	0	0	0.828	0.172	0	0
	4	96	0	0	0.167	0.719	0.115	0	89	0	0	0.236	0.562	0.169	0.034
	5	25	0	0	0	0.320	0.600	0.080	31	0	0	0.032	0.419	0.419	0.129
	6	2	0	0	0	0.500	0	0.500	1	0	0	0	0	0	1
5	1	0	0	0	0	0	0	0	0	0	0	0	0	0	0
	2	0	0	0	0	0	0	0	0	0	0	0	0	0	0
	3	6	0	0	1	0	0	0	7	0	0	1	0	0	0
	4	31	0	0	0.194	0.613	0.161	0.032	19	0	0	0.053	0.632	0.316	0
	5	67	0	0	0	0.194	0.642	0.164	67	0	0	0	0.119	0.343	0.537
	6	29	0	0	0	0.069	0.207	0.724	30	0	0	0	0	0.400	0.600
6	1	0	0	0	0	0	0	0	0	0	0	0	0	0	0
	2	0	0	0	0	0	0	0	0	0	0	0	0	0	0
	3	9	0	0	0.889	0	0	0.111	0	0	0	0	0	0	0
	4	2	0	0	0	0.500	0.500	0	6	0	0	0	0.750	0.250	0
	5	15	0	0	0	0.133	0.600	0.267	16	0	0	0	0.125	0.438	0.438
	6	154	0	0	0.006	0.006	0.078	0.909	108	0	0	0	0	0.241	0.759

注：同表6.3。

四、结论与建议

基于2006—2015年长三角、京津冀、珠三角、中原、长江中游、成渝、关中、呼包鄂榆、兰西和哈长城市群的PM2.5浓度数据,本篇对十大城市群雾霾污染水平的区域差异及其分布动态演进过程进行了实证研究。主要研究结论包括以下方面:

第一,十大城市群PM2.5浓度年均值在波动中呈现下降趋势。京津冀、珠三角、长江中游、成渝、中原、关中、兰西城市群PM2.5浓度年均值总体呈下降趋势,成渝和中原城市群下降幅度较大;长三角、哈长城市群PM2.5浓度年均值总体呈现上升趋势;呼包鄂榆城市群PM2.5浓度年均值和波动都不大。长三角、京津冀、长江中游以及中原四大城市群的PM2.5浓度年均值每年都高于十大城市群PM2.5浓度的总体均值,而关中、呼包鄂榆和兰西的PM2.5浓度年均值每年都低于十大城市群的PM2.5浓度的总体均值。京津冀雾霾污染情况最为严重,呼包鄂榆城市群雾霾污染最轻。

第二,十大城市群PM2.5浓度均值总体差异呈现先下降后上升的趋势,在波动中有所增大。2006—2012年基尼系数呈下降趋势,在2012年达到最小值;随后在2013—2015年呈上升趋势,在2015年达到最大值。十大城市群PM2.5浓度的平均基尼系数较小,表明十大城市群PM2.5浓度的总体差异不大。区域间差异是十大城市群PM2.5浓度总体差异的主要来源,样本期间贡献率在66.66%~75.97%波动。

第三,从十大城市群PM2.5浓度分布的时间动态演进来看,在样本期间内,十大城市群总体PM2.5浓度分布曲线的中心逐渐左移,表明整体PM2.5浓度呈现出下降的趋势。十大城市群逐步呈现由一个主峰进化到一个主峰和一个侧峰。在两极分化阶段,主峰峰值较高,侧峰峰值较低,但其峰值呈逐年阶梯状下降,表明城市群总体内城市的PM2.5浓度存在一定的梯度,呈现微弱的两极分化现象且逐年得到缓解;在单极化阶段,城市群总体 PM2.5 浓度呈现单峰，峰值上升，表明其 PM2.5 浓度由单极化转化为两极化，极化现象出现。

第四，从十大城市群 PM2.5 浓度分布的时间演变来看，十大城市群的 PM2.5 浓度受到之前年度的影响，呈现路径依赖性，容易形成自我固化。十大城市群雾霾污染演变是一个持续发展的过程，在短期内不会实现跨级类型的跃升或衰退。同时通过对 2006—2010 年和 2011—2015 年两期对比发现，城市群 PM2.5 浓度的转移特征存在一定的差异。

第五，从十大城市群 PM2.5 浓度分布的空间动态演变来看，在地理空间效应作用下，十大城市群雾霾污染水平转移表现出一定的空间依赖性。区域内城市所处的邻域雾霾污染环境有所差别，并呈集聚格局；邻域雾霾污染环境对不同污染水平城市向上转移并形成非同步、差异化影响，高雾霾污染地区加剧了邻近城市雾霾污染，低雾霾污染地区抑制了邻近城市雾霾污染；在雾霾污染水平的不同阶段，邻域污染环境对周边城市雾霾污染产生的影响也有所不同。

根据上述研究结论，提出以下对策建议。首先，加大雾霾污染严重城市防治力度，不断缩小城市群区域内差异。兰西、京津冀、哈长城市群雾霾污染的区域内差异较大，对于这些城市群中雾霾污染较为严重的城市，要加大防治力度；对雾霾污染程度相对较轻的城市，应加快探索城市群内雾霾污染防治对策，增强其对雾霾污染严重城市的辐射和带动作用，从而逐渐缩小城市群内部城市间雾霾污染差异。其次，提升雾霾污染比较严重的城市群防控水平，逐渐降低城市群区域间雾霾污染差异。区域间差异是雾霾污染总体差异的主要来源，因此缩小区域间差异对于降低我国城市群雾霾污染具有十分重要的意义。对于长三角、津京冀、长江中游等雾霾污染较为严重的城市群，要进一步加大治理投入，采取有力措施降低雾霾污染；对于雾霾污染程度较轻的城市群，要加大监测预警力度，重在防控。最后，适时建立城市群雾霾污染防治的区域协调机制，打破省域、城市分割，加强城市群之间的雾霾防治的交流合作和经验分享，充分发挥地理邻近与溢出效应，促进城市群雾霾污染防治的协同发展。

第七篇　长江三角洲城市群雾霾污染的空间收敛性分析

引　言

党的十九大报告指出,当今中国要加快生态文明体制改革,建设美丽中国。如今中国的现代化建设是人与自然和谐共生的现代化,既要创造更多物质财富和精神财富以满足人民日益增长的美好生活需要,也要提供更多优质生态产品以满足人民日益增长的优美生态环境需要。同时,报告中明确强调了要着力解决突出环境问题,坚持全民共治、源头防治,持续实施大气污染防治行动,打赢蓝天保卫战。提高污染排放标准,积极参与全球环境治理,落实减排承诺。但是,近几年雾霾天气的频繁发生成为制约经济发展质量提升的瓶颈因素,不容小觑。2013年初始,雾霾天气开始大范围出现在中国的城市中,很多国人的生活与健康均受到雾霾天气的影响。根据相关研究统计,每年由于雾霾因素造成的经济损失接近万亿元。全国范围内雾霾天气频繁发生,不仅对我国空气环境质量造成恶劣的影响,同时也对我国经济质量造成了巨大的伤害,严重危害我国经济的发展,同时也对外商前来中国产生了一系列的影响。雾霾的特点表现是扩散范围广、速度快、治理难度大,因而对于雾霾的治理是迫在眉睫的。因此本篇借助空间计量经济学来探究中国重要的一个城市群——长江三角洲城市群,研究雾霾污染的治理对策与建议,这是十分有意义的。

文 献 综 述

自从工业革命以来,世界各国通过工业化一步步走向了 21 新世纪,但随之而来的是环境污染问题,环境污染与经济增长之间的关系也成为众多学者研究的问题。

近年来,由于雾霾污染日益严重,很多学者对雾霾污染问题给予更多的关注,空间计量研究专家 Anselin(2001)在研究环境经济问题时引入了空间因素,并对其引入的重要意义进行了相应的分析。Rupasingha etal.(2004)通过对美国 3029 个县的人均收入与大气污染之间联系的研究发现,空间计量的引入在一定程度上大大提升了实证结果的精准度。空间计量对存在空间相关性的研究提供了方法的借鉴和参考。

最近的几年,随着雾霾污染越来越严重,许多学者对于雾霾的成因进行了研究。康雨(2016)运用空间计量的方法研究各个省份贸易开放程度对雾霾的影响发现贸易开放程度对雾霾浓度影响由负变为正,即贸易开放程度对雾霾有加剧作用。刘华军、裴延峰(2017)通过构建 Tobit 模型对雾霾污染进行实证研究发现我国现阶段雾霾污染和经济发展之间的关系并不显著,这表明在现阶段我国的雾霾污染治理工作已经取得一定的进展。马丽梅、刘生龙等(2016)通过建立空间杜宾模型探讨我国中东西部地区能源及交通对环境污染的影响,结果发现,不同区域雾霾污染受到因素影响程度不尽相同,整体上讲,以煤为主的能源结构是导致环境污染严重的主要因素,交通拥堵则是高污染的重要原因。童玉芬(2014)研究了人口密度对于雾霾污染的影响发现人口密度与雾霾污染之间呈现负相关。

针对雾霾的影响因素,不同的学者提出了不同的解决方案。白洋、刘晓源(2013)认为要有效的治理雾霾问题,要以预防为主,运用防治结合立法理念通过落实政府环境责任,按照源头治理和总量控制的治理模式,从"防""治""救济"三个层面,运用规划制度、环境标准制度、环评制度、总量控制制度、区域联防制度、预警监测制度等手段,全过程监管;邵帅、李欣等（2015）认为要根据雾霾污染程度和经济发展水平的区域差异进行全局规划，实行有所侧重的区域治霾策略，建立雾霾污染治理的区域联防联控机制，形成有效治霾的区域合力；童纪新、王青青（2018）认为政府实行环境规制应当制定差异化标准，应根据不同城市的雾霾程度和经济发展水平来区别对待并且要提升城市群间的合作。

实证研究方面，针对经济增长与环境污染相互关系，不同的学者提出了不同看法。王莉芳、冯蓉等（2010）通过建立二次或三次回归模型，探讨经济增长对环境污染的单项影响，结果认为经济增长中结构效应、规模效应等因素对环境产生了显著的影响；吴丹、张世秋（2011）利用时间序列分析，探讨环境污染与经济增长间互动关系；齐结斌、胡育容等（2013）通过建立面板模型实证分析了经济对环境污染的影响，研究表明不同的经济增长阶段，对环境污染存在着不同的影响。

综上所述，雾霾问题在我国是十分严峻的一个问题，对我国的经济发展、生态建设、人民生活均有一定程度的负面影响，并且引起了学术界人士的极大关注，但其研究中存在以下几个问题：（1）空间计量模型在雾霾问题上的应用并不普及，很多学者在做研究时依旧使用普通的计量模型，而忽略了雾霾污染的空间相关性，从而得出的相关结果会有一定的偏颇；（2）空间收敛很少应用于雾霾问题；（3）长江三角洲城市群是"一带一路"和长江经济带的重要交汇地带，在中国现代化建设大局和全方位开设大局中具有重要的战略地位，但是雾霾问题却并未引起足够的关注与重视，专门针对长江三角洲城市群这一区域的雾霾污染研究实属少见。

本篇的主要贡献在于：首先，选取长江三角洲城市群来研究雾霾污染问题；其次，在传统收敛模型的基础上，加入了空间自回归和空间误差的分析方法，建立了包含两种空间效应的空间收敛模型，将空间因素对雾霾污染收敛性的影响尽可能考虑在内；最后，通过空间计量模型实证研究了长江三角洲城市群雾霾污染问题在样本期内的收敛性情况，研究了雾霾污染的影响因素并且根据相关的影响因素提出了相关建议，对防治雾霾污染，实现经济的绿色发展具有较大意义。

一、数据与模型

1. 收敛模型

收敛模型最早用于测度收入差距的收敛或者差异性,之后其应用范围扩展到经济增长、创新效率等多个领域。σ收敛、β收敛是收敛性分析比较常用的方法,β收敛包括绝对β收敛和条件β收敛,加入空间效应后,可分为β收敛的空间自回归模型(SAR)和空间误差模型(SEM)。

(1) σ收敛模型。σ收敛是对收敛概念的直观理解,如果各省份服务业发展指数差距是减小的,那么就存在σ收敛,反之则不存在σ收敛,本篇用长江三角洲城市群各城市PM2.5平均值对数化处理后的数据来反映其差距的变化趋势,具体公式为:

$$\sigma_t = \sqrt{\frac{1}{n}\sum_{i=1}^{n}\left(\ln Y_{it} - \frac{1}{n}\sum_{i=1}^{n}\ln Y_{it}\right)^2} \qquad (7.1)$$

(2) 其中, $\ln Y_{it}$ 表示第 i 个城市在第 t 年经过对数化处理后的PM2.5浓度的值, σ_t 表示 n 个城市在第 t 年对数化后的PM2.5浓度的值的标准差,当多个年份出现 $\sigma_{t-1} > \sigma_t$ 时,就意味着随着时间的推进,各城市PM2.5浓度的差距变小,即PM2.5浓度存在σ收敛。

传统的绝对β收敛模型为 $\ln Y_{i,t+1} - \ln Y_{it} = \alpha I + \beta \ln Y_{it} + \varepsilon$,在考虑空间效应的影响后,建立绝对β收敛的空间自回归模型:

$$\ln Y_{i,t+1} - \ln Y_{it} = \alpha I + \beta \ln Y_{it} + \rho W(\ln Y_{i,t+1} - \ln Y_{it}) \qquad (7.2)$$

在绝对β收敛的空间自回归模型中, i 表示样本中包含的各个城市, Y_{it} 表示 i 城市在第 t 年的PM2.5浓度, $\ln Y_{i,t+1} - \ln Y_{it}$ 表示第 i 个城市PM2.5浓度在第 t 年的对数增长量, I 是空间单位向量, W 为空间权重矩阵, α、β 分别为相应的待估参数,其中 β 为收敛系数,如果 $\beta > 0$ 且在统计上显著,则说明长江三角洲城市群的PM2.5浓度存在发散特征;反之,如果 $\beta < 0$,则说明长江三角洲城市群的PM2.5浓度存在绝对β收敛。表示空间自回归

系数,用来衡量相邻城市 PM2.5 浓度的变动对其他城市的影响程度。

条件 β 收敛与绝对 β 收敛不同,它承认各城市之间经济特征和稳态值存在差异。在绝对 β 收敛的空间自回归模型的基础上加上相关控制变量可得到条件 β 收敛的空间自回归模型:

$$\ln Y_{i,\,t+1} - \ln Y_{it} = \alpha I + \beta \ln Y_{it} + \rho(\ln Y_{i,\,t+1} - \ln Y_{it}) + \xi\mu_{it} + \varepsilon \quad (7.3)$$

其中,μ_{it} 表示所选取的控制变量,ξ 表示控制变量的系数,反映所选取的控制变量对 PM2.5 浓度增长率的影响程度与方向,当 $\beta < 0$ 且通过了显著性检验,则说明空间条件 β 收敛性存在,反之,则不存在空间条件 β 收敛性。

(3) β 收敛的空间误差模型(SEM)

与 β 收敛的空间自回归模型(SAR)不同的是,在 β 收敛的空间误差模型(SEM)中,个别城市的空间相关性是由随机扰动项造成的,故绝对 β 收敛的空间误差模型可以表示为:

$$\begin{aligned}\ln Y_{i,\,t+1} - \ln Y_{it} &= \alpha I + \beta \ln Y_{it} + \varepsilon \\ \varepsilon &= \lambda W\varepsilon_0 + \mu\end{aligned} \quad (7.4)$$

在绝对 β 收敛的空间误差模型中,ε 为随机扰动项,λ 表示其他城市 PM2.5 浓度的随机扰动项对本市 PM2.5 浓度增长率的影响。与 β 收敛的空间自回归模型类似,当 $\lambda < 0$ 且在统计上显著时,表示 PM2.5 浓度高的地区的增长率小于低的地区,存在绝对 β 收敛;反之则不存在。当 $\lambda < 0$ 且在统计上显著时,表示其他城市的随机扰动项会对 i 城市的 PM2.5 浓度的增加产生负面影响,即存在负的空间效应;反之,存在正的空间效应。在绝对 β 收敛的空间误差模型中加入控制项可以得到条件 β 收敛的空间误差模型:

$$\begin{aligned}\ln Y_{i,\,t+1} - \ln Y_{it} &= \alpha I + \beta \ln Y_{it} + \xi\mu_{it} + \varepsilon \\ \varepsilon &= \lambda W\varepsilon_0 + \mu\end{aligned} \quad (7.5)$$

其中,μ_{it} 表示所选取的控制变量,ξ 表示控制变量的系数,反映所选取的控制变量对 PM2.5 浓度增长率的影响程度与方向,当 $\beta < 0$ 且通过了显著性检验,则说明空间条件 β 收敛性存在,反之,则不存在空间条件 β 收

敛性。

2. 数据来源与说明

本篇将使用PM2.5的年平均值来代表各个城市的雾霾污染程度，相关的数据来源于哥伦比亚国际地球科学信息网络中心。

二、长江三角洲城市群各地雾霾污染的现状与差异分析

1. 各地区雾霾污染的现状

本篇以长江三角洲城市群26个城市为基础考察单位，选择PM2.5浓度来代表各地区的雾霾污染情况。各城市的雾霾污染情况如表7.1所示。

表7.1　　　　长江三角洲各地区历年PM2.5浓度

	2006	2007	2008	2009	2010	2011	2012	2013	2014	2015	均值
上海	52.07	56.95	56.78	58.01	51.61	49.96	44.70	54.15	47.31	61.08	53.26
南京	56.24	61.14	63.16	60.69	55.76	57.57	51.37	59.51	60.53	65.69	59.16
无锡	62.28	66.33	64.45	63.19	55.69	59.19	53.39	62.00	59.55	64.77	61.08
常州	59.05	63.54	63.05	62.42	55.46	59.08	52.81	60.45	61.45	65.46	60.28
苏州	61.44	66.37	63.72	62.82	56.88	58.38	51.93	61.84	56.93	66.88	60.72
南通	63.39	58.52	55.53	59.82	56.47	57.43	46.31	58.49	49.87	62.98	56.88
盐城	61.29	53.13	53.23	55.87	59.27	56.12	45.27	56.81	50.65	63.77	55.54
扬州	63.19	60.45	61.17	62.17	62.26	60.17	50.37	63.61	58.99	68.94	61.13
镇江	61.12	62.77	63.69	63.49	58.48	62.17	53.29	61.78	63.16	67.97	61.79
泰州	66.46	62.21	61.93	64.43	63.39	62.22	51.23	64.41	58.97	69.87	62.51
杭州	35.37	43.09	42.10	36.32	35.13	34.90	35.68	38.09	38.47	37.03	37.62
宁波	32.68	35.95	38.84	34.31	35.16	31.66	30.82	34.70	32.95	31.64	33.87
嘉兴	51.24	61.15	60.12	56.04	50.95	51.96	50.46	57.05	52.53	59.07	55.06

续表

	2006	2007	2008	2009	2010	2011	2012	2013	2014	2015	均值
湖州	45.73	56.34	54.33	48.94	43.83	47.50	46.38	50.21	49.53	51.18	49.40
绍兴	36.03	41.67	42.16	35.98	36.39	34.30	34.97	38.04	35.30	32.92	36.78
金华	32.90	35.54	36.92	30.89	32.74	29.45	31.52	33.56	32.57	28.82	32.49
舟山	28.07	29.02	32.72	30.95	32.55	25.52	27.84	30.32	29.23	30.34	29.66
台州	25.27	28.08	30.58	27.70	27.95	23.72	22.19	26.20	26.75	23.52	26.20
合肥	50.88	60.38	62.30	58.81	60.15	52.58	49.34	57.78	59.04	62.63	57.39
芜湖	48.18	53.66	54.55	52.32	46.11	50.17	45.57	51.76	55.25	56.75	51.43
马鞍山	55.91	58.78	61.39	59.32	54.09	55.70	50.74	58.62	61.80	63.00	57.93
铜陵	44.27	51.23	54.53	51.25	46.17	47.77	45.21	50.18	54.43	53.92	49.89
安庆	37.91	48.53	48.01	46.12	45.95	42.72	39.10	44.96	49.02	50.84	45.32
滁州	54.68	61.74	60.81	58.13	60.68	54.23	48.47	58.58	58.11	63.44	57.89
池州	35.04	42.56	43.57	39.18	37.03	38.55	35.48	39.10	42.75	44.79	39.80
宣城	38.96	46.71	45.91	41.21	36.48	41.47	39.00	40.79	43.54	43.73	41.78
年均值	48.45	52.53	52.91	50.78	48.33	47.87	43.59	50.50	49.56	53.50	/

2016年，中国颁布《空气质量准则》中明确规定PM2.5年均值在35微克/立方米（μg/m³）以内为安全区域，PM2.5日均值在75微克/立方米（μg/m³）以内为安全区域。从表7.1可以发现，对于长江三角洲城市群26个城市而言，大部分城市在2006—2015年PM2.5浓度的年均值在48μg/m³~55μg/m³之间上下波动，且超过安全区域，这说明长江三角洲城市群的雾霾污染是十分严重的。其中雾霾浓度十年均值排名最高的前十位城市是泰州、镇江、扬州、无锡、苏州、常州、南京、马鞍山、滁州和合肥，而雾霾浓度最低的前十位城市是台州、舟山、金华、宁波、绍兴、杭州、池州、宣城、安庆以及湖州。对比雾霾浓度最高的前十个城市和雾霾浓度较低的前十位城市可以发现，江苏省的八个城市均占据了高雾霾浓度的前八位，这表明江苏省的雾霾较为严重；而浙江省的八个城市中有六个城市占据了低雾霾浓度的前六位，这说明浙江省在长三角城市群中雾霾污

染不是十分严重。造成这种现象的原因主要是因为江苏整体上以工业经济为主,而浙江省则主要以民营私营企业为主,从雾霾成因可以发现工业经济对于雾霾的影响是极为严重的。

但值得注意的是,虽然浙江省的部分地区 PM2.5 年均值在安全范围内,但仍呈现出上升的趋势,整体而言,长江三角洲城市群 PM2.5 问题不容小觑。

2. PM2.5 浓度的地区差异分析

从统计学的角度来说,研究地区差异的指标主要有变异系数、Theil 指数、对数离差均值和基尼系数。其中,基尼系数对于中间水平的变化比较敏感,而对数离差均值和 Theil 指数则分别对底层水平和上层水平的变化比较敏感,本篇综合考虑这三个指标,从而对于 PM2.5 浓度进行全面的测量与比较,多角度认识 PM2.5 浓度在不同地区之间的差异。

本篇用来表示 PM2.5 浓度的基尼系数的计算公式

$$GINI = \frac{2}{n^2 \mu_e} \sum_{i=1}^{n} i e_i - \frac{n+1}{n} \qquad (7.6)$$

其中,n 表示城市个数;e_i 表示将 PM2.5 浓度年均值按从低到高的顺序排列后第 i 个城市的 PM2.5 浓度;μ_e 表示的是长江三角洲城市群的 PM2.5 均值。

对数离差均值和 Theil 指数是经济学家泰尔在 1967 年提出的,依据信息理论学中的熵值概念来计算收入水平之间的差异,具体公式分别如下:

$$GE_0(e) = \frac{1}{n} \sum_{i=1}^{n} \ln \frac{\mu}{e_i} \qquad (7.7)$$

$$GE_1(e) = \frac{1}{n} \sum_{i=1}^{n} \frac{e_i}{\mu} \ln \frac{e_i}{\mu} \qquad (7.8)$$

其中,n 表示城市个数;e_i 表示将 PM2.5 浓度年均值按从低到高的顺序排列后第 i 个城市的 PM2.5 浓度;μ_e 表示的是长江三角洲城市群的 PM2.5 均值。

依据式(7.6)和式(7.7)(7.8),可以分别计算出长江三角洲城市群

2006—2015 年的 PM2.5 浓度的基尼系数($GINI$)、对数离差均值(GE_0)以及 Theil 指数(GE_1),并且计算出这三个指标的增长率,结果如表 7.2 所示。

表 7.2　　　　　长三角城市群雾霾浓度区域差异指标测

年份	$GINI$	GE_0	GE_1	$GINI$ 增长率	GE_0 增长率	GE_1 增长率
2006	0.144	0.036	0.034			
2007	0.117	0.027	0.024	-18.94%	-25.11%	-27.37%
2008	0.108	0.022	0.020	-7.84%	-18.46%	-16.72%
2009	0.130	0.032	0.029	20.07%	44.86%	43.70%
2010	0.125	0.027	0.026	-3.18%	-14.58%	-12.16%
2011	0.136	0.035	0.032	8.15%	30.41%	24.56%
2012	0.109	0.023	0.021	-19.80%	-33.96%	-33.44%
2013	0.125	0.030	0.027	15.00%	27.15%	28.16%
2014	0.122	0.028	0.026	-2.48%	-5.27%	-5.46%
2015	0.146	0.044	0.039	19.39%	57.43%	51.65%
均值	0.126	0.030	0.028	0.012	0.069	0.059
最大值	0.146	0.044	0.039	0.201	0.574	0.517
最小值	0.108	0.022	0.020	-0.198	-0.340	-0.334

从表 7.2 可以看出,基尼系数、对数离差均值以及 Theil 指数都表现出相同的变化趋势。不过,在有些年份,三个差异指标变动的幅度却是不一样的,如在 2011 年,对数离差均值和 Theil 指数在 2010 年的基础上分别上升了 30.41%和 24.56%,而基尼系数却只上升了 8.15%,这表明,2011 年 PM2.5 浓度均值处于两端的城市变化较大,而 PM2.5 浓度均值处于中间水平的城市变化较小。考察三个变异指标整体的变化幅度,其中变化幅度最大的是 Theil 指数,然后是对数离差均值,而基尼系数是最小变化幅度,这表明 2006—2015 年,长江三角洲城市群的 PM2.5 浓度的内部结构变化不是很大。

进一步对三项变异指标的变动情况和统计特征进行分析,可以发现,在 2006—2016 年,基尼系数的平均值为 0.126,最大值为 0.146,最小值为 0.108;对数离差均值的平均值为 0.030,最大值为 0.044,最小值为 0.022;Theil 指数的平均值为 0.028,最大值为 0.039,最小值为 0.02。其中对数离差均值和 Theil 指数都在 2015 年有最高的增长率,而基尼系数在 2009 年有最高的增长率,但基尼系数在 2015 年的增长率也是第二高的,综合考虑 PM2.5 浓度的城市地区差异在 2015 年增加的幅度是最大的;而三个差异统计指标的增长率在 2012 年是最低的,分别为 -19.80%、-33.96%和-33.44%,这表示 PM2.5 浓度的城市地区差异在 2012 年缩小的幅度是最大的。

三、空间收敛性分析

1. 相关性检验

(1)全局相关性检验

雾霾污染的空间相关性主要表现为雾霾污染的空间集聚和溢出效应,对周边城市发展会产生重要影响。空间相关性另外一个表现为空间异质性,这是因为雾霾污染程度存在中心和边缘之分,从而存在空间上的差异性。本篇选用 Moran's I 指数作为分析全局相关性的指标,计算公式为:

$$\frac{n\sum_{i=1}^{n}\sum_{j=1}^{n}w_{ij}(x_i-\bar{x})(x_j-\bar{x})}{\sum_{i=1}^{n}\sum_{j=1}^{n}w_{ij}(x_i-\bar{x})^2} = \frac{n}{\sum_{i=1}^{n}\sum_{j=1}^{n}w_{ij}} \times \frac{\sum_{i=1}^{n}\sum_{j=1}^{n}w_{ij}(x_i-\bar{x})(x_j-\bar{x})}{\sum_{i=1}^{n}(x_i-\bar{x})^2}$$

(7.9)

其中,n 表示城市数量,x_i 表示 i 城市的 PM2.5 的值,$\bar{x}$ 表示所有观测城市 PM2.5 的平均值。Moran's I 指数在 [-1,1] 区间内取值,具体含义为:若 Moran's I 指数大于 0,表示空间正相关;小于 0,表示空间负相关;等于0,表示空间独立分布;接近于0,表示空间分布是随机的。Moran's I 指数的绝对值越大,意味着空间相关程度越大;反之则越小。

本篇运用Stata 14.0软件测算出2006—2015年我国长江三角洲的26个城市PM2.5的全局Moran's I指数(如表7.3所示),结果显示,长江三角洲城市群PM2.5浓度的Moran's I指数均为正数,且大于0.15,并通过显著性检验,表明长江三角洲各个城市PM2.5浓度在空间上存在正相关关系,即各个城市的PM2.5浓度会受到邻近城市的影响,PM2.5浓度高(低)的城市相邻。从Moran's I指数的变化趋势,2006—2015年Moran's I指数存在一定的波动,但波动的范围不大,在2015年达到峰值0.812,在2008年达到最低值0.69,由此可见,Moran's I指数的变化不大。

表7.3 我国长江三角洲各城市PM2.5浓度的Moran's I指数值

年份	$E(I)$	$sd(I)$	Z	P 值
2006	-0.040	0.138	5.832	0.000
2007	-0.040	0.136	5.607	0.000
2008	-0.040	0.137	5.334	0.000
2009	-0.040	0.137	5.77	0.000
2010	-0.040	0.138	5.585	0.000
2011	-0.040	0.137	5.894	0.000
2012	-0.040	0.136	5.431	0.000
2013	-0.040	0.137	5.653	0.000
2014	-0.040	0.137	5.701	0.000
2015	-0.040	0.137	6.214	0.000

(2)局部相关性检验

Moran's I指数揭示的是全局自相关,而局部自相关则通过描绘Moran's I指数散点图进行考察。本篇采用Moran's I散点图进一步考察我国长江三角洲各个城市PM2.5浓度的空间分布特征,利用Stata软件得出2006年、2010年、2012年以及2015年的 *Moran's I* 散点图(见图7.1)。散点图解析如表7.4所示,在这四个时间段内,长江三角洲城市群中大多数城市落在了第一象限和第三象限,表明具有正的相关性和空间集聚性;只有极少部分城市落在了第二象限和第四象限,表明具有负的相关性和空间离群性。上海、南京、常州、苏州、无锡、镇江、南通、盐城、泰州、扬州和合肥位于第一象限,即 High-High 型高值集聚地;杭州、金华、绍兴、宁波、舟山、台州位于第三象限,即 Low-Low 型低值集聚地;宣城位于第二象限,即 Low-High 型集聚区;铜陵在2013年和2015年位于第四象限,即

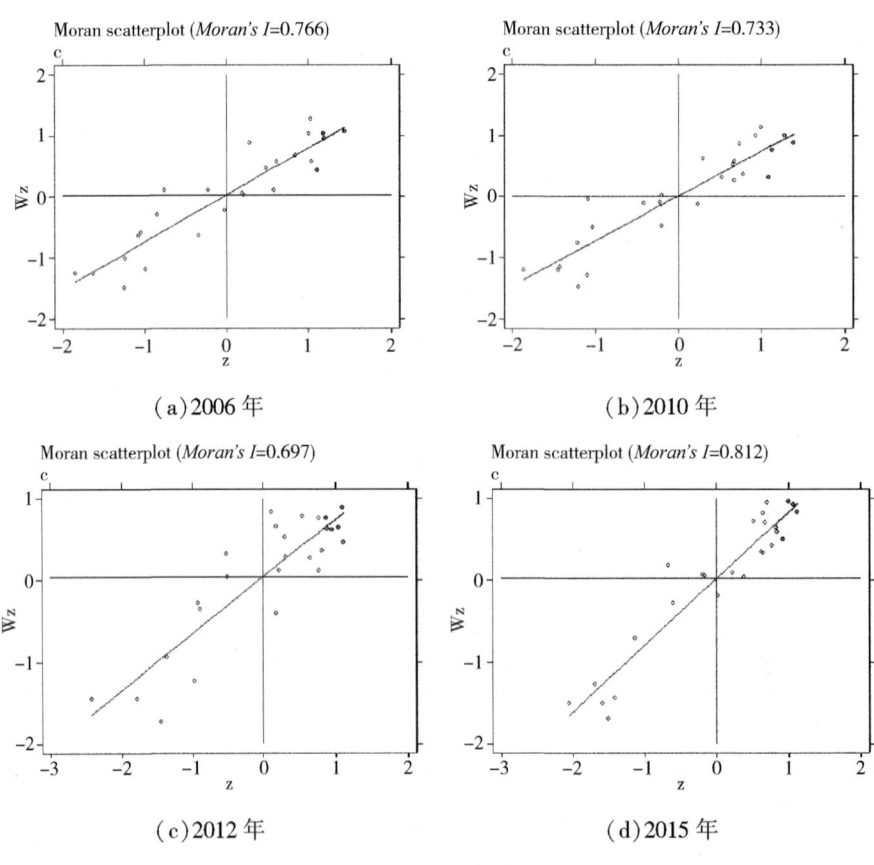

图 7.1 *Moran's I* 指数散点图

High-Low 型集聚区。对比看来，雾霾浓度较高的 High-High 型高值集聚区的大部分城市均属于江苏省，而雾霾浓度较高的 Low-Low 型低值集聚地的大部分城市均属于浙江省。

表 7.4　　　　　　　　　*Moran's I* 指数散点图解析

区间	2006 年	2010 年	2012 年	2015 年
第一象限	上海、南京、常州、苏州、无锡、镇江、南通、盐城、泰州、扬州、马鞍山、滁州、嘉兴、合肥	上海、南京、常州、苏州、无锡、镇江、南通、盐城、泰州、扬州、马鞍山、滁州、合肥	上海、南京、常州、苏州、无锡、镇江、南通、盐城、泰州、扬州、马鞍山、滁州、嘉兴、合肥、芜湖、湖州	上海、南京、常州、苏州、无锡、镇江、南通、盐城、泰州、扬州、马鞍山、滁州、嘉兴、合肥、芜湖
第二象限	宣城、湖州	宣城、芜湖	宣城、安庆	宣城、湖州、安庆
第三象限	铜陵、安庆、池州、杭州、金华、绍兴、宁波、舟山、台州	池州、安庆、杭州、金华、绍兴、宁波、舟山、台州、铜陵、湖州	池州、杭州、金华、绍兴、宁波、舟山、铜陵、台州	池州、杭州、金华、绍兴、宁波、舟山、台州
第四象限	芜湖	嘉兴	铜陵	铜陵

2. 收敛性分析

（1）σ 收敛模型

σ 收敛是指不同地区 PM2.5 浓度的差距随时间的推移而趋于缩小。本篇描述和刻画 σ 收敛使用 PM2.5 浓度对数值的标准差，称为 σ 收敛指数。根据测算的 2006—2015 年长江三角洲各个城市 PM2.5 浓度，计算整个长江三角洲地区 σ 收敛指数，并绘制成折线图 7.2。

由图 7.2 可知，长江三角洲地区的 PM2.5 浓度在 2006—2015 年样本

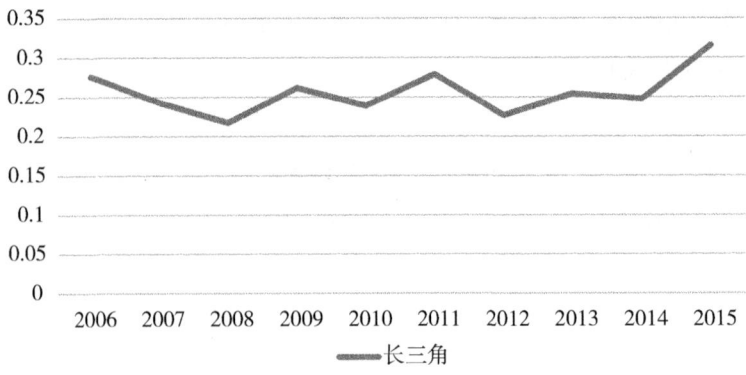

图 7.2 2006—2015 年服务业发展指数 σ 指数趋势

期间不存在明显的收敛,但是存在阶段性收敛。长江三角洲城市群从 2006 年开始逐渐下降,到 2008 年的 0.22,达到最低点,之后的 2009—2015 年便不存在明显的阶段性收敛,均是一年一年的起伏,同时在 2015 年达到最高点 0.32。

(2) PM2.5 浓度的绝对 β 收敛性分析

绝对 β 收敛表明在其他条件相同的条件下,各地区会随着时间的推移,最终达到完全相同的稳态水平。加入空间效应后,空间自回归模型(SAR)或空间误差模型(SEM)可用于绝对 β 收敛性分析,用拉格朗日乘数检验(LM)来观察模型的适用性。对长江三角洲而言,LM 检验结果如表 7.5 所示。

表 7.5　　　　　　　　拉格朗日乘数检验(LM)结果

检验方法	统计量	P 值	检验方法	统计量	P 值
Lagrange multiplier (error)	9.711	0.002	Robust Lagrange multiplier (error)	0.691	0.406
Lagrange multiplier (lag)	14.94	0.000	Robust Lagrange multiplier (lag)	5.92	0.015

拉格朗日乘数检验(LM)结果表明,LM-error 统计量并不显著,而 LM-lag 统计量在1%的水平下显著,表明空间自回归模型(SAR)更适合用于绝对 β 收敛分析。PM2.5浓度的绝对 β 收敛结果如表7.6所示。

表7.6　　　　　　　　　　**PM2.5浓度的绝对收敛**

模型	OLS 模型	SAR 模型
	长江三角洲	长江三角洲
β	−0.0658546**	−0.3021965***
	(0.026262)	(0.0371822)
ρ		0.8236033***
		(0.0248342)
R^2	0.0238	0.3954

由表7.6可知,无论是空间自回归模型(SAR)还是普通最小二乘回归模型(OLS),β 系数均为负数,并通过显著性检验,说明长江三角洲地区的 PM2.5浓度存在绝对 β 收敛。

(3)PM2.5浓度的条件 β 收敛性分析

绝对 β 收敛表明随着时间的推移,各城市 PM2.5浓度将逐渐收敛到相同的稳态水平,其严格假定各地区的发展基础、资源禀赋等条件完全相同。而条件 β 收敛是在考虑各个地区的异质性后,随着时间的推移,各个地区的 PM2.5浓度将收敛到各自的稳态水平,而不是相同的稳态水平。因此在具体考察 PM2.5浓度条件 β 收敛的时候,需要设置若干控制变量,借鉴相关文献的研究,本篇选择的控制变量包括:

经济发展水平(gdp),用国民生产总值 GDP 来表示,衡量的是国家总体经济状况,生产的全部最终产品和服务价值的总和,常被认为是衡量国家(或地区)经济状况的指标。通过这个指标来衡量经济发展水平对于雾霾浓度的影响。马丽梅和张晓(2014)发现雾霾污染水平与 GDP 之间存在显著的空间正相关特征,雾霾污染水平随 GDP 的增加而上升。

人口密度(den),用单位地区土地面积上常住人口数表示,衡量的是人口的密集程度。通过这个指标来衡量人口密度对于雾霾浓度的影响。王立平(2016)通过实证发现雾霾浓度与人口密度呈正相关,人口的增多会导致雾霾污染更加严重。

废物利用率(uti),用工业固体废物利用率来表示,衡量的是工业生产过程中排入环境的各种废渣、粉尘及其他废物的处理情况,即各种废物能源的利用情况。

对外开放程度(open),用外商直接投入的资本占 GDP 的比重来表示,衡量的是一个地区的外商投资情况。List & Co(2000)通过研究证实,对外开放程度与环境质量的程度呈反向相关,即对外开放程度越高,环境质量越恶劣。

信息化水平(inf),用移动电话使用量来表示,衡量的是一个地区的信息技术水平。刘晨跃(2017)以中国 2013—2014 年 30 个重要城市为基准研究发现技术水平的提高会影响雾霾浓度。

能源消耗水平(ene),用石油的消费总量来表示,衡量的是一个地区的能源使用情况。中国是世界上为数不多的能源消费结构以煤为主的国家之一。马丽梅和张晓(2014)实证表明煤炭能源使用度越高,雾霾浓度也随之更高。基于各个城市数据的可获得性,以此来衡量能源消费总量对于雾霾浓度的影响。

与绝对 β 收敛一样,在进行条件 β 收敛分析之前首先要选择适合的空间计量模型,对长江三角洲地区而言,LM 检验结果如表 7.7 所示。

表 7.7　　　　　　　拉格朗日乘数检验(LM)结果

检验方法	统计量	P 值	检验方法	统计量	P 值
Lagrange multiplier (error)	6.748	0.009	Robust Lagrange multiplier (error)	6.981	0.008
Lagrange multiplier (lag)	4.616	0.032	Robust Lagrange multiplier (lag)	4.849	0.028

拉格朗日乘数检验(LM)结果表明,LM-lag 的统计量与 LM-error 的统计量在5%的水平下均显著,而 LM-error 的统计量在1%的水平下显著,但 LM-lag 在1%的水平下不显著,故本篇在分析 PM2.5 浓度空间条件 β 收敛性的影响因素时以空间误差模型(SEM)为主。PM2.5 浓度条件 β 收敛结果如表7.8所示。

表7.8 **PM2.5 浓度条件 β 收敛结果**

模型	OLS 模型	SEM 模型
	长江三角洲	长江三角洲
β	-0.1565306*** (0.0377219)	-1.086332*** (0.0610471)
$\ln gdp$	-0.0010462 (0.0342465)	0.0462148* (0.0261734)
$\ln den$	0.0339209* (0.0189104)	0.0061579 (0.0082844)
$\ln uti$	0.077056 (0.0847152)	0.0601911** (0.0284285)
$\ln open$	0.0460903*** (0.0122721)	0.0103531* (0.005309)
$\ln inf$	-0.0222671 (0.0358094)	-0.0358835** (0.0165604)
$\ln ene$	0.0046372 (0.0065854)	0.0045458 (0.0034303)
ρ		0.9180733*** (0.0166194)
R^2	0.0969	0.4316

由表7.8可以发现,在引入相关控制变量后,无论是空间误差模型(SEM)还是普通模型(OLS),长江三角洲城市群的 β 系数均为负数,并通

过了显著性检验，表明长江三角洲城市群的雾霾浓度存在显著的条件 β 收敛，即随着时间的推移，长江三角洲城市群各个城市的雾霾浓度会趋自各自的稳态水平，而不是相同的稳态水平。长江三角洲城市群的条件 β 收敛模型的 R^2 增大，表明条件 β 收敛比绝对 β 收敛有更强的解释能力。

空间误差模型（SEM）的 β 系数为-1.086，表明 PM2.5 浓度存在条件收敛。其中 GDP、废物利用率、对外开放程度以及信息化水平这四个控制变量均通过显著性检验，这表明经济的增长、废物利用率、对外开放程度以及信息化水平对长江三角洲城市群雾霾浓度的收敛具有重要的影响，人口密度以及能源消费水平没有通过显著性检验表明对于长江三角洲城市群而言，这两个控制对于雾霾浓度的收敛的影响不显著。

就各具体指标变量来说，GDP 的系数为 0.046，这说明经济发展水平的提高有利于促进雾霾浓度的收敛。一般而言，一个地区经济发展水平越高，其对环境的牺牲就越大，而雾霾浓度也随之增加，所以就促进了各地区雾霾浓度的收敛；就废物利用率而言，其系数为 0.0601，这表明废物利用率的提高有效地促进了雾霾浓度的收敛。一般而言，工业废物的重新利用在理论上能够节约能源，改进能效，从而降低雾霾浓度，但很多研究发现，能效改进和节能减排目标之间可能并不一致，这主要是由于能源回弹效应，即能效的改进虽然理论上能够节约能源，但同时会引致能源价格降低及生产率提高而促进经济增长，进而产生新的能源需求，从而效率提高所节约的能源被额外的能源消费部分甚至完全抵消（邵帅等，2013）。对外开放水平系数为 0.0103，这表明对外开放水平的提高有效地促进了雾霾浓度的收敛。这表示"环境污染假说"在长江三角洲城市群是成立的，即由于长江三角洲城市群地理位置优势，陆运水运都极为便利，从而大多数外国企业都会将污染密集产业的企业建立在长江三角洲地区，从而导致城市群雾霾污染较高。就信息化水平而言，其系数为-0.036，这表明信息化水平的提高不利于雾霾浓度的收敛，这是因为随着科技水平的提高，我们可以运用信息技术来监测雾霾浓度的情况，从而根据雾霾浓度的情况，寻找治理雾霾的方法，因而随着信息水平的提高，雾霾浓度会随之降低。

四、结论与意见政策

本篇基于 2006—2015 年我国长江三角洲城市群各城市的面板数据,运用 OLS 回归和空间误差模型(SEM)进行收敛性分析,研究结果表明:

第一,从 PM2.5 浓度均值来看,长江三角洲城市群无论是整体上还是单个城市,其均值和增长率都在上升,这表明雾霾污染在长江三角洲正日趋严重,需引起高度重视。从地区差异来看,在 2006—2015 年,PM2.5 浓度在地区内部差异不是很大,变化较为平稳。基尼系数、对数离差均值以及 Theil 指数在 2015 年增长率变化幅度是最大的,表明 PM2.5 浓度的城市地区差异在 2015 年增大幅度是最大的;基尼系数、对数离差均值以及 Theil 指数在 2012 年增长率变化幅度是最小的,表明 PM2.5 浓度的城市地区差异在 2012 年缩小幅度是最大的。

第二,从雾霾浓度的空间相关性看,正相关性显著,某一城市的雾霾浓度会受到相邻城市的影响,长江三角洲所有江苏省份的城市都存在着 High-High 聚集,大部分浙江和安徽省份的城市存在 Low-Low 聚集,只有少数城市存在 High-Low 聚集或 Low-High 聚集。上海、南京、常州、苏州、无锡、镇江、南通、盐城、泰州、扬州、马鞍山、滁州、嘉兴、合肥位于 High-High 型高值集聚区;池州、杭州、金华、绍兴、宁波、舟山、台州位于 Low-Low 型低值集聚区;宣城、湖州、安庆位于 High-Low 型集聚区;芜湖、铜陵位于 Low-High 型集聚区。

第三,从雾霾浓度的 σ 收敛趋势看,在 2006—2015 年样本期内长江三角洲城市群整体以及江苏、浙江、安徽各省均未呈现 σ 收敛特征,但存在阶段性 σ 收敛。

第四,从雾霾浓度的 β 收敛趋势看,长江三角洲城市群存在绝对 β 收敛。在引入生产总值、人口密度、科技水平、能源效率、能源消费结构以及对外开放程度这六个控制变量后,长江三角洲城市群也存在条件 β 收敛,从而根据控制变量的不同,可以制定相应的政策来治理雾霾污染。

首先，要高度重视雾霾浓度的空间相关性，加强长江三角洲城市群各城市间的"联防联控"意识，建立健全环境机制体制，充分发挥政府在治理雾霾污染中的能动性。由于我国长江三角洲城市群的雾霾浓度具有显著的正向空间相关性和集聚效应，各城市的雾霾浓度受相邻城市的影响，这种"一损俱损"的污染现状，正是本地污染与邻地污染共同作用的结果，因此要加强相邻地区交流合作，通过跨地区的合作与交流，构建多方位、多领域的地区监控机制。长江三角洲城市群各市政府部门之间要加强合作意识，重点治理雾霾污染严重的城市，并要成立城市环境治理联络小组，促进各市之间的合作，建立环境污染治理城市合作责任书，将雾霾治理合作纳入各市行政绩效考核中。

其次，推动发展绿色创新技术，加快经济转型升级，实现经济增长方式的绿色转变。长江三角洲城市群的雾霾污染与经济增长之间的联系紧密，二者在未来的一段时间内将处于同步上升阶段，治理雾霾工作将是一项长期而艰巨的任务。因此，相关政府必须尽快出台实行更加有效的环境规制政策措施，早日将雾霾污染和经济增长之间的关系消减。在考虑外资引进的时候，各级政府应对引进的企业进行着重调查，切不可为了追求高经济发展而忽略其对环境污染的影响。在上述实证分析中可以发现，科学技术每提高1个百分点，雾霾污染将减少0.0358个百分点，因而各级政府应注重培育发展战略性新兴产业，从而通过产业集群优势带动长江三角洲城市群的产业升级转型，促进信息化与新兴产业的发展与融合，形成绿色经济增长。

最后，应该严格控制各地的煤炭消费总量，推进煤炭的清洁化利用，并通过适当的财税优惠政策引导企业积极开展绿色技术创新活动，加大政府对节能减排和污染防治技术研发的支持力度，并推进能源价格的市场化改革以有效抑制能源回弹效应，依靠市场化机制实现绿色清洁能源对传统化石能源的逐步替代。对于引进的外资企业和投资，除了对于其污染与否的调查，在进入相关地区后，应该积极鼓励其使用清洁能源并控制其对于煤炭的消耗，切不可让"污染天堂"现象在长江三角洲愈演愈烈。

空间统计模型在区域创新发展中的应用研究

第八篇　湖北科技进步贡献率测算与空间分析

引　言

党的十八大以来，以习近平总书记为核心的党中央高度重视科技创新，对科技创新提出了一系列新思想、新论断、新要求，形成了习近平新时代中国特色社会主义科技创新思想。党的十九大开启了全面建设社会主义现代化强国新征程，作出了建设创新型国家和世界科技强国的战略部署。我国经济发展也进入高质量发展新阶段，创新成为建设现代化经济体系的战略支撑。近年来，面对复杂严峻的国际经济形势与国内经济下行压力，湖北经济保持持续快速增长。2018年，湖北地区生产总值实现3.9万亿元，总量位居全国第七位；同比增长7.8%，增速比全国高1.2个百分点；人均地区生产总值超过1万美元，实现了从低收入水平向中等收入偏上水平的历史性跨越。成绩来之不易，在经济增速换挡背景下，湖北积极稳妥应对了中美贸易摩擦、转型升级、长江岸线专项环保整治、股权质押与企业扩张带来的风险挑战，这中间科技创新发挥了至关重要的作用，已经成为湖北经济增长的内生动力和新引擎。本篇采取索罗余值法，对2012—2018年湖北及17个市州科技进步贡献率进行测算分析，为各级领导与相关部门科学决策提供参考。

一、科技进步贡献率测算方法

本篇采用索罗余值法测算湖北及 17 个市州科技进步贡献率。本部分共包括两方面内容：首先对科技进步贡献率内涵进行界定，然后阐述了索罗余值法对科技进步贡献率的测算原理、模型及主要指标。

（一）科技进步贡献率的内涵界定

科技进步贡献率是指科技进步对经济增长的贡献份额，是衡量区域科技竞争实力和科技转化为现实生产力的综合性指标。科学技术是第一生产力。国际上创新型国家科技进步贡献率均高达 70% 以上，美国、德国科技进步贡献率甚至高达 80% 以上，以色列更是达到 90% 以上。《"十三五"国家科技创新规划》指出，到"十三五"末期，国家综合创新能力世界排名要由 2015 年的第 18 位上升为 2020 年的第 15 位，科技进步贡献率要由 2015 年的 55.3% 上升为 2020 年的 60%。

根据新经济增长理论，科技进步是促进经济增长的内生因素，并对经济增长起决定性作用。自 20 世纪 40 年代以来，丁伯根和西朗戴维斯提出全要素生产率后，科技进步作为经济增长的重要因素之一，引起了学术界和实务界的高度重视。新经济增长理论的重要内容之一是把新古典增长模型中的"劳动力"的定义扩大为人力资本投资，即人力不仅包括绝对的劳动力数量和该国所处的平均技术水平，而且还包括劳动力的教育水平、生产技能训练和相互协作能力的培养等，这些统称为"人力资本"。美国经济学家保罗·罗默 1990 年提出了技术进步内生增长模型，把经济增长建立在内生技术进步上。技术进步内生增长模型的基础是：技术进步是经济增长的核心；大部分技术进步是出于市场激励而导致的有意识行为的结果；知识商品可反复使用，无需追加成本，成本只是生产开发本身的成本。在保罗·罗默等学者提出的新经济增长理论中，充分地重视了知识的作用，将技术进步完全的内生化。他们认为，增长的原动力是知识积累，资本的积累不是增长的关键。

(二) 索罗余值法

经济增长的影响因素非常复杂,是资本、劳动以及技术、管理等因素共同作用的结果,因此科技进步对经济增长贡献的测度涉及多个指标。当前测算科技进步率的方法较多,主要有索罗余值法、CSH 模型、丹尼森测定方法、乔根森测定方法、回归分析方法等。由于索罗余值法具有操作方便、结果直观、数据容易获得等特点,是当前测算科技进步贡献率常用方法,故本篇采用索罗余值法进行测算。

1. 生产函数模型

索罗余值法运用于体现科技进步的生产函数模型,以实现对科技进步的有效测算。其基本原理是:产出的增长来源于生产中资本、劳动与科技进步等生产要素投入的增长。由于难以直接测算科技进步速度,但能够比较方便地测算出产出、资本投入和劳动投入的增长速度,在规模报酬不变等假设下,可进一步测算出资本与劳动要素投入对产出的贡献。在此基础上,可从产出增长速度中扣除由于资本与劳动要素投入创造的产出增长速度,便可以得到广义上的科技进步所导致的经济增长速度,从而进一步计算出科技进步贡献率。索罗余值法是在 C-D 生产函数的基础上通过数学公式推导得出的。

$$Y = A \times K^{\alpha} \times L^{\beta} \tag{8.1}$$

$$a = y - \alpha k - \beta l \tag{8.2}$$

其中 Y 代表产出量,K 代表资本投入量,L 代表劳动投入量,a 为科技进步速度;y 为经济产出增长速度,k 为资本投入增长速度,l 为劳动投入增长速度;α 和 β 分别为资本和劳动对产出的弹性系数。该公式的经济学含义是,科技进步在经济增长中所作的贡献等于扣除资金、劳动投入增长的作用外,所有其他因素作用的总和。上述模型中,技术进步是希克斯所定义的中性技术进步,即产出增长型技术进步,且假定规模收益不变,即 α +

$\beta = 1$。

2. 指标选取

根据索罗余值法，本篇在测算科技进步贡献率时需要地区生产总值（GDP）、固定资产存量净额、劳动投入数量、产出弹性系数等指标。具体指标和计算方法如下：

（1）地区生产总值

在当前国民经济核算体系下，一般用地区生产总值作为经济产出的衡量变量，因此本篇将地区生产总值作为经济产出的度量指标，以不变价地区生产总值增长率作为经济增长率。以湖北省各市州样本期内的各年度地区生产总值为基础数据，通过地区生产总值指数调整为以2011年可比价格为基础的实际GDP，具体表达式如下：

报告期可比价GDP＝基期GDP×GDP定基指数　　　　　　　　（8.3）

（2）固定资产存量净额

采用索罗余值法测算科技进步贡献率，需要计算出不变价固定资本存量及增长速度。首先，计算各年度的不变价固定资本形成总额，再采用永续盘存法按一定的折旧率计算出各年度的固定资本存量。本篇选取9.6%作为湖北省固定资产折旧率。在确定基期固定资本存量、各年度不变价固定资本形成总额以及固定资产折旧率之后，可采用永续盘存法计算出各年度的不变价固定资本存量净额，具体表达式如下：

T年度不变价固定资产存量净额＝T−1年度固定资本存量净额×（1−折旧率）＋T年度不变价固定资产形成额　　　　　　　　（8.4）

（3）劳动投入数量

关于劳动投入数量的确定，相关研究采取的方法并不完全相同。

有的研究采用就业人数指标来衡量劳动投入数量，有的研究采用国民经济核算中的劳动报酬衡量，还有一些研究进一步细化到用劳动时间衡量。结合当前研究以及能够获得的基础数据，本篇采用就业人数来衡量劳动投入量。为了提高数据的平稳性，避免异常值的影响，本篇固定期初和期末的就业人员数,其他时期数据采用相邻前后两年数据的三期平均值计算而得。

(4)产出弹性参数

本篇采用柯布-道格拉斯生产函数来估计资本和劳动对经济产出的弹性系数。具体表达式如下:

$$Y = A \times K^{\alpha} \times L^{\beta} \tag{8.5}$$

其中 Y 表示地区生产总值,K 表示不变价固定资本存量净额,L 表示就业人数;α 和 β 分别为资本和劳动对产出的弹性系数。

假定规模收益不变,即 $\alpha + \beta = 1$。A 为综合技术水平,μ 为扰动项。对上式两边取对数,得到:

$$\mathrm{Ln}\frac{Y}{L} = \mathrm{Ln}A + \alpha \mathrm{Ln}\frac{K}{L} + \mu \tag{8.6}$$

利用相关数据代入回归方程,即可求出 α,然后再求出 β。

二、科技进步贡献率测算结果与分析

本篇基于数据的可获得性,采用索罗余值法,对2012—2018年湖北及17个市州科技进步贡献率进行测算分析,数据来源于《湖北省统计年鉴》。

(一)湖北科技进步贡献率测算结果分析

本篇首先对湖北科技进步贡献率测算结果的统计特征进行描述性分析,然后对湖北科技进步贡献总体情况进行分析,最后结合"一芯两带三区"区域与产业发展战略布局对科技进步贡献率进行分析。

1. 湖北科技进步贡献率测算结果

根据索罗余值法,本篇对湖北及17个市州2012—2018年科技进步贡献率测算的结果如表8.1所示:

表 8.1　　湖北及 17 个市州科技进步贡献率测算结果表

年份	2012	2013	2014	2015	2016	2017	2018
湖北省	51.81%	53.40%	53.20%	53.89%	54.87%	56.25%	57.12%
武汉市	55.41%	67.04%	63.11%	63.80%	65.28%	65.52%	66.13%
黄石市	42.53%	49.15%	48.75%	52.83%	50.92%	51.91%	53.04%
十堰市	45.01%	37.69%	39.84%	43.70%	47.61%	49.67%	51.23%
宜昌市	50.98%	52.43%	50.62%	53.42%	55.79%	56.67%	57.72%
襄阳市	52.15%	62.50%	57.36%	58.21%	57.31%	57.45%	58.59%
鄂州市	50.76%	51.73%	50.16%	53.02%	52.10%	54.34%	55.20%
荆门市	48.78%	49.36%	50.08%	52.62%	52.51%	52.83%	53.36%
孝感市	43.59%	44.86%	46.85%	50.20%	53.28%	52.29%	53.18%
荆州市	49.56%	48.02%	44.87%	47.05%	49.38%	50.89%	52.38%
黄冈市	51.49%	51.43%	49.58%	51.66%	51.95%	52.44%	53.20%
咸宁市	49.62%	48.39%	47.00%	49.38%	51.97%	52.97%	54.36%
随州市	44.75%	48.89%	52.16%	51.76%	52.20%	52.61%	54.16%
恩施州	47.79%	45.40%	42.50%	43.06%	48.22%	49.36%	51.62%
仙桃市	50.98%	53.43%	50.10%	51.22%	52.85%	52.06%	52.98%
潜江市	48.43%	45.54%	43.62%	46.61%	49.88%	51.23%	52.97%
天门市	50.10%	45.12%	41.70%	47.56%	51.54%	52.17%	53.56%
神农架林区	40.81%	41.41%	42.53%	45.01%	48.98%	46.15%	49.72%

基于表 8.1 的测算结果，进一步对湖北及 17 个市州科技进步贡献率测算结果进行描述性统计分析，如表 8.2 所示：

表 8.2　2012—2018 年湖北及 17 个市州科技进步贡献率描述性统计分析

地区	平均值	中位数	最大值	最小值
湖北省	54.36%	54.13%	57.12%	51.81%

续表

地区	平均值	中位数	最大值	最小值
武汉市	63.76%	64.54%	67.04%	55.41%
黄石市	49.88%	50.40%	53.04%	42.53%
十堰市	44.96%	44.99%	51.23%	37.69%
宜昌市	53.95%	53.68%	57.72%	50.62%
襄阳市	57.65%	57.55%	62.50%	52.15%
鄂州市	52.47%	52.29%	55.20%	50.16%
荆门市	51.36%	51.94%	53.36%	48.78%
孝感市	49.18%	49.69%	53.28%	43.59%
荆州市	48.88%	49.13%	52.38%	44.87%
黄冈市	51.68%	51.67%	53.20%	49.58%
咸宁市	50.53%	50.07%	54.36%	47.00%
随州市	50.93%	51.96%	54.16%	44.75%
恩施州	46.85%	47.32%	51.62%	42.50%
仙桃市	51.95%	52.00%	53.43%	50.10%
潜江市	48.33%	48.38%	52.97%	43.62%
天门市	48.82%	49.46%	53.56%	41.70%
神农架林区	44.94%	44.98%	49.72%	40.81%

为了进一步研判未来湖北科技进步贡献率运行走势，本篇基于2012—2018年测算数据，采用灰色预测模型GM(1，1)，对2019—2025年湖北科技进步贡献率进行预测，结果如表8.3所示。

表8.3　**2019—2025年湖北及17个市州科技进步贡献率预测结果**

年份	2019	2020	2021	2022	2023	2024	2025
湖北省	58.84%	60.40%	61.05%	61.98%	62.92%	63.88%	64.85%
武汉市	67.50%	67.62%	67.75%	67.88%	68.00%	68.13%	68.25%

续表

年份	2019	2020	2021	2022	2023	2024	2025
黄石市	54.66%	55.49%	56.33%	57.19%	58.05%	58.94%	59.83%
十堰市	52.30%	53.08%	53.87%	54.67%	55.48%	56.30%	57.14%
宜昌市	58.31%	59.77%	61.27%	62.80%	64.38%	65.99%	67.65%
襄阳市	61.86%	64.10%	64.75%	65.40%	66.06%	66.73%	67.40%
鄂州市	55.74%	56.62%	57.52%	58.44%	59.37%	60.32%	61.28%
荆门市	54.64%	55.49%	56.35%	57.23%	58.12%	59.02%	59.94%
孝感市	54.44%	55.21%	55.99%	56.77%	57.57%	58.38%	59.20%
荆州市	53.45%	54.26%	55.08%	55.92%	56.76%	57.63%	58.50%
黄冈市	54.57%	55.11%	55.66%	56.21%	56.76%	57.33%	59.05%
咸宁市	55.93%	57.55%	59.22%	60.93%	62.70%	64.51%	65.38%
随州市	54.82%	55.67%	56.54%	57.42%	58.31%	59.21%	60.13%
恩施州	52.40%	53.21%	54.04%	54.87%	55.72%	56.58%	57.46%
仙桃市	54.27%	54.97%	55.68%	56.40%	57.13%	57.87%	58.62%
潜江市	53.31%	54.26%	55.22%	56.19%	57.18%	57.60%	58.02%
天门市	54.07%	55.46%	56.89%	57.76%	58.64%	59.54%	60.45%
神农架林区	50.97%	51.73%	52.51%	53.29%	54.08%	54.89%	55.71%

2. 湖北科技进步贡献率总体情况分析

随着创新驱动发展战略的深入实施，科技进步已经成为全省经济增长的重要支撑。从科技进步贡献率水平看，2012—2018年湖北科技进步贡献率均在50%以上，平均值为54.36%，中位数为54.31%。科技进步贡献率在2012年达到最小值，为51.81%；在2018年达到最大值，为57.12%。根据灰色预测模型GM(1，1)，预计2020年为60.40%、2025年上升至64.85%，表明湖北科技进步对经济的贡献已经超过资本和劳动，成为促进全省经济增长的内生动力和引擎力量。

从科技进步贡献率运行趋势看，2012—2018年湖北省科技进步贡献率总体呈现上升态势。由图 8.1 可知,湖北科技进步贡献率在样本期内保持了稳定上升态势,2012—2013 年,湖北科技进步贡献率从 51.81% 上升到 53.40%,上升了 1.59 个百分点;2014 年小幅回落至 53.20%,比 2013 年下降了 0.2 个百分点;自此以后,科技进步贡献率一直呈现上升之势。总体来看,在样本期内湖北科技进步贡献率从 2012 年的 51.81% 上升到 2018 年的 57.12%,上升了 5.31 百分点。

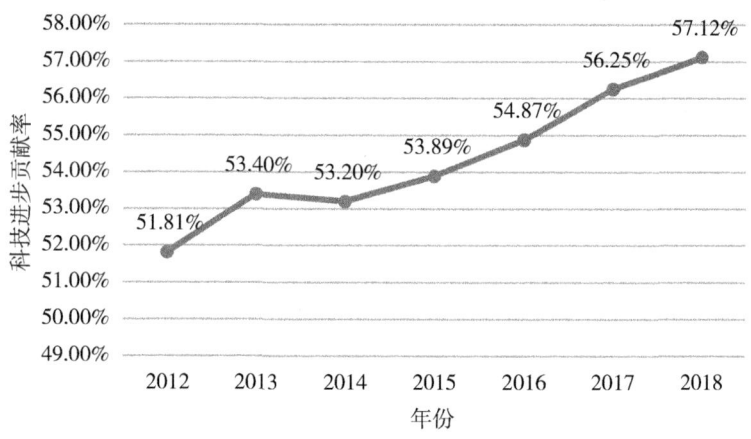

图 8.1 2012—2018 年湖北省科技进步贡献率走势图

3. "一芯两带三区"科技进步贡献率分析

(1) "一芯两带三区"发展战略布局

2019 年,省委省政府深入学习贯彻党的十九大和习近平新时代中国特色社会主义思想,以新发展理念为引领,科学谋划、重点部署了以"一芯驱动、两带支撑、三区协同"为主要内容的高质量发展区域和产业发展战略布局,重在解决新矛盾、落实新要求、激活新动能,让区域和产业成为推动湖北高质量发展的重要动力源。"一芯驱动、两带支撑、三区协同"是推动全省高质量发展的"导航图"。其中"一芯驱动"是大力发展以集成电路为代表的高新技术产业、战略性新兴产业和高端成长型产业,培育国之重器的"芯"产业集群,将武汉、襄阳、宜昌等地打造成综合性国家产业创新中心、"芯"产业智能创造中心、制造业高质量国家级示范区,加快形成中心带动、多极支撑的"心"引擎,加快形成高质量发展的"新"动能体系。

"两带支撑"是以长江经济带、江汉生态经济带为依托,以沿线重要城镇为节点,打造长江绿色经济和创新驱动发展带、汉随襄十制造业高质量发展带。长江绿色经济和创新驱动发展带重点推进汽车和零部件、装备制造、农产品深加工等产业转型升级,加快发展新能源汽车、电子信息、航空航天等先进制造业,打造以传统产业转型升级和先进制造业为重点的高质量发展经济带。汉随襄十制造业高质量发展带重点发展电子信息、高端装备、精细化工、生物医药、航空航天、新能源新材料、现代物流等产业,打造以绿色经济和创新驱动为特色的高质量发展经济带。

"三区协同"是按照区域统筹、产业集聚的思路,推动鄂西绿色发展示范区、江汉平原振兴发展示范区、鄂东转型发展示范区竞相发展,形成全省东、中、西三大片区高质量发展的战略纵深。鄂西绿色发展示范区坚持以"绿"为本,主要以文化旅游、生态农业、清洁能源等绿色产业为主攻方向,打造全省绿色发展增长极。江汉平原振兴发展示范区坚持以"农"为基,主要是大力实施乡村振兴战略,服务国家粮食安全战略,以特色农业为主攻方向,打造全省特色产业增长极。鄂东转型发展示范区坚持以"转"为要,主要依托老工业基地传统优势,加快承接国外和沿海产业转移,推动冶金、建材等传统产业转型升级,为资源枯竭型城市转型发展找准突破口,打造全省转型发展增长极。

(2)"一芯两带三区"科技进步贡献率总体情况

本篇对"两带""三区"的科技进步贡献率进行分析。为了便于叙述,本篇将"两带"简称为长江经济带①、汉孝随襄十发展带②;将"三区"简称为

---

① 长江经济带包括湖北长江沿岸主要城市宜昌市、荆州市、咸宁市、武汉市、黄冈市、鄂州市、黄石市。

② 汉孝随襄十发展带包括湖北汉江沿岸十堰市、襄阳市、荆门市、随州市、孝感市、武汉市。

鄂西示范区①、鄂东示范区②、江汉平原示范区③。

表8.4报告了2012—2018年湖北省"两带三区"科技进步贡献率情况。从科技进步贡献率水平看，由表8.4可知，2018年"两带三区"科技进步贡献率均超过50%，但存在一定的区域差异。2018年，长江经济带科技进步贡献率平均值为56.01%，汉孝随襄十发展带科技进步贡献率平均值为56.11%，汉孝随襄十发展带比长江经济带科技进步贡献率高0.1个百分点。2018年，鄂西示范区、鄂东示范区、江汉平原示范区科技进步贡献率分别为53.84%、53.95%、53.86%。其中鄂东示范区科技进步贡献率最大、江汉示范区居中、鄂西示范区最小，表明湖北科技进步贡献率具有由东至西依次递减的区域分布特征。

表8.4　　2012—2018年湖北省"两带三区"科技进步贡献率

年份	汉孝随襄十发展带	长江经济带	鄂西示范区	江汉平原示范区	鄂东示范区
2012	48.28%	50.05%	46.92%	49.08%	48.60%
2013	51.72%	52.60%	48.05%	49.83%	50.18%
2014	51.57%	50.58%	47.50%	47.80%	48.87%
2015	53.38%	53.02%	49.19%	50.50%	51.72%
2016	54.70%	53.91%	51.69%	52.39%	51.74%
2017	55.06%	54.96%	51.99%	52.70%	52.92%
2018	56.11%	56.01%	53.84%	53.86%	53.95%

从科技进步贡献率趋势看，"两带三区"总体均呈现上升态势。如图8.2所示，2012—2018年，长江经济带科技进步贡献率上升了5.96个百分点，汉孝随襄十发展带上升了7.82个百分点，长江经济带科技进步贡献率

---

① 鄂西示范区包括十堰市、神农架林区、襄阳市、随州市、宜昌市与恩施州。
② 鄂东示范区包括咸宁市、鄂州市、黄石市与黄冈市。
③ 江汉平原示范区包括襄阳市、荆门市、孝感市、天门市、潜江市、仙桃市与荆州市。

比汉孝随襄十发展带上升幅度高 1.87 个百分点。鄂西示范区、鄂东示范区、江汉平原示范区科技进步贡献率分别上升了 6.92、5.35、4.78 个百分点，鄂西示范区科技进步贡献率上升幅度最大、鄂东示范区居中、江汉平原示范区最小。

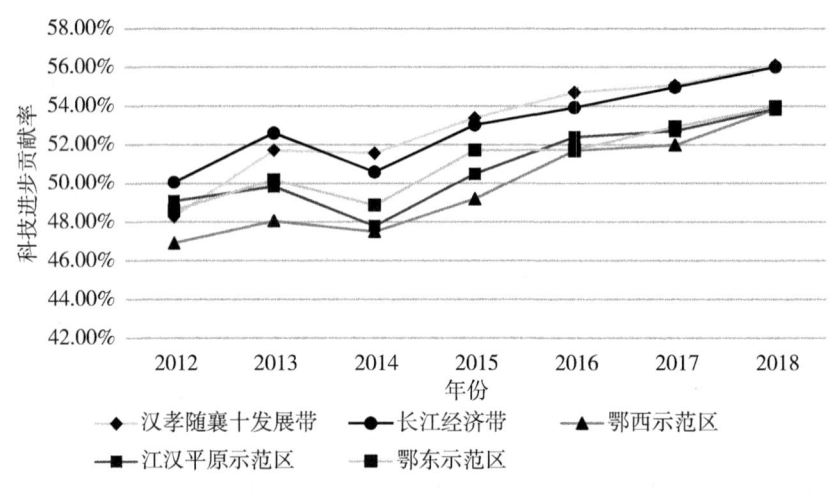

图 8.2　2012—2018 年湖北省"两带三区"科技进步贡献率走势图

(二) 17 个市州科技进步贡献率测算结果分析

为了更加深入了解湖北各地区科技进步贡献率运行水平和趋势，本篇对全省 17 个市州科技进步贡献率情况进行分析。

1. 17 个市州科技进步贡献率总体情况

从科技进步贡献率水平看，2018 年大部分市州的科技进步贡献率均超过 50%，表明科技进步对全省各地区经济增长具有明显的支撑作用。"一主两副"城市表现突出，武汉、襄阳、宜昌三市科技进步贡献率达到 66.13%、58.59%、57.72%，分别比全省总体水平高 9.01、1.47、0.6 个百分点。武汉科技进步贡献率超过 65%，位居全省首位，远超其他市州；

襄阳、宜昌位居第二、第三位。位于第四位的鄂州科技进步贡献率达到55.20%，超过了55%。除上述前四位城市和神农架林区外，其他市州科技进步贡献率均在50%~55%。2018年神农架林区科技进步贡献率为49.72%，接近50%。

从科技进步贡献率趋势看，2012—2018年全部市州科技进步贡献率均呈现上升态势，但上升幅度各有不同。全省科技进步贡献率上升5.31%，武汉、黄石、孝感、随州、神农架林区、宜昌、襄阳和十堰科技进步贡献率上升幅度超过全省；咸宁、荆门、潜江、鄂州、恩施州、天门、荆州、仙桃和黄冈科技进步贡献率上升幅度低于全省。上升幅度位于前七位的市州为武汉、黄石、孝感、随州、神农架林区、宜昌和襄阳，分别上升了10.72、10.51、9.59、9.41、8.91、6.74和6.44个百分点。武汉不仅科技进步贡献率水平最高，上升幅度也为最大；黄石、孝感科技进步贡献率上升幅度位居第二、第三位；神农架林区科技进步贡献率虽然没有超过50%，但上升幅度位居全省第五位，表现出较好的发展潜力。

2. 17个市州科技进步贡献率聚类分析

为了进一步考察湖北17个市州科技进步贡献率的空间分布特征，本篇采用聚类分析方法进行分析。

聚类分析是指将研究对象按照某种特征或规则进行分类或者分组。聚类分析是一种探索性统计分析方法，在分类的过程中，不需要事先确定分类标准，而是从样本数据出发，自动根据某种特征或规则进行分类。本篇基于2018年湖北17个市州科技进步贡献率测算数据，采用聚类分析方法，对湖北17个市州进行分类，以进一步探究湖北17个市州科技进步对经济增长贡献的区域差异和空间分布特征。

K-means算法是聚类分析最经典的算法之一，本篇选择K-means算法对17个市州科技进步贡献率进行聚类分析。该算法是一种基于质心的划分方法，输入聚类个数k，以及包含n个数据对象的数据库，输出满足方差最小标准的k个聚类。其评定标准为同一聚类中的对象相似度较高；而不同聚类中的对象相似度较小。聚类相似度是利用各聚类中对象的均值所获得一个"中心对象"（引力中心）来进行计算。其原理为基于质心的划分方法，就是将簇中的所有对象的平均值看做簇的质心，然后根据一个数据对象与簇质心的距离，再将该对象赋予最近的簇。K-means 算法基本步骤如下：

①从 n 个数据对象中任意选择 k 个对象作为初始聚类中心；

②根据每个聚类对象的均值，计算每个对象与这些中心对象的距离，并根据最小距离重新对相应对象进行划分；

③重新计算每个有变化聚类的均值；

④计算标准测度函数，当满足一定条件时，如函数收敛，则算法终止；如果条件不满足则回到步骤 2。

3. 17 个市州科技进步贡献率聚类结果分析

根据上文湖北 17 个市州科技进步贡献率测算结果，采用 K-means 算法进行聚类分析，结果如表 8.5 所示。进一步将表 8.5 归纳整理，得到 17 个市州科技进步贡献率分类情况，如表 8.6 所示。

表 8.5　　　　　2018 年 17 个市州聚类分析结果表

案例号	地区	聚类	距离
1	武汉市	1	.000
2	黄石市	2	.006
3	十堰市	3	.000
4	宜昌市	4	.004
5	襄阳市	4	.004
6	鄂州市	2	.016
7	荆门市	2	.002
8	孝感市	2	.004
9	荆州市	3	.011

续表

案例号	地区	聚类	距离
10	黄冈市	2	.004
11	咸宁市	2	.008
12	随州市	2	.006
13	恩施州	3	.004
14	仙桃市	2	.006
15	潜江市	2	.006
16	天门市	2	.000
17	神农架林区	3	.015

表8.6　**2018年17个市州科技进步贡献率分类情况表**

类别	城市
第一类	武汉市
第二类	宜昌市、襄阳市
第三类	黄石市、鄂州市、荆门市、孝感市、黄冈市、咸宁市、随州市、仙桃市、潜江市、天门市
第四类	荆州市、十堰市、恩施州、神农架林区

由表8.6可知，聚为同一类的市州同质性较高，特点比较突出，未聚为同一类的市州，其差异性也十分明显。具体来看，通过对科技进步贡献率进行聚类分析，17个市州被分成了四类。其中第一类是武汉，科技进步贡献率最高，达到66.13%。第二类地区包括宜昌、襄阳，科技进步贡献率分别为57.72%、58.59%。第三类地区包括黄石、鄂州、荆门、孝感、黄冈、咸宁、随州、仙桃、潜江、天门，科技进步贡献率分别为53.04%、55.20%、53.36%、53.18%、53.20%、54.36%、54.16%、52.98%、52.97%、53.56%。第四类地区包括神农架林区、恩施州、十堰市、荆州市，科技进步贡献率分别为49.72%、51.62%、51.23%、52.38%。

进一步将表8.6绘制成17个市州科技进步贡献率聚类分析结果热力

图，如图8.3所示。可以发现，"一主两副"城市科技进步贡献率明显高于其他市州，东部科技进步贡献率高于西部地区。

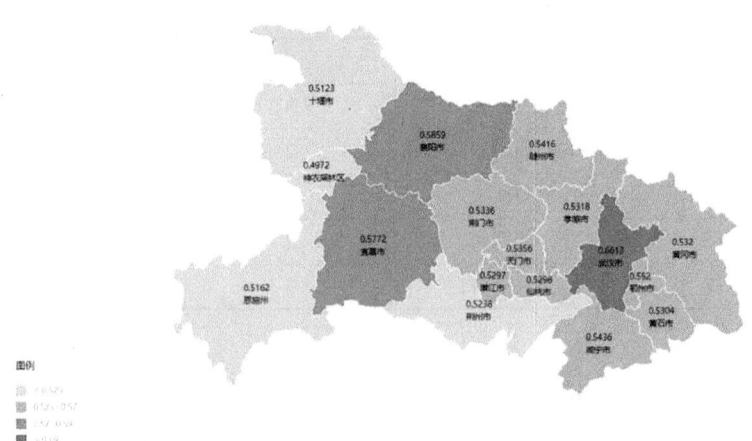

图8.3　2018年湖北17个市州科技进步率聚类分析结果

(三) 科技进步贡献率上升原因与问题分析

2012—2018年，湖北及17个市州科技进步贡献率明显上升。促进科技进步贡献率上升的因素是多方面的，既与地区发展基础、经济结构、产业结构、资源禀赋有关，也与地方政府的重视程度及采取的政策措施有关。本篇对湖北科技进步贡献率上升原因以及存在的问题进行分析，以期找出湖北科技进步贡献率的优势与短板所在。

1. 湖北科技进步贡献率上升原因分析

得益于省委、省政府一系列促进科技进步贡献率的政策措施，2012—2018年湖北科技进步贡献率不断上升。与此同时，湖北科技事业快速发展，呈现出研发投入不断提高、专利数量快速增长、创新创业持续壮大、科技成果加快转化等特点，这也构成了促进湖北科技进步贡献率上升的主要因素。

(1)研发投入不断提高

研发支出是反映地区研发投入的重要指标。近年来,湖北深入落实创新驱动发展战略,创新投入连续五年位居中部六省第一位。从规模上看,研发支出规模不断壮大。2012—2018年,湖北研发支出从384.5亿元增长到822.1亿元,总量翻了1倍有余(如图8.4所示)。2018年湖北研发支出继续位列中部首位,总量比第二名的河南省高150.6亿元,差距比2016年增加了32.1亿元。从增速上看,研发支出保持快速增长。湖北研发支出保持在6%以上,2018年研发投入增速达到17.34%,在中部六省中位居第3位,增速比安徽省高2.45个百分点,比河南省高1.98个百分点,比湖南省高1.54个百分点,比山西省低1.28个百分点,比江西省低4.12个百分点。从强度上看,研发支出强度持续提高。湖北研发投入占GDP比重不断上升,从2012年的1.73%上升到2018年的2.09%,提高0.36个百分点。2018年研发支出强度位居中部六省第二位,强度比湖南省高0.28个百分点,比山西省高1.04个百分点,比江西省高0.68个百分点,比河南省高0.69个百分点,比排名第一位的安徽省低0.07个百分点。但是,应该看到,湖北的研发支出总量与广东、浙江、上海、北京相比均有较大差距,研发支出强度也较大幅度低于发达地区水平(如表8.7所示)。

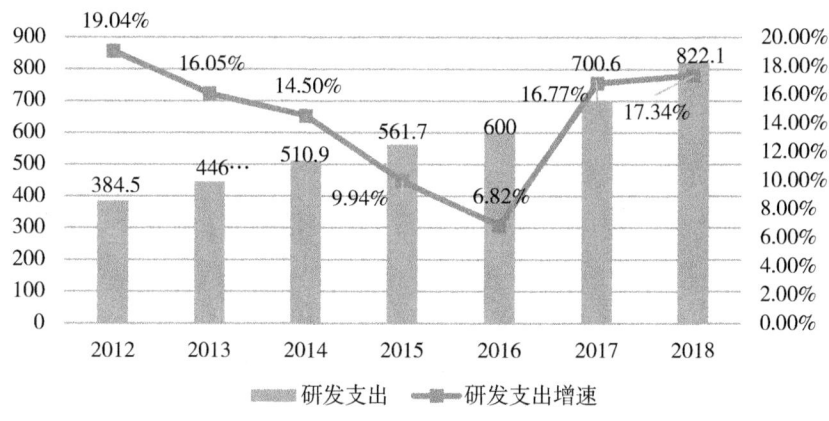

图8.4 2012—2018年湖北研发支出规模与增速

表8.7 2018年中部六省与部分发达省市研发支出总量及增速

地区	研发支出总量(亿元)	研发支出增速	研发支出强度
湖北	822.1	17.34%	2.09%
山西	175.8	18.62%	1.05%
安徽	649	14.89%	2.16%
江西	310.7	21.46%	1.41%
河南	671.5	15.36%	1.40%
湖南	658.3	15.80%	1.81%
广东	2704.7	15.41%	2.78%
浙江	1445.7	14.17%	2.57%
北京	1870.8	18.43%	6.17%
上海	1359.2	12.78%	4.16%

（2）专利数量快速增长

依托强大科教资源优势，近年来湖北专利数量快速增长。从总量上看，专利数量不断上升。湖北专利授权总量从2012年的2.45万件增长到2018年的6.41万件，年均增幅居全国前列，不断向专利大省迈进。从增速上看，专利数量较快增长，2018年专利授权数量比上年增长了38.25%，数量增加了17737件。从结构上看，实用型专利数量占主要地位。2018年湖北实用型专利数量已经突破1万件，占比超过60%，发明专利授权量也呈现快速增长势头，如图8.5所示。

（3）创新企业持续壮大

在"大众创新、万众创业"时代号召下，湖北创新企业数量与质量不断提高。一是科技型中小企业快速增长，截至2018年年底，全省高新技术企业总数达6597家，位居中部第一；入库科技型中小企业达3505家。湖北自贸试验区武汉、襄阳、宜昌三大片区新设企业超过19000家，吸引了大批创新型企业向湖北自贸试验区集聚，区内集聚了斗鱼网络、奇米网络、斑马快跑、安瀚光电、直播优选等创新企业。二是独角兽企业发展态势较

图 8.5 2012—2018 年湖北专利授权数量及增速

好,根据"2018 中国独角兽企业发展报告",2018 年湖北上榜 4 家,紧随北京、上海、广东、浙江、江苏,位居全国第六位,中部第一位;总估值 69.54 亿元,比上年增长 4.54 亿元。

(4)科技成果加快转化

2018 年,湖北科技成果转化成效明显。一是技术合同成交金额逐步上升,2012—2018 年,全省技术合同成交金额从不到 100 亿元增加至 1237 亿元,高新技术企业总数突破 6500 家,科技企业孵化器在孵企业突破 20000 家,高新技术产业增加值达 6653 亿元,比上年增长 12.8%,综合科技创新水平指数排名保持全国第 7 位。二是重大科技创新平台加快建立。国家技术转移中部中心的建设进展顺利,6 大支撑平台、襄阳宜昌 2 个区域分中心和武汉"1+8"城市圈技术转移服务体系建设不断完善。湖北已获批国家技术转移示范机构 20 家,位居中部第一。三是科技成果应用取得显著成效。科技成果加快转化对新兴产业的发展起到了较大促进作用,有一批新兴产业项目得以在湖北落地生根。目前,湖北国家高新区达到 12 家,省级高新区达到 20 家,基本形成了沿长江、汉江布局的高新技术产业带。

光电子信息、汽车、资源循环利用等特色优势产业集群竞争力持续上升，人工智能、集成电路、新材料、新能源等新兴产业加速布局，网络直播、大数据、互联网+等新业态不断涌现。

2. 湖北科技进步贡献率存在的主要问题

近年来，湖北科技事业快速发展，科技进步贡献率总体呈上升态势，科技进步已经成为全省经济增长的重要引擎。但是，湖北科技发展水平与国内经济发达地区还存在一定差距，科技进步贡献率还有进一步提高的空间。湖北科技进步贡献率存在的问题主要表现在区域发展不平衡、创新驱动发展不足、科技创新体制有待完善、科技软环境仍需优化等方面。

（1）区域发展不平衡

由于湖北各市州发展基础、资源禀赋、地理区位、科教实力等差异，湖北科技进步贡献率存在区域发展不平衡的问题，多极发展格局尚未形成。武汉一城独大，科技进步贡献率明显高于其他地市州，2018年科技进步贡献率高达66.13%；省域副中心宜昌、襄阳科技进步贡献率虽处于第二梯队，但科技创新优势并未明显凸显，与"一芯驱动"中"综合性国家产业创新中心"的定位还存在较大差距。2018年只有"一主两副"城市科技进步贡献率超过了全省总体水平，其他市州均低于全省总体水平。另外，部分市州科技进步率与经济发展水平并不完全一致。2018年GDP前五位的城市是武汉、襄阳、宜昌、荆州与黄冈，而2018年科技进步率却位于第一、二、三、十四与九位。从"两带三区"分析可以看出，"两带"科技进步贡献率高于"三区"，而"三区"中由西到东科技进步贡献率不断上升，区域差异明显。

总体来说，武汉科技进步贡献率大幅高于其他市州，超过65%，出现了较强的"虹吸效应"；省域副中心宜昌、襄阳科技进步贡献率低于60%，科技进步对经济增长的贡献还需进一步凸显；其他市州科技进步贡献率均低于全省总体水平。多极发展的格局尚未形成的结果是，武汉的经济辐射能力与各地承接辐射的能力都大打折扣，长此下去，"马太效应"会越来越强。

(2) 创新驱动发展不足

近年来,湖北创新驱动发展取得了长足的进步,但与国内发达省市相比,还存在不少差距。一是创新投入有待进一步提高。2018年湖北研发支出总量、增速及强度分别为822.1亿元、17.34%、2.09%,研发支出总量比北京少1048.7亿元、比上海少537.1亿元、比广东少1882.6亿元、比浙江少623.6亿元;研发支出增速比北京、上海、广东、浙江分别低4.08、2.07、0.69、0.48个百分点,表明湖北创新投入有进一步提高空间。二是企业创新意识有待加强。湖北部分企业对于转型升级和技术创新仍持观望态度,创新意识不强。随着"互联网+"的迅猛发展,新的商业模式对传统企业的生存发展带来颠覆性挑战,很多企业处于"不敢转型、不愿转型、不会转型"的境地,陷于"转型找死,不转型等死"的焦虑状态。三是科技创新平台不够。当前,湖北民营高新技术企业数量有5000家左右,仅相当于广东的1/6,北京的1/4,表明湖北民营企业科技创新平台还需加快建立。此外,与广东、山东、江苏、北京等省市相比,湖北缺少基础性、前瞻性、引领性的科技创新大平台,制约了企业共性技术研发和关键领域攻关。

(3) 科技创新体制有待完善

习近平总书记在2018年两院院士大会上发表重要讲话强调,"要坚持科技创新和制度创新'双轮驱动',以问题为导向,以需求为牵引,在实践载体、制度安排、政策保障、环境营造上下功夫,在创新主体、创新基础、创新资源、创新环境等方面持续用力,强化国家战略科技力量,提升国家创新体系整体效能"①。科技创新的重要一环是制度创新,近年来湖北加快科技创新体制机制改革,创新环境不断优化,但还存在以下问题:一是知识与技术协同创新不够。促进科技创新需要注意知识与技术的协同,近年来湖北科技成果转化明显加速,但与在国内位居前列的科教实力不

---

① 新华网,http://www.xinhuanet.com/2018-05/28/c_1122899992.htm。

符，与经济发达地区的科技成果转化存在明显差距。二是科技项目管理制度有待进一步完善。当前对科研项目的管理重立项、轻结项，对科研经费的管理重支出、轻绩效。在科研经费的使用上，对从事第一线科技创新工作的人员束缚较多。科研人员常常陷入提交材料、签字盖章、报销程序等事务性工作中，一定程度上影响了科研人员的科研精力和科研效果的产出。三是市场服务体系不够健全。管理咨询、数据分析、专业服务、科技评估、技术经纪等方面的服务需求不能得到有效满足，中介服务业与发达地区相比存在较大差距。四是体制机制尚未形成合力。比如条块分割的管理模式容易造成创新扶持资金过于分散，资金利用的集中度不高，撬动社会资金的效应未能充分显现。特别是在科技扶持和产业引导政策方面，还缺乏长效机制与有力措施。

(4)科技创新软环境仍需优化

改革开放40年来，随着经济社会的快速发展，湖北科技创新的硬环境已经取得了突飞猛进的提高。但是，与经济发达地区相比，科技创新软环境还有进一步优化空间。一是融资难题依然突出。主要表现在：第一，融资方式单一。科技企业以间接融资为主，大多选择银行融资，选择政府基金、证券公司、中小企业发展基金、小贷公司等方式融资的比例较小；而天使投资、私募股权投资基金、区域性股权交易等直接融资方式总计占比更少。第二，企业抵押物范围窄、折算率低。抵押物主要局限于房产、土地等保值率较高的小范围资产，且资产折算率多在5折左右，贷款授信额度较小，而科技企业大多是轻资产公司，难以获得银行授信。第三，申贷成功率低。2018年4月"资管新规"出台后，货币供给增速和表外融资余额均显著回落，金融机构对民营企业投放的态度更加谨慎，信用环境收紧。大多数科技企业申报银行贷款较难获批，或存在审查时间长、程序复杂、手续费用高等问题。第四，贷款期限短、利息负担重。企业的银行贷款利率一般为基准利率上浮20%~80%。二是政务服务供给有待进一步加强。近年来，随着"放管服"改革的深入推进，科技政务服务供给水平进步明显，但仍有改进空间，比如惠企政策宣传不够，部分政策措施仅在省科技计划项目管理公共服务平台上予以公布,不少科技企业和科研机构对政府促进科技创新的政策措施不甚了解;政务服务网上供给水平有待进一步提高,业务网上办理流程和时间尚有改进空间。

三、促进湖北科技进步贡献率提升的对策建议

进入新时代,我们迎来了世界新一轮科技革命和产业变革同我国转变发展方式的历史性交汇期,既面临着千载难逢的历史机遇,又面临着差距拉大的严峻挑战。在经济新常态下,湖北正处于爬坡过坎的关键时期,也正在迈向高质量发展新阶段,需紧紧把握长江经济带、"一带一路"、湖北自贸区等战略发展机遇,加快推进"一芯驱动、两带支撑、三区协同"的区域和产业布局,持续深化创新驱动发展战略,以科技创新推动高质量发展。

1. 集聚科技创新人才资源

创新驱动实质是人才驱动,人才资源是第一资源。习近平总书记在2018年两院院士大会上指出,"世上一切事物中人是最可宝贵的,一切创新成果都是人做出来的。硬实力、软实力,归根到底要靠人才实力"[1]。一是要加强人才政策法规体系顶层设计。明确湖北未来的人才需求,建立人才预警和供需对接机制。二是进一步加强高层次人才引进力度。着力引进创新创业团队和领军人才,在项目承担、职称评审、绩效薪酬等方面出台有效政策措施,确保创新资源利用的有效性与最大化;构建吸引海归人才的服务品牌,广泛吸引海外高层次人才来鄂从事创新研究,逐步完善现有海外高层次人才认定标准。三是创新人才培养模式。鼓励企业与高等院校、科研机构开展合作办学及培训活动,提高湖北人力资源质量。四是给予科技人才在提成方面的税收优惠政策,切实增强科技人才获得感。全面

---

[1] 新华网,http://www.xinhuanet.com/2018-05/28/c_1122901308.htm。

落实"科技成果转化十条""科技人员服务企业新九条""激励企业研发活动十一条",完善以企业为主体,以市场为导向,创新链、产业链、资金链、政策链、人才链深度融合的技术创新体系,把人、财、物更多地向企业科技创新一线倾斜。五是加快创新文化建设,倡导"鼓励创新、激励创业、宽容失败"的创新精神,为科技创新人才开展工作创造良好氛围。

2. 培育科技创新主体力量

企业是科技创新的主体。一是强力支持科技型企业做大做强。利用湖北自贸区政策优势吸引世界500强、独角兽、大型科技企业在鄂设立区域性总部、研发中心、生产基地;建立领导干部联系挂点重点科技企业和项目制度,优选一批管理规范、成长性高、竞争力强、社会贡献大的科技企业,重点扶持、跟踪培育,努力打造一批有竞争优势的科技骨干企业;鼓励和支持科技企业上市、兼并重组、强强联合,形成规模效应,增强辐射带动能力;坚决落实好财政部2018年9月发布的研发费用抵扣新政(财税〔2018〕99号),将企业研发费用税前扣除比例从原有的50.0%提高到75.0%,同时,将抵扣范围扩大到所有企业。二是实施大型骨干企业研发机构全覆盖行动。鼓励企业与高等院校、科研机构合作,建设一批工程研究中心、企业技术中心、重点实验室、博士后创新实践基地等。三是加快培育发展新型研发机构。在知识产权质押、投融资等方面出台相应扶持政策和实施细则,鼓励社会力量通过各种形式创办新型研发机构;鼓励应用型科研机构改制,选择有条件的科研机构试点产权制度改革,激励更多存量创新资源,打造更多市场化创新主体。四是积极培育创新创业型中小微企业,学习借鉴深圳等地对自主创业企业在场租、社保、就业方面给予补贴的政策,实施技术改造倍增计划和技术改造投资资助"零门槛"申报。五是鼓励和引导企业实施知识产权战略、技术标准战略。建立全方位的知识产权服务体系,推进知识产权托管工程,健全专利经营网络平台和中小企业专利易检信息平台;推动知识产权联盟发展,探索知识产权集体保护机制、涉外应对和维权援助机制;建立知识产权创新合作机制、知识产权预警、监管系统及执法协作机制；加大对企业申请国外专利和制定技术标准的扶持力度，鼓励和引导企业参与标准的制定，提升企业对技术标准的创制和运用能力。

3. 推进科技创新体制改革

习近平总书记强调，要全面深化科技体制改革，提升创新体系效能，着力激发创新活力。科技体制改革是全面深化改革的重要内容，只有从建设创新型国家的战略高度来认识改革的重要性，才能找准着力方向。推进科技创新，最紧迫的是要破除体制机制障碍，最大限度解放和激发科技作为第一生产力所蕴藏的巨大潜能。因此，科技创新体制改革对促进科技创新、提升科技进步贡献率具有重要意义。一是推进政府及部门科技管理职能转变。充分发挥市场的决定性作用和政府引导作用，建设中小微企业科技创新公共服务平台，开展科技型中小企业培育工程，形成科技型龙头企业、高新技术企业、中小微企业协同发展新格局；建立高层次、常态化的企业技术创新对话、咨询制度，发挥企业和企业家在政府科技创新决策中的重要作用。二是深化科技投入方式改革。利用财政资金的放大和激励作用，撬动银行、证券、创投等资本市场要素资源支持科技创新；完善针对高新技术企业的多层次金融服务体系，设立企业研发补贴专项基金，加大金融支持力度，提高企业技术融资能力；探索建立企业创新产品研发、科技成果转让的保险保障机制，增强企业在产品研发、科技成果转让过程中的抗风险能力；成立省级科技发展专项资金和政府引导基金，通过资金补助、贷款贴息、创业投资等多种方式支持企业发展。三是完善科研评价机制。将科研成果、专利技术发明、技术服务提供、科技成果转化等纳入科研评价体系，推动高等院校、科研机构和科研人员积极开展科技创新。四是完善科技成果转化机制。支持企业推进重大科技成果产业化，鼓励和支持企业自主进行研发创新，健全政府对新技术新成果首件首批进行补贴的机制，支持企业先行试产试用和推广。五是提升科技中介的服务水平。完善配套政策，吸引紧缺型科技中介服务机构集聚，健全多元化科技创新中介服务体系，促进科技创新服务业生态化发展；通过费用补贴、租金减免、税收优惠等多种途径，聚集一批科技咨询、知识产权、研发外包、工业设计、技术交易等科技服务机构，完善科技中介服务链条；建立科技中介服务平台和资源数据库，推进科技企业与各类科技服务资源的交流对接。

4. 优化科技创新区域布局

要深入贯彻落实"一芯两带三区"区域和产业发展布局战略，紧紧把握新技术革命的良好机遇，通过科技资源的系统整合和优化配置，强化战略性高技术领域的产业制造和服务能力。进一步推动区域科技创新协调发展，做到"布局优化、结构合理、平衡发展、特色突出"。一是以产业为"芯"，重点培育区块链、第五代移动通讯、人工智能、大数据、芯片、大健康、新材料等前沿领域，争取取得一大批重大创新成果。二是发展战略性新兴产业集聚区，"以集聚降成本、带效益、形品牌"，通过科学规划提高土地利用率，坚持走"精品集中、深度集中"之路，使有限土地资源产生最大效益，实现土地的高效利用。三是统筹推进科技发展区域建设。充分发挥武汉东湖国家自主创新示范区引领作用，加强科技对口帮扶，把创新资源共享、技术成果转移作为帮扶重要内容，合理布局新兴产业，推动形成各市州"各有特色、一体联动"创新发展格局。四是实施高新区升级行动计划。通过"一区多园"、产业分工合作、要素有序流动等形式，促进高新区集聚发展与辐射带动，形成区域创新的重要节点。五是强化区域与国际创新合作。加快构建开放型科技创新体系，争取更多国际或国家级重大平台在湖北落地。六是加强全省产业布局的统筹，促进资源要素的跨区域流动以及基础设施的互联互通，充分发挥中心城市对周边城镇和农村地区的辐射带动作用，形成区域和城乡协同发展新格局。

5. 营造科技创新良好环境

要主动作为，营造科技创新良好环境。一是进一步减少科技重点领域前置审批和资质认定项目。当务之急是要对前期已确定的减免行政审批手续来一次清查，对变相设立、相互推诿、落实不力进行查处，清理市场环境。二是放宽市场准入。加快垄断行业管理体制改革，鼓励和引导外资和社会资本向科技产业转移，引入市场机制，形成投资主体多元化；加大政府购买服务力度，充分发挥第三方组织作用，加强引导、大力支持、规范发展。三是加强政策支撑。逐步扩大科技发展专项资金规模，落实促进科技事业跨越式发展的产业政策、税收政策、土地政策、贷款贴息、经费补助等多种方式，支持和鼓励各类科技企业发展。四是探索建立融资服务支持体系。针对中小微科技企业普遍反映的"融资难、融资贵"问题，鼓励融资性担保机构扩大服务业企业担保业务规模；支持省内大型金融集团组建省级信贷周转基金，对科技企业融资提供增信、担保、接续等。五是加大科技发展考核评价力度。做好任务分解，提出符合实际的长远发展目标和阶段性工作目标；提高科技事业在各级综合考核评价体系中的权重，对各部门、各地区任务完成情况进行督察考核，推动各项工作举措落到实处。六是加强科技宣传与普及工作，弘扬科学与创新精神，努力提高全民科技意识与科技素养。七是广泛开展研究。充分发挥湖北智库优势，围绕湖北科技发展重点领域和重大问题，开展调查研究，制定发展规划，为政府相关部门和企业决策提供参考。

参 考 文 献

[1] Gouyettec, Perelmans. Productivity convergence in OECD service industries [J]. Structure Change and Economic Dynamics, 1997, 8(3).

[2] Dall, Erbas, Marcop, Gianfranco Piras. Service Industry and Cumulative Growth in the Regions of Europe [J]. Entrepreneurship & Regional Development, 2009, 21(4).

[3] Kolko, J. Urbanization, Agglomeration, and Coagglomeration of Service Industriesc [M]. Agglomeration Economics. Chicago: The University of Chicago Press, 2010.

[4] Jacobs, Koster Hans, Ort Frank. Co-agglomerationof Knowledge-Intensive Business Services and Multinational Enterprises [J]. Evolutionary Economic Geography, 2012, 25(3).

[5] Sergio J., Rey Boris Dev. Sigma Convergence in the Presence of Spatial Effects [J]. Papers in Regional Science, 2006, 85(2).

[6] Dorothy I. Riddle, Martin H. Sours. Service industries as growth leaders on the pacific rim [J]. Asia Pacific Journal of Management, 1984, 1(03).

[7] Serdar Durdyev, Ali Ihtiyar, Syuhaida Ismail, Fauziah Sh. Ahmad, Nooh Abu Bakar. Productivity and Service Quality: Factors Affecting in Service Industry [J]. Procedia—Social and Behavioral Sciences, 2014, 109.

[8] Benjamin Yeo, Delvin Grant. Predicting service industry performance using decision tree analysis [J]. International Journal of Information Management,

2018, 38(01).

[9] Herbert G. Grubel, Michael A. Walker. Service Industry Growth: Cause and Effects[M]. Vancouver: Fraser Institute, 1989.

[10] Peter W. Daniels. Service Industries in the World Economy[M]. University of Chicago Press, 1993, 21.

[11] J. V. Beaverstock, R. G. Smith, P. J. Taylor. A roster of world cities[J]. Cities, 1999, 16(06).

[12] Gabriel S. Sampson. Economic spillovers in spatial harvest behavior[J]. Ecological Economics, 2018.

[13] Andersen P., N. Petersen. A Procedure for Ranking Efficient Units in Data Envelopment Analysis[J]. Management Science, 1993(39).

[14] Azad M. A. S, Ancev T., Hernandez-Sancho F. Efficient water use for sustainable irrigation industry[J]. Water Resource Management, 2015, 29(5).

[15] Carvalho P., Marques R. C. Estimating size and scope economies in the Portuguese water sector using the Bayesian stochastic frontier analysis[J]. Science of the Total Environment, 2016, 544.

[16] Debreu G. The Coefficient of Resource Utilisation[J]. Econometrics, 1951.

[17] Fare R., Grosskopf S. Nonparametric productivity analysis with undesirable outputs: comment[J]. American Journal of Agriculture Economics, 2003.

[18] Farrell M. J. The Measurement of Productive Efficiency[J]. Journal of the Royal Statistical Society, 1957, 120(3).

[19] Filippini M., Hrovatin N., Zorić J. Cost efficiency of Slovenian water distribution utilities: an application of stochastic frontier methods [J]. Journal of Productivity Analysis, 2008, 29(2).

[20] Geng X H, Zhang X H, Song Y L. Measurement of Irrigation Water Efficiency and Analysis of Influential Factors: An Empirical Study Based on Stochastic Production Frontier and Cotton Farmers' Data in Xinjiang[J].

Journal of Natural Resources, 2014, 29(6).

[21] Guangyao D, Lu L, Yanan S. Provincial water use efficiency measurement and factor analysis in China: Based on SRM-DEA model[J]. Ecological Indicators, 2016.

[22] Kaneko S, Tanaka K, Toyota T, et al. Water efficiency of agricultural production in China: regional comparison from 1999 to 2002 [J]. International Journal of Agricultural Resources, 2004, 3(3-4).

[23] Karagiannis G., Tzouvelekas V., Xepapadeas A. Measuring Irrigation Water Efficiency with a Stochastic Production Frontier[J]. Environmental and Resource Economics, 2003, 26(1).

[24] Koopmans T. C. Analysis of Production as an Efficient Combination of Activities[J]. In: T. C. Koopmans (ED.), Activity analysis of Production and Allocation, Cowles Commission for Research in Economics, Monograph No. 13, Wiley, New York, 1951.

[25] Manjunatha A. V., Speelman S., Chandrakanth M. G., et al. Impact of groundwater markets in India on water use efficiency: a data envelopment analysis approach[J]. Journal of Environmental Management, 2011, 92(11).

[26] Sahin O., Stewart R. A., Helfer F. Bridging the Water Supply – demand Gap in Australia: Coupling Water Demand Efficiency with Rain-independent Desalination Supply[J]. Water Resources Management, 2015, 29(2).

[27] Tobler W. R., Mielke H. W., Detwyler T. R. Geobotanical Distance Between New Zealand and Neighboring Islands[J]. Bioscience, 1970, 20(9).

[28] Tone K., Tsutsui M. An epsilon-based measure of efficiency in DEA: a third pole of technical efficiency [J]. European Journal of Operational Research, 2010, (207).

[29] Tone K. A slacks-based measure of super-efficiency in data envelopment analysis[J]. European Journal of Operational Research, 2002, 143(1).

[30] Wolfe J. R., Goldstein R. A., Maulbetsch J. S., et al. An Electric Power Industry Perspective on Water Use Efficiency[J]. Journal of Contemporary Water Research & Education, 2009, 143(1).

[31] Azad M. A. S., Ancev T., Hernandez-Sancho F. Efficient Water Use for Sustainable Irrigation Industry[J]. Water Resource Management, 2015, 29(5).

[32] Worthington A. C. A Review of Frontier Approaches to Efficiency and Productivity Measurement in Urban Water Utilities [J]. Urban Water Journal, 2014, 11(1).

[33] Renzetti S., Dupont D. P. Measuring the Technical Efficiency of Municipal Water Suppliers: The Role of Environmental Factors[J]. Land Economics, 2009, 85(4).

[34] Hailu A., Veeman T. S. Non-parametric productivity analysis with undesirable outputs: An application to the Canadian pulp and paper industry[J]. American Journal of Agricultural Economics, 2001(83).

[35] Bailey N., Turok I. Central Scotland as a polycentric urban region: useful planning concept or chimera? [J]. Urban Studies, 2001, 38(4).

[36] Cohen, J., C. Paul. Public Infrastructure Investment, Interstate Spatial Spillovers, and Manufacturing Costs [J]. Review of Ecomomics and Statistics, 2004.

[37] Cohen, J. The Broader Effects of Trans portation Infrastructure: Spatial Econometrics and Pro-ductivity Approaches[J]. Transportation Research Part E, 2009.

[38] Cervero R. Efficient urbanization: economic performance and the shape of the metropolis[J]. Urban Studies, 2001, 38(10).

[39] Cesar Calderon, Luis Sevren. The Eeffcts of Infrasturcture Development on

Growth and Income Distribution[J]. World Bank Policy Research Working PaPer, 2004.

[40] Dagum C. A New Approach to the Decomposition of the Gini Income Inequality Ratio[J]. Empirical Economics, 1997, 22(4).

[41] Donaldson,D. Railroads of the Raj: Estimating the Impact of Transportation Infrastructure[J]. American Economic Review, 2018, 108(4-5).

[42] Moreno, R.,E. Lopez-Bazo, E. Vaya, M. Artis. External Effects and Costs of Pro-duction, In: Anselin, L., R. Florax, and S. Rey (Eds.), Advances in Spatial Econometrics: Methodology, Tools, and Ap-plications, Springer, Berlin, 2004, Chapterl 4.

[43] Wang J, Shi P, Jiang P, et al. Application of BP Neural Network Algorithm in Traditional Hydrological Model for Flood Forecasting [J]. Water, 2017, 9(48).

[44] Dagum C. A New Approach to the Decomposition of the Gini Income Inequality Ratio[J]. Empirical Economics, 1997, 22(4).

[45] J. Paul Elhorst. Dynamic spatial panels: models, methods, and inferences [J]. Journal of Geographical Systems, 2012, 14(1).

[46] Van Donkelaar A., Martin RV., Brauer M., Boys BL. Use of satellite observations for long—term exposure assessment of global concentrations of fine particulate matter[J]. Environmental Health Perspectives, 2015, 123(2).

[47] Wu K., Chen Y., Ma J., et al. Traffic and Emissions Impact of Congestion Charging in the Central Beijing Urban Area: A Simulation Analysis[J]. Transportation Research Part D: Transport and Environment. 2017.

[48] List, J., C. Y. Co, The Effects of Environmental Regulations on Foreign Direct Investment, Journal of Environmental Economics and Management, 2000, 40(1).

[49] Anselin L. Spatial effects in econometric practice in environmental and resource economics[J]. American Journal of Agricultural Economics, 2001, 83(3).

[50] Rupasingha A., Goetz S. J., Debertin D. L., et al. The environmental Kuznets curve for US counties: a spatial econometric analysis with extensions[J]. Papers in Regional Science, 2004, 83(2).

[51]李华香,李善同.中国城市服务业空间分布的特征及演变趋势分析[J].经济与金融管理,2014(8).

[52]段文斌,刘大勇,皮亚彬.现代服务业聚集的形成机制:空间视角下的理论与经验分析[J].世界经济,2016(3).

[53]郝宏杰.财政支出、空间溢出效应与服务业增长——基于中心城市数据的空间杜宾模型分析[J].上海财经大学学报,2017(4).

[54]李江帆.第三产业的产业性质、评估依据和衡量指标[J].南方经济,1994(10).

[55]邓泽霖,胡树华,张文静.我国现代服务业评价指标体系及实证分析[J].技术经济,2012(10).

[56]张少杰,林红."金砖五国"服务业国际竞争力评价和比较研究[J].中国软科学,2016(1).

[57]洪国彬,游小玲.信息含量最大的我国现代服务业发展水平评价指标体系构建和分析[J].华侨大学学报(哲学社会科学版),2017(1).

[58]王钰,张维今,孙涛."一带一路"沿线区域服务业发展水平评价研究[J].中国软科学,2018(5).

[59]吴传清,李绍腾,陈扬亚.湖北省服务业发展水平的统计评价[J].统计与决策,2013(23).

[60]刘丹鹭,魏守华.创新与服务业生产率——基于微观企业的实证研究[J].经济与发展管理,2013(2).

[61]王许亮,王恕立.服务业能源生产率变迁及收敛性分析——基于全球40个经济体细分行业数据的经验研究[J].数量经济技术经济研究,

2018(1).

[62]刘兴凯,张诚.中国服务业全要素生产率增长及其收敛分析[J].数量经济技术经济研究,2010(3).

[63]滕泽伟,胡宗彪,蒋西艳.中国服务业碳生产率变动的差异及收敛性研究[J].数量经济技术经济研究,2017(3).

[64]袁丹,雷宏振,黄雯,何媛.我国生产性服务业全要素生产率的异质性及收敛性分析[J].软科学,2015(6).

[65]张涑贤,赵帆,王秀果.陕西省现代服务业地区差异及收敛性研究[J].商业时代,2013(5).

[66]马大来,陈仲常,王玲.中国区域创新效率的收敛性研究:基于空间经济学视角[J].管理工程学报,2017(1).

[67]刘亦文,文晓茜,胡宗义.中国污染物排放的地区差异及收敛性研究[J].数量经济技术经济研究,2016(4).

[68]何永达.人力资本、知识创新与服务业空间集聚——基于省际面板数据的计量分析[J].经济地理,2015(9).

[69]彭昱,周伊.城市人口集聚与服务业发展[J].财经问题研究,2016(12).

[70]杨玉英.生产性服务业与经济发展关联性的经验分析[J].经济学动态,2010(11).

[71]田毕飞,陈紫若.FDI对中国创业的空间外溢效应[J].中国工业经济,2016(8).

[72]孙小娇.中国现代服务业发展水平的区域差异研究[D].辽宁大学,2018.

[73]吕宏康.现代服务业发展水平的评价指标体系研究[D].东北财经大学,2011.

[74]冯华、孙蔚然.服务业发展评价指标体系与中国各省区发展水平研究[J].东岳论丛,2010,31(12).

[75]国家统计局服务业调查中心课题组.服务业发展水平的综合评价[J].

中国统计, 2009(6).

[76] 张海波, 张毅, 沈怡杉. 湖北省现代服务业发展水平评价[J]. 统计与决策, 2018, 34(11).

[77] 肖磊, 鲍张蓬, 田毕飞. 我国服务业发展指数测度与空间收敛性分析[J]. 数量经济技术经济研究, 2018, 35(11).

[78] 杜鹏. 我国现代服务业及其区域差异比较研究[D]. 吉林大学, 2013.

[79] 张建升, 谭伟. 我国服务业发展的地区差异及其影响因素[J]. 企业经济, 2011, 30(03).

[80] 梁红艳. 中国城市群生产性服务业分布动态、差异分解与收敛性[J]. 数量经济技术经济研究, 2018, 35(12).

[81] 陈霞. 我国服务业发展的空间差异性及其影响因素实证分析[D]. 吉林大学, 2013.

[82] 方远平, 周雁. 广东省服务业发展的区域差异及影响因素分析[J]. 广东科技, 2012, 21(18).

[83] 李卓迪, 黄兹龙, 叶睿泽. 生产性服务业集聚对制造业升级的空间溢出效应[J]. 当代经济, 2018, (14).

[84] 胡春林. 现代服务业发展空间溢出效应的实证研究[J]. 南阳理工学院学报, 2018(10).

[85] 刘叶. 我国商务服务业的空间集聚及其外溢效应研究——基于276个地级市面板数据的实证分析[J]. 软科学, 2017, 31(8).

[86] 席强敏, 李国平. 京津冀生产性服务业空间分工特征及溢出效应[J]. 地理学报, 2015, 70(12).

[87] 成丽, 张波, 邵文武. 辽宁省生产性服务业集聚水平及发展对策研究[J]. 对外经贸, 2017(12).

[88] 卜庆才, 陆钟武. 中水回用对钢铁工业水资源效率的影响[J]. 冶金能源, 2004, 23(3).

[89] 陈东景. 中国工业水资源消耗强度变化的结构份额和效率份额研究[J]. 中国人口·资源与环境, 2008(3).

参考文献

[90] 陈刚. 中国水资源利用效率的区域差异研究[D]. 大连理工大学, 2009.

[91] 陈关聚, 白永秀. 基于随机前沿的区域工业全要素水资源效率研究[J]. 资源科学, 2013, 35(8).

[92] 陈磊, 吴继贵, 王应明. 基于空间视角的水资源经济环境效率评价[J]. 地理科学, 2015, 35(12).

[93] 陈强. 高级计量经济学及STATA应用[M]. 北京：高等教育出版社, 2014.

[94] 成刚. 数据包络分析方法与maxdea软件[M]. 北京：知识产权出版社, 2009.

[95] 程永毅, 沈满洪. 要素禀赋、投入结构与工业用水效率——基于2002—2011年中国地区数据的分析[J]. 自然资源学报, 2014, 29(12).

[96] 丁绪辉, 贺菊花, 王柳元. 考虑非合意产出的省际水资源利用效率及驱动因素研究——基于SE-SBM与Tobit模型的考察[J]. 中国人口·资源与环境, 2018, 28(1).

[97] 董战峰, 喻恩源, 裘浪, 等. 基于DEA模型的中国省级区域水资源效率评价[J]. 生态经济, 2012(10).

[98] 李世祥, 成金华, 吴巧生. 中国水资源利用效率区域差异分析[J]. 中国人口·资源与环境, 2008, 18(3).

[99] 廖虎昌, 董毅明. 基于DEA和Malmquist指数的西部12省水资源利用效率研究[J]. 资源科学, 2011, 33(2).

[100] 刘渝, 王岌. 农业水资源利用效率分析——全要素水资源调整目标比率的应用[J]. 华中农业大学学报, 2012(16).

[101] 刘渝, 王兆锋, 张俊飚. 农业水资源利用效率的影响因素分析[J]. 经济问题, 2007(6).

[102] 马海良, 丁元卿, 王蕾. 绿色水资源利用效率的测度和收敛性分析[J]. 自然资源学报, 2017, 32(3).

[103]马海良,黄德春,张继国. 考虑非合意产出的水资源利用效率及影响因素研究[J]. 中国人口·资源与环境,2017,228(10).

[104]买亚宗,孙福丽,石磊,等. 基于DEA的中国工业水资源利用效率评价研究[J]. 干旱区资源与环境,2014,28(11).

[105]钱文婧,贺灿飞. 中国水资源利用效率区域差异及影响因素研究[J]. 中国人口·资源与环境,2011,21(2).

[106]时间,沈大军. 高耗水工业用水量控制和水价调整政策效果研究:基于水资源动态CGE的分析[J]. 自然资源学报,2016,31(9).

[107]孙爱军,董增川,王德智. 基于时序的工业用水效率测算与耗水量预测[J]. 中国矿业大学学报,2007,36(4).

[108]孙爱军,方先明. 中国省际水资源利用效率的空间分布格局及决定因素[J]. 中国人口·资源与环境,2010,20(5).

[109]孙才志,姜坤,赵良仕. 中国水资源绿色效率测度及空间格局研究[J]. 自然资源学报,2017,32(12).

[110]孙才志,马奇飞,赵良仕. 中国东、中、西三大区域水资源绿色效率时空演变特征与收敛性分析[J]. 地理科学进展,2018,37(7).

[111]孙才志,谢巍,邹玮. 中国水资源利用效率驱动效应测度及空间驱动类型分析[J]. 地理科学,2011(10).

[112]汪克亮,刘悦,史利娟,等. 长江经济带工业水资源绿色效率的时空分异与影响因素——基于EBM-Tobit模型的两阶段分析[J]. 资源科学,2017,39(8).

[113]王昕,陆迁. 中国农业水资源利用效率区域差异及趋同性检验实证分析[J]. 软科学,2014,28(11).

[114]王学渊,赵连阁. 中国农业用水效率及影响因素——基于1997—2006年省区面板数据的SFA分析[J]. 农业经济问题,2008(3).

[115]王莹. 中国省际水资源利用效率及影响因素分析[J]. 中国农村水利水电,2015(5).

[116]魏楚,沈满洪. 水资源效率的测度及影响因素:基于文献的述评

[J].长江流域资源与环境,2014,23(2).

[117] 许新宜,刘海军,王红瑞,等.去区域气候变异的农业水资源利用效率研究[J].中国水利,2010(21).

[118] 杨骞,刘华军.污染排放约束下中国农业水资源效率的区域差异与影响因素[J].数量经济技术经济研究,2015(1).

[119] 余泳泽.异质性视角下中国省际全要素生产率再估算：1978—2012[J].经济学(季刊),2017,16(3).

[120] 俞雅乖,刘玲燕.我国城市环境绩效及其影响因素分析[J].管理世界,2016(16).

[121] 岳立,赵海涛.环境约束下的中国工业用水效率研究——基于中国13个典型工业省区2003—2009年数据[J].资源科学,2011,33(11).

[122] 臧正,邹欣庆.中国大陆水资源强度的收敛特征检验:基于省际面板数据的实证[J].自然资源学报,2016,31(6).

[123] 张峰,薛惠锋,宋晓娜,等.中国工业水资源利用效率的空间收敛效应[J].首都经济贸易大学学报,2018,20(3).

[124] 张玮,刘宇.长江经济带绿色水资源利用效率评价——基于EBM模型[J].华东经济管理,2018,32(3).

[125] 赵晨,王远,谷学明,等.基于数据包络分析的江苏省水资源利用效率[J].生态学报,2013,33(5).

[126] 赵良仕,孙才志,郑德凤.中国省际水资源利用效率与空间溢出效应测度[J].地理学报,2014,69(1).

[127] 朱启荣.中国工业用水效率与节水潜力实证研究[J].工业技术经济,2007,26(9).

[128] 赵良仕,郑德凤,孙才志.中国省际水资源利用效率与空间溢出效应测度[J].地理学报,2014,69(1).

[129] 钱文婧,贺灿飞.中国水资源利用效率区域差异及影响因素研究[J].中国人口·资源与环境,2011,21(2).

[130] 孙才志,姜坤,赵良仕. 中国水资源绿色效率测度及空间格局研究[J]. 自然资源学报,2017(12).

[131] 孙爱军,方先明. 工业化必然加剧电力消耗与环境污染吗——来自2000—2009年中国省际面板数据的经验研究[J]. 山西财经大学学报,2012(7).

[132] 李占风,张建. 资源环境约束下中国工业环境技术效率的地区差异及动态演变[J]. 统计研究,2018,35(12).

[133] 汪克亮,刘悦,史利娟. 长江经济带工业绿色水资源效率的时空分异与影响因素——基于EBM-Tobit模型的两阶段分析[J]. 资源科学,2017(8).

[134] 安体富,任强. 中国公共服务均等化水平指标体系的构建——基于地区差别视角的量化分析[J]. 财贸经济,2008(6).

[135] 陈银娥,孙琼. 中国基础设施发展水平测算及影响因素——基于省级面板数据的实证研究[J]. 经济地理,2016(8).

[136] 刘生龙,胡鞍钢. 基础设施的外部性在中国的检验:1988—2007[J]. 经济研究,2010(3).

[137] 刘成奎,王朝才. 城乡基本公共服务均等化指标体系研究[J]. 财政研究,2011(8).

[138] 李拓,李斌,余曼. 财政分权、户籍管制与基本公共服务供给——基于公共服务分类视角的动态空间计量检验[J]. 统计研究,2016(8).

[139] 刘秉镰,杨晨. 基础设施影响城市规模分布的作用机理及实证研究[J]. 经济与管理研究,2016(3).

[140] 李晓栋. 交通基础设施、空间溢出效应与物流产业效率——基于京津冀地区的实证研究[J]. 商业经济研究,2018(18).

[141] 曲创,李曦萌. 经济发展还是要素流失:交通基础设施经济作用的区域差异研究[J]. 当代经济科学,2015(1).

[142] 孙会君,王新华. 应用人工神经网络确定评价指标的权重[J]. 山东科技大学学报(自然科学版),2001(3).

[143] 宋美喆, 刘寒波. 地方政府策略互动行为下的区域基本公共服务收敛性[J]. 中南大学学报(社会科学版), 2018(1).

[144] 唐晓灵, 张青. 城市基础设施空间配置效率评价模型及实证研究[J]. 现代城市研究, 2019(5).

[145] 唐娟莉. 河南省区域基本公共服务均等化水平测度[J]. 统计与决策, 2016(7).

[146] 王华, 李雯雯, 牛继强, 等. 基于人工神经网络的模糊宗地地价评估模型研究[J]. 信阳师范学院学报(自然科学版), 2020(1).

[147] 王任飞, 王进杰. 基础设施与中国经济增长: 基于VAR方法的研究[J]. 世界经济, 2007(3).

[148] 许宪春, 郑正喜, 张钟文. 中国平衡发展状况及对策研究——基于"清华大学中国平衡发函指数"的综合分析[J]. 管理世界, 2019(5).

[149] 徐晓敏. 层次分析法的运用[J]. 统计与决策, 2008(1).

[150] 许秀娟. 突变级数法在城市基础设施水平空间差异评价中的应用[J]. 工程管理学报, 2018(6).

[151] 尹向来, 黄彩虹. 基础设施与城市化水平耦合协调关系演变——基于285个地级市的实证研究[J]. 世界地理研究, 2018(6).

[152] 杨光. 省域间基本公共服务供给均等化绩效评价[J]. 财经问题研究, 2015(1).

[153] 张博文. 城市基础设施承载力评价——以兰州市为例[J]. 开发研究, 2018(2).

[154] 钟学思. 城市基础设施发展对新型城镇化建设的影响: 动力机制及作用机理[J]. 改革与战略, 2018(12).

[155] 曾福生, 郭珍, 高鸣. 中国农业基础设施投资效率及其收敛性分析——基于资源约束视角下的实证研究[J]. 管理世界, 2014(8).

[156] 张琦, 熊曦. 长江中游城市群大中小城市协调发展演变趋势分析[J]. 商业经济研究, 2020(5).

[157] 种照辉, 覃成林, 叶信岳. 城市群经济网络与经济增长——基于大数

据与网络分析方法的研究[J]. 统计研究, 2018(1).

[158] 张学良. 中国交通基础设施促进了区域经济增长吗——兼论交通基础设施的空间溢出效应[J]. 中国社会科学, 2012(3).

[159] 张军, 高远, 傅勇等. 中国为什么拥有了良好的基础设施？[J]. 经济研究, 2007(3).

[160] 曹彩红, 韩立岩. 雾霾带来的社会健康成本估算[J]. 统计研究, 2015(7).

[161] 蔡海亚, 徐盈之, 孙文远. 中国雾霾污染强度的地区差异与收敛性研究——基于省际面板数据的实证检验[J]. 山西财经大学学报, 2017(3).

[162] 刘华军, 杜广杰. 中国雾霾污染的空间关联研究[J]. 统计研究, 2018(4).

[163] 刘华军, 杜广杰. 中国城市大气污染的空间格局与分布动态演进——基于161个城市AQI及6种分项污染物的实证[J]. 经济地理, 2016(10).

[164] 李廉水, 王长源, 石喜爱. 长三角城市群雾霾排放效率分析与提升策略[J]. 管理现代化, 2018(5).

[165] 刘亦文, 文晓茜, 胡宗义. 中国污染物排放的地区差异及收敛性研究[J]. 数量经济技术经济研究, 2016(4).

[166] 林楚海. 中国雾霾污染的空间计量分析[J]. 统计与决策, 2018(16).

[167] 马丽梅, 张晓. 中国雾霾污染的空间效应及经济、能源结构影响[J]. 中国工业经济, 2014(4).

[168] 任毅, 郭丰, 高聪聪. 京津冀城市群雾霾污染的时空特征与影响因素[J]. 首都经济贸易大学学报, 2019(6).

[169] 孙红霞, 李森. 大气雾霾与煤炭消费、环境税收的空间耦合关系——以全国31个省市地区为例[J]. 经济问题探索, 2018(1).

[170] 王青, 金春. 中国城市群经济发展水平不平衡的定量测度[J]. 数量经济技术经济研究, 2018(11).

[171] 王一辰,沈映春.京津冀雾霾空间关联特征及其影响因素溢出效应分析[J].中国人口·资源与环境,2017(5).

[172] 王晓红,冯严超.雾霾污染对中国城市发展质量的影响[J].中国人口·资源与环境,2019(8).

[173] 向堃,宋德勇.中国省域PM2.5污染的空间实证研究[J].中国人口·资源与环境,2015(9).

[174] 徐盈之,刘琦.产业集聚对雾霾污染的影响机制——基于空间计量模型的实证研究[J].大连理工大学学报(社会科学版),2018(3).

[175] 严雅雪,齐绍洲.外商直接投资与中国雾霾污染[J].统计研究,2017(5).

[176] 杨明海,张红霞,孙亚男.七大城市群创新能力的区域差距及其分布动态演进[J].数量经济技术经济研究,2017(3).

[177] 祝丽云,李彤,马丽岩等.产业结构调整对雾霾污染的影响——基于中国京津冀城市群的实证研究[J].生态经济,2018(10).

[178] 曾浩,申俊.省域FDI与雾霾污染的空间相关性分析[J].江西社会科学,2019(10).

[179] 张生玲,王雨涵,李跃等.中国雾霾空间分布特征及影响因素分析[J].中国人口·资源与环境,2017(9).

[180] 王莉芳,冯蓉,李随科.东西部经济增长对环境质量影响对比分析[J].环境科学与技术,2010(4).

[181] 吴丹,张世秋.中国大气污染控制策略与改进方向评析[J].北京大学学报(自然科学版),2011(6).

[182] 齐结斌,胡育蓉.环境质量与经济增长——基于异质性偏好和政府视界的分析[J].中国经济问题,2013(5).

[183] 康雨.贸易开放程度对雾霾的影响分析——基于中国省级面板数据的空间计量研究[J].经济科学,2016,(1).

[184] 刘华军,裴延峰.我国雾霾污染的环境库兹涅茨曲线检验[J].统计研究,2017,34(3).

[185]马丽梅,刘生龙,张晓.能源结构、交通模式与雾霾污染——基于空间计量模型的研究[J].财贸经济,2016,37(1).

[186]童纪新,王青青.中国重点城市群的雾霾污染、环境规制与经济高质量发展[J].管理现代化,2018,38(6).

[187]邵帅,李欣,曹建华,杨莉莉.中国雾霾污染治理的经济政策选择——基于空间溢出效应的视角[J].经济研究,2016,51(9).

[188]白洋,刘晓源."雾霾"成因的深层法律思考及防治对策[J].中国地质大学学报(社会科学版),2013,13(6).

[189]刘晨跃,尚远红.雾霾污染程度的经济社会影响因素及其时空差异分析——基于30个大中城市面板数据的实证检验[J].经济与管理评论,2017,33(1).

[190]王立平,陈俊.中国雾霾污染的社会经济影响因素——基于空间面板数据EBA模型实证研究[J].环境科学学报,2016,36(10).

[191]高煜,赵培雅.差异还是趋同:经济高质量发展下区域技术进步路径选择——基于东中西部地区要素禀赋门槛的经验研究[J].经济问题探索,2019(11).

[192]刘洪,刘晓洁,李云.基于改进索罗余值法的湖北省科技进步贡献率测算[J].统计与决策,2018(8).

[193]王洁,夏维力.陕西省农业科技进步贡献率测算分析——基于索罗余值法[J].科技管理研究,2017(10).

[194]余泳泽.异质性视角下中国省际全要素生产率再估算:1978—2012[J].经济学(季刊),2017(3).

[195]曾光,王玲玲,王选华.中国科技进步贡献率测度:1953—2013年[J].中国科技论坛,2015(7).

[196]张煜,孙慧.科技进步对经济增长贡献影响因素的理论研究[J].科技进步与对策,2015(3).

[197]刘媛媛,孙慧.新疆科技投入对区域经济增长的贡献度分析——基于扩展C-D生产函数和DEA分析法[J].科研管理,2014(10).

[198] 徐士元,何宽,樊在虎. 对科技进步贡献率测算索罗模型的重新审视[J]. 统计与决策,2014(4).

[199] 朱帆,余成群,董冠鹏. 西藏自治区科技进步贡献率的测算与预测:1990—2015[J]. 中国科技论坛,2011(4).